"十二五"职业教育
国家规划教材修订版

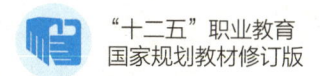

职业规划与创业体验
（第四版）（上 册）

总主编 王培俊

主　编 陈 行　陈绪龙

副主编 王 冬　李瑞勇　解苗苗　杨 丽　艾永冠

参　编 葛 瑶　鲁 楠　王 娟　王小凡　杨 阳
　　　　胡吉芬　朱凤丽　朱 畅　周安琪　余婷婷

高等教育出版社·北京

内容提要

本书是"十二五"职业教育国家规划教材修订版、2020年度国家精品在线开放课程"职业规划与创业体验"配套教材。

本书坚持以立德树人为根本，以实现学生长远发展目标为指导思想，结合当代社会就业环境形势以及高职高专学生成长特点和认知习惯，从职业指导全程化、就业指导个性化的理念出发，按照注重适应性、应用性、针对性的原则编写而成。

全书分为上下两册，上册分为职业规划、择业就业两个模块，下册分为创业体验、职场导航两个模块，本书既注重基本方法原理的传授，以及热点、难点的解读，更注重内容的针对性、趣味性、实用性，将理论指导与实际案例紧密结合，从而实现职业规划、择业、就业、创业的全程能力训练与提升。

本书既可作为各层次职业院校、普通高等学校职业发展与就业指导教学的教材，也可作为职业指导与培训、职业生涯咨询等机构的参考资料和培训用书。

图书在版编目（CIP）数据

职业规划与创业体验. 上册 / 王培俊总主编；陈行，陈绪龙主编. -- 4版. -- 北京：高等教育出版社，2021.11
 ISBN 978-7-04-056256-9

Ⅰ. ①职… Ⅱ. ①王… ②陈… ③陈… Ⅲ. ①职业选择-高等职业教育-教材 Ⅳ. ①G717.38

中国版本图书馆CIP数据核字(2021)第122328号

职业规划与创业体验
Zhiye Guihua yu Chuangye Tiyan

策划编辑	陈 磊	责任编辑	陈 磊	封面设计	张 楠	版式设计	童 丹
插图绘制	李沛蓉	责任校对	陈 杨	责任印制	刁 毅		

出版发行	高等教育出版社	网 址	http://www.hep.edu.cn
社 址	北京市西城区德外大街4号		http://www.hep.com.cn
邮政编码	100120	网上订购	http://www.hepmall.com.cn
印 刷	肥城新华印刷有限公司		http://www.hepmall.com
开 本	787 mm×1092 mm 1/16		http://www.hepmall.cn
本册印张	12.75	版 次	2011年5月第1版
本册字数	250千字		2021年11月第4版
购书热线	010-58581118	印 次	2021年11月第1次印刷
咨询电话	400-810-0598	总 定 价	49.80元

本书如有缺页、倒页、脱页等质量问题，请到所购图书销售部门联系调换
版权所有 侵权必究
物 料 号 56256-00

第四版前言

高质量发展是"十四五"乃至更长时期我国经济社会发展的主题，关系我国社会主义现代化建设全局。职业教育是培养技术技能人才、促进就业创业创新、推动中国制造和服务上水平的重要基础，对推动经济高质量发展具有重要作用。现代职业教育应该主动适应高质量发展需要，全面贯彻2021年全国职业教育工作会议精神，为党和人民培养更多高素质技术技能人才、能工巧匠、大国工匠。

当前我国就业结构性矛盾还比较突出，主要表现在：一是传统行业中的传统工作岗位加速流失与劳动力再配置进程缓慢之间的矛盾；二是作为高技术技能劳动力的高职生供给结构稳定与需求升级之间的矛盾；三是新兴产业行业对技术技能型人才的旺盛需求与人才供给不充分之间的矛盾。作为职业规划与发展类教材，要坚持以立德树人为根本，引导学生树立正确的职业理想和职业观、择业观、创业观以及成才观，激发其增强自身素质和职业能力的自觉性，做好适应社会、融入社会和迎接就业创业挑战的准备。

基于以上情况分析与目标界定，结合高职高专学生特点，本书采取模块划分、项目导向、任务驱动、案例导入的方式引导学生自主学习。

第一，模块划分。全书分为职业规划、择业就业、创业体验、职场导航四个模块，四个模块既独立成篇又浑然一体，采取分段教学法对学生在职业、择业、创业、从业上给予全程化指导，实现了育人的科学化、一体化、全程化与多维化。针对刚进校的新生，开展职业基础知识教育，让他们明白职业选择和职业生涯设计的重要性，形成对未来职业的设想和规划；针对经过一段时间学习的学生，着重介绍就业制度、自我定位以及求职方法与技巧，增强他们在就业市场中的竞争能力；针对高年级学生，通过创业教育为他们指出一条新的高质量就业之路，鼓励他们勇于开辟人生新的方向；最后，通过毕业教育和职场教育，助力毕业生们在未来的职业发展道路上行稳致远。

第二，项目导向。今天的职业人才不仅要具备专业知识和技能，还要有较强的实践操作能力、合作能力和接纳新知识的学习能力。因此，"重结果轻过程""以结果为导向"的教学已不能适应当今职业教育高质量发展的新需要。项目导向，着眼于探讨认知结构与个体活动之间的关系，强调人在实现既定目标过程中的主动参与和自主探究，注重学习过程中的合作交流。本书在编写中，践行项目导向理论，在"教、学、做"一体化上下功夫，追求以生为本，优化学习过程。

第三，任务驱动。以任务激发主动参与、自主探究，全书在编写中将知识点细化

第四版前言

为若干任务,做到"两方参与、两次分解、两次融合"。"两方参与"即在内容上通过设计若干学生可参与的"交互测试"及"实训项目",实现教师与学生的互动,增强了教材的生动性、实践性,加强了师生间的互动交流;"两次分解"即将教学目标分解为一个个项目,将任务分解为一个个可供实现的教学过程,实现了教学目标和教学过程的融合、统筹与兼顾;"两次融合"即实现理论教育和实践操作、知识获取与能力提升的融合。

第四,价值引领。在教材编写过程中,尤其注重对学生的情感、态度、价值观的引导和培养,将情感、态度、价值观的培养渗透于教学活动中,用职业的魅力,对职业形成的美好情感、积极态度和正确价值观及其对个人发展的重大意义来激发学生的学习兴趣与内在动机。既强调职业在人生发展中的重要地位,又关注学生的全面发展和终身发展。

本书自2011年首次出版以来,深受各大高职院校师生的喜爱,赢得了读者的广泛赞誉。为了能够给学生提供最新的学科知识及适应社会发展需要的就业创业能力指导,本书与时俱进,基于高职高专素质教育的最新教学成果和编者多年的教改经验,在参考了大量文献、互联网资源以及总结前三版的基础上,精心修订而成。

本次修订落实课程思政理念,立足中国特色社会主义进入新时代的背景,以习近平新时代中国特色社会主义思想和党的十九届五中全会、全国职业教育大会精神为指导,引导学生认识认同高职教育的重要性,将职业规划、人生规划与完成第二个百年奋斗目标、实现中国梦有机统一,最终实现"三全育人"的目的。

本次修订工作主要体现在以下几个方面:

(1) 立足当下,突出时代性。更新了教材中相关政策法规、统计数据及案例。

(2) 顺应发展,体现先进性。结合学科发展及最新教学成果,对个别项目、任务进行结构调整和优化。

(3) 以生为本,提升可读性。基于受众群体特点,增设喜闻乐见的可视化数字资源,同时与国家精品在线开放课程配套,实现书课融通;栏目设定及语言体系力争贴合读者需要。

(4) 思政领航,增强适应性。突出践行社会主义核心价值观和法制意识,使其更加适应我国经济转型升级背景下学生职业发展与就业创业的现实需要。

在本次修订工作中,安徽职业技术学院王培俊担任总主编,负责统筹规划、确立大纲、制订修订计划并组织实施。全书分为上下两册,共计四个模块。上册由陈行、陈绪龙担任主编,王冬、李瑞勇、解苗苗、杨丽、艾永冠担任副主编。上册具体编写分工如下:模块一由艾永冠、朱畅、朱凤丽负责修订编写;模块二由王娟、王小凡、杨阳负责修订编写。下册由黄雪飞、张强担任主编,王振、王明瑛、刘磊、卫平、王万梅担任副主编。下册具体编写分工如下:模块三由孙静、贾亮亮、白花蕊负责修订编写；模块四由马明晖、王永因、王雅雯负责修订编写。此次修订工作还得到了安徽职业技术学院陈行、李瑞勇、艾永冠、王娟、孙静、马明辉、周安琪、余婷婷、徐李莉，安徽工业经济职业技术学院黄雪飞、王振，安徽广播影视职业技术学院陈瑞鹏，安徽商贸职业技术学院张强、杨丽、卫平、鲁楠，安徽医学高等专科学校解苗苗、胡吉芬，亳州职业技术学院王文艺，滁州职业技术学院王冬、王明瑛，阜阳幼儿师范高等专科学校陈绪龙、刘磊，阜阳职业技术学院王鹏飞，芜湖职业技术学院王万梅的大力支持。

在本次修订中，编者参考并借鉴了国内外部分书刊资料，参阅并引用了互联网上的数据与案例，因时间仓促，未能及时与原作者一一联系沟通，在此深表歉意，并致以诚挚的感谢！同时，特别感谢高等教育出版社陈磊编辑对本次修订给予的指导与帮助。

由于编者水平有限，书中难免存有不足之处，恳请同行专家、广大师生在使用过程中多提宝贵意见，以便进一步修正和完善。不胜感激！

编者

2021 年 8 月

第一版前言

当前我国正处在全面建设小康社会战略目标实施的关键时期。国务院近年一再提出大力发展职业教育，加大对职业教育的投入，使职业教育获得了前所未有的发展机遇。同时，职业教育也必须主动适应经济建设和社会发展的需要。就业教育的目标在于培养技能较强并具有一定创业精神的一线人才，而创业教育是通过激发学生强烈的创业意识，全面提高其创业素质，使其在未来社会中善于把握各种机遇进行创业的教育活动，两者可以相辅相成、融为一体。由于受传统教育模式等因素的影响，学生还缺乏独立生存的能力，不善于规划未来职业生涯，缺少创新意识和创业能力。因此，职业院校在给学生传授技艺的同时，必须帮助学生了解职业，掌握择业、就业的方法与技巧，提高自身的职业素质，树立自主创业的思想，设计自己的人生职业生涯，使学生就业有优势，创业有本领，升学有门路，发展有基础。我们不但需要青年学生能就业，更希望他们能创业，为社会创造财富，为人们创造更多的就业机会。

本书以探究性教学为课程开发的主要目标，提倡学生在教师指导下，围绕一个特定问题，相对独立地设计方案、收集案例和证据、分析并解决问题。让学生从教师讲什么就听什么、教师让做什么就干什么的被动的学习者，变为主动参与的学习者。将情感、态度、价值观的培养渗透于教学活动中，用职业的魅力及对个人发展的重大意义来激发学生的学习兴趣与内在动机。教材在编写过程中，始终注意对学生的情感、态度和价值观的引导和培养，全面提高学生素质。在教学过程中，努力使学生对职业形成美好的情感、积极的态度和正确的价值观，从而夯实其进入社会生存和发展的重要基础。本书是依据高职高专素质教育的教学成果和编者多年的教改经验，并参考了大量有关文献及网上资源精心编写而成的。

本书具有以下主要特点：

第一，突出创新。坚持理论与实践相结合的原则，重点突出政策性、实践性和可操作性；与传统教材相比，本书语言风格清新活泼，更贴近学生，提升了教材的可读性；同时加强创业篇的内容，借助创业培训平台，强化大学生的创业理论与技能知识，成为大学生创业的推手。

第二，强调应用。高职生就业与创业教育是一门实践性、实用性较强的课程，为帮助大学生正确择业、就业与创业，为大学生的职业生涯规划提供指导。本书强调学生的参与度，注重学生实践能力的训练，设计若干学生可参与的"自我测试"及"模拟训练"的板块，并注重训练过程的互动性，突出能力转化，以增强教材的生动性和实践性，加强师生间的交流。

第一版前言

第三，模块化设计。本教材内容编写采用模块化、任务驱动式设计，分学期完成教学任务。按照全程指导、分段教学的办法，对刚进校的新生，主要开展职业基础知识的教育，强调职业选择和职业生涯设计的重要性，使学生形成对未来职业的设想和规划。对于经过一段时间学习的高年级学生来说，着重介绍就业制度、自我定位以及求职方法与技巧，增强他们在就业市场中的竞争能力。而对即将毕业的学生来说，通过创业教育，为他们指出一条新的就业之路，鼓励他们勇于开辟人生新的方向。

本书由安徽职业技术学院王培俊任主编，黄雪飞、孔洁、陈谨任副主编。全书10个单元的编写者分别为：第一单元陈谨，第二单元胡吉芬，第三单元黄碧玉，第四单元沈翔，第五单元吕红，第六单元孔洁，第七单元吴凤云，第八单元王培俊，第九单元方希，第十单元黄雪飞、汤静。全书由方希统稿，承蒙安徽职业技术学院李雪教授、漳州职业技术学院张艳教授主审。

本书在编写过程中，得到了省教育厅领导"A联盟"的领导和各编写单位的大力支持，在此一并表示衷心的感谢！

由于时间仓促，本书中所引用的部分书刊资料未能及时与作者一一沟通，对此深表歉意，并致以诚挚的谢意！由于编者的水平有限，书中难免有不足之处，恳请广大教师和学生在使用过程中提出宝贵意见，以利于今后进一步修正和完善。

编者

2011年3月

目 录

模块一　职业规划篇

项目一　选定职业目标
　　　　梦想成就未来 \ 5
　任务一　规划人生　赢在起点 \ 7
　任务二　引经据典　未雨绸缪 \ 13
　任务三　立足当前　展望未来 \ 22

项目二　重视知己知彼
　　　　把握成功起点 \ 36
　任务一　认知自我　量力而为 \ 37

　任务二　探索职业　有的放矢 \ 52
　任务三　熟悉环境　相得益彰 \ 61

项目三　制定职业规划
　　　　点亮人生旅程 \ 71
　任务一　掌握方法　清晰步骤 \ 72
　任务二　把握原则　找准方向 \ 80
　任务三　写好规划　点亮人生 \ 83

模块二　择业就业篇

项目四　明确职业选择
　　　　做好求职准备 \ 101
　任务一　把握方向　做好选择 \ 102
　任务二　拓展渠道　锁定目标 \ 110
　任务三　量身定制　完善材料 \ 116

项目五　提升就业能力
　　　　抢占就业先机 \ 132
　任务一　把握机遇　巧绘蓝图 \ 133

　任务二　关注细节　塑造形象 \ 139
　任务三　展示优势　抓住先机 \ 152

项目六　调整择业心态
　　　　打造职业形象 \ 161
　任务一　摆正心态　走出迷茫 \ 163
　任务二　转换角色　明确定位 \ 170
　任务三　防范陷阱　维护权益 \ 178

参考文献 \ 191

你了解自我吗?

你知道如何规划自己的大学生活吗?

你知道如何做好职业发展的准备吗?

你知道就业创业该如何规划吗?

本书将和你一起踏上探寻答案之路。

知识导图

模块一 职业规划篇

任务一 规划人生 赢在起点

- 项目一 人生规划 未雨绸缪
  - 一、人生规划的含义
  - 二、人生规划的原则
  - 三、改变命运的因素
  - 四、未来职业发展趋势

- 项目二 立足当前 展望未来
  - 一、中职生的就业形势
  - 二、中职生的发展趋势

任务二 掌握方法 清晰步骤

- 一、职业规划的含义
- 二、职业规划的意义
- 三、职业规划的步骤

任务三 把握原则 找准方向

- 一、职业规划的原则
- 二、职业规划的方向

任务四 写好规划 点亮人生

- 一、职业规划书的含义
- 二、职业规划书的要素
- 三、职业规划书的内容

模块二 择业就业篇

任务一 认知自我 量力而为

- 项目二 重现知己知彼 把握成功起点
  - 一、自我认知的内涵
  - 二、自我认知的方法
  - 三、自我认知的内容
  - 四、自我认知的原则

- 任务二 探索职业 有的放矢
  - 一、职业认知的内涵
  - 二、掌握职业发展的特点
  - 三、清晰职业定位与决策

- 任务三 熟悉环境 相得益彰
  - 一、家庭因素
  - 二、个人因素
  - 三、环境因素

任务一 摆正心态 走出迷茫

- 项目四 明确职业选择 做好求职准备
  - 一、了解就业形势
  - 二、掌握市场需求
  - 三、识别就业误区
  - 四、树立就业新观念

- 任务二 拓展渠道 锁定目标
  - 一、求职的"阶梯"
  - 二、就业信息获取途径、方法
  - 三、就业信息收集
  - 四、就业信息的处理与利用

- 任务三 量身定制 完善材料
  - 一、个人求职材料的内容
  - 二、简历制作的技巧和原则
  - 三、求职信与求职简历的投递诀窍

任务一 摆正心态 走出迷茫

- 一、择业中存在的心理问题
- 二、择业中常见的心理冲突
- 三、积极调适择业心态

任务二 转换角色 打造职业形象

- 一、充分做好求职准备
- 二、以积极的心态去择业
- 三、通过角色适应期
- 四、做好上岗第一份工作

任务三 防范陷阱 维护权益

- 一、求职陷阱的主要类型
- 二、求职陷阱的防范对策
- 三、求职要学会维权

模块一
职业规划篇

　　2019年4月30日,习近平总书记在纪念五四运动100周年大会上的重要讲话中指出,"青年理想远大、信念坚定,是一个国家、一个民族无坚不摧的前进动力。青年志存高远,就能激发奋进潜力,青春岁月就不会像无舵之舟漂泊不定。"

　　树立何种人生理想,选择哪种奋斗方向,决定着我们的青春往何处去。站在新时代壮阔的征途中,青年只有把个人的理想追求融入党和国家事业之中,以习近平新时代中国特色社会主义思想为指南,青春之舟才能在国家发展浪潮中远航。

项目一
选定职业目标　梦想成就未来

▶ **学习目标**

- 清楚职业规划的含义，明白开展职业规划的重要意义。
- 了解国内外职业规划发展的历程、现状及其特点，熟悉职业规划的经典理论。
- 了解把握大学光阴、为职业规划做好准备的重要性及方法。

▶ **导思启学**

认 知 觉 醒
——审视人生目标　初识职业规划

【主旨例说】

本案例用一个穿越玉米地的故事，形象地比喻了人的一生有无目标、目标是否清晰长远对其最终能否成功所发挥的重要作用。

【品文哂例】

请大家设想一下：此时此刻，你们站在一片玉米地前。

田野上，清新的风徐徐吹来。铺展在你们眼前的，是一片果实累累的玉米地，同时，这是一片隐藏着无数大小陷阱的玉米地。

今天，你们将穿越它。

你和竞争者们将要进行一场有趣的竞赛：看谁最早穿越玉米地，到达神秘的终点，且其手中的玉米最多。

也就是说，你穿越玉米地，要比别人更快，手里要有更多的玉米，而且要时刻保证自己的安全——这是"玉米地游戏"的三个生存要素：速度、效益和安全。

你可以进行一万种以上的选择，再高明的数学大师都无法计算出这三者之间的最佳比例——或许世界上根本就不存在这样的公式。不同的状态，会产生不同的结果，而每一个最佳的方式，又因为客观环境和条件的变化而变化。穿越玉米地的过程，就是创业决策的过程，多次的选择将产生多种经营状态和结局。

穿越的魅力就在于此。你为什么要穿越玉米地？

当你的人生开始一场新的角逐时，在你的事业掀开新的一页之际，你曾经认真地直面过这个问题吗？而这个问题又真的有那么重要吗？

有一年，一群意气风发的"天之骄子"从美国哈佛大学毕业了，他们即将开始穿越各自的玉米地。他们的智力、学历、环境条件都相差无几。在临出校门时，哈佛大学对他们进行了一次关于人生目标的调查。结果是这样的：27%的人，没有目标；60%的人，目标模糊；10%的人，有清晰但比较短期的目标；3%的人，有清晰而长远的目标。

以后的25年，他们开始穿越玉米地……

25年后，哈佛大学再次对这群学生进行了跟踪调查。结果成了这样：3%的人，25年间他们朝着一个方向不懈努力，几乎都成为社会各界的成功人士，其中不乏行业领袖、社会精英等；10%的人，他们的短期目标不断得以实现，成为各个领域中的专业人士，大都生活在社会的中上层；60%的人，他们安稳地生活与工作，但都没有取得什么特别成绩，几乎都生活在社会的中下层；剩下27%的人，他们的生活没有目标，过得很不如意，并且常常在抱怨他人、抱怨社会、抱怨这个"不肯给他们机会"的世界。

（资料来源：吴晓波．穿越玉米地［M］．杭州：浙江人民出版社，2002．）

【以析启智】

通过上面的故事，我们认识到了目标对于能否成功和一个人一生的影响重要程度。其实，他们之间的差别仅仅在于：25年前，他们中的一些人知道为什么要穿越玉米地，而另一些人则不清楚或不是很清楚。

【以思明理】

探究一：上面的故事告诉我们怎样的道理？

探究二：目标对我们有什么重要意义？

探究三：你有人生目标吗？你的目标是否清晰长远？

任务一　规划人生　赢在起点

> **案例导入**

被遗忘的钥匙

有一对兄弟，家住在80层楼。有一天他们一起外出登山，回来时发现大楼停电了！于是他们背着重重的登山包开始爬楼，到了第20层时已经累得气喘吁吁，弟弟提议说："不如我们把登山包放在这里，等来电了再拿上去。"哥哥觉得这个提议很好，于是他们俩丢下登山包继续往上爬。没有了登山包的负担，顿时觉得轻松多了，他们俩有说有笑往上爬。但好景不长，到了第40层，俩人都觉得很累，想到还有40层的楼层需要爬，不禁互相埋怨起来，指责对方是因为没有注意到停电公告才会落到如此下场。他们一边吵一边爬，就这样爬到了第60层。到了60层，他们累得连吵架的力气也没有了。弟弟对哥哥说："我们不要吵了，继续爬完吧。"于是他们默默地继续爬楼，终于到80楼了！哥哥长吁一口气，摆个很酷的姿势说："弟弟，拿钥匙吧！"弟弟说："钥匙不是在你那吗？"原来他们把钥匙丢在20楼的登山包里了。

◎案例分析

这个故事犹如我们的人生。20岁之前，我们活在家人、老师的期望之下，背负着很多的压力、包袱，走得很辛苦。20岁之后，远离了压力，卸下了包袱，开始过着自己想要的生活，就这样愉快地过了20年。可是到了40岁，发现青春已逝，人生却因前期的荒废而出现种种的不如意，于是开始抱怨这个、惋惜那个、埋怨这个、嫉恨那个……就这样在遗憾和怨恨中又度过了20年。到了60岁，发现人生已所剩不多，于是告诉自己不要再抱怨了，珍惜剩下的光阴吧！接着默默地走完了自己的余生。到了生命的尽头，才想起自己好像有什么事情都没有完成。原来，我们人生的钥匙——理想、抱负都丢在了20岁以前的那段时间。

◎案例讨论

话题一：你有自己人生奋斗的理想和目标吗？
话题二：你觉得理想和目标对人生有意义吗？

项目一　选定职业目标　梦想成就未来

🔍 知识总揽

本次任务的学习，旨在帮助同学们对职业规划有较为深入的认识，能充分意识到开展职业规划对人生的意义和价值，树立及早开展职业规划的观念。

一个人，看不清自己的远方是很可怕的，有了远方便有了人生追求的高度。人一旦有了追求并付出了努力，那么远方将不再遥远。明确了自己的目标，你就找到了奋斗的方向，人生的道路上，你就知道什么事情对你是最重要的，值得你为之花费时间和精力，而什么事情又是无关紧要的，你无须理睬。有效的时间、有限的精力投入到最重要的事情中，还有什么能阻止你实现自己的理想和目标呢？

人生的旅途中，选定一个目的地很重要，选择了什么样的路线，决定了将会遇到什么样的风景。如果想在人生旅途看到更美的风景，希望人生的旅途更加精彩，那就好好规划自己的人生吧！

一、职业与人生

（一）职业是实现人生发展的载体

比利时《老人》杂志曾在本国范围内，对 60 岁以上的老人开展了一次题为"你最后悔什么？"的专题调查，结果 67% 的老人后悔年轻时错误选择了职业。职业是把握生命中的关键因素之一，它不仅能培养人积极的生活态度和自立自强的精神，提升自身的文化水平、专业水平和职业能力，更能实现个人与职业及社会的和谐发展。人的生命只有一次，人生是一次不可逆的单程旅程，我们不能等到 40 岁再去抱怨，等到 60 岁时再去追悔。因此，我们需要将职业的选择与职业生涯的发展当作生命中的一件大事来对待。

职业是参与社会分工，利用专门的知识技能，为社会创造物质财富、精神财富，获得合理回报作为物质生活的来源并能满足精神需求的社会劳动。

提到职业，人们常想到工作、事业，在英文中"工作""职业""事业"分别对应的单词是"job""vocation""career"。从时间上来说，工作可以只有一天、一年，可以是今天干这个，明天干那个；但是职业却不同，它在一定阶段是连续的、稳定的；事业不仅如此，还要求对社会具有较大的贡献，绝不是一朝一夕能办到的。从程度上来说，三者是逐层递增的，没有工作就没有职业，没有职业就更谈不上事业的成功了。

工作、职业与事业的关系可以简单概括为：工作——上班挣钱，安全保障；职业——社会地位，专业技能；事业——社会贡献，人生价值。

从一定意义上讲，人的一生都生活在职业所营造的氛围中：从胎儿期开始，个体就生活在父母职业所带来的整个家庭生活风格之中；在儿时的游戏活动中，儿童模仿从事某职业的成人的行为，获得最初对职业角色的粗浅认识；然后，个体开始为从事一定的社会职业做学业的准备；接下来，个体开始怀着自己的职业理想正式了解职业、选择职业、进入职业社会，获得经济上、社会上的独立地位，争取职业的成功；最后，在争取职业保障的前提下离开职业，进入晚年退休生活。职业，对于个人而言，意味着一定的社会地位、经济地位以及满意的生活方式、生活质量；对于企业而言，意味着企业发展的效率和成功；对于社会而言，意味着文化的进步与发展。所以有人说：职业就是人生，职业就是生活，职业就是社会。这话不无道理。

（二）职业成功与人生成功

曾经有一位记者采访一位电影明星时，问了这样一个问题："什么是生活？你怎么理解？"这位明星回答得很干脆："生活就是活着。"大家都知道马斯洛需求层次理论，美国心理学家亚伯拉罕·马斯洛将人的需求分成生理需要、安全需要、社交需要、尊重需要和自我实现需要五类，依次由较低层次到较高层次排列。"生活就是活着"，属于基本的生理需要。我国有一俗语"穷极无赖，富极无聊"，意思是穷到最穷就耍无赖，富到最富就觉得无聊。当一个人的生命能量得不到很好释放，你就会感到无意义，甚至压抑。应该怎样释放呢？吃得好、喝得好、穿得好、玩得好就可以了吗？显然不是，因为你没有发挥自己的潜能，没有发挥自己的创造性，没有实现自己的人生价值，心里就只有挤压、窒息、憋闷。一旦时间久了，这种"宠物"般的生活就会使人感到内心空虚、精神无聊。马斯洛提出最高层次的需要是自我实现的需要，即实现个人理想、抱负的需要，完成与自己的能力相称的一切事情的需要，达到自我实现境界的人，努力实现自己的潜力，使自己越来越成为自己所期望的人物。只有实现了这种需要，才会使自己感到最大的快乐，并能实现自己的社会价值与自我价值。无论是哪个层次的满足都离不开职业，只有通过从事一份职业，方可获得生命得以生存所需的衣食住行，才能满足生理需要；才能实现对人身安全、生活稳定以及免遭痛苦、威胁或疾病以及医疗保险、失业保险和退休福利等的需要；方能实现对友谊、爱情以及隶属关系的需要，发挥潜能，被他人认可或尊重，达到自我实现的境界。

很多人经常忽视了这样一个事实：工作本身也是生活中的一部分，工作质量的高低决定了生活质量的高低。工作并不是毫无感情的，它对于人生的意义绝不亚于衣食住行，实际上，它更是实现理想、拥有快乐幸福生活的重要途径。对于现代人而言，工作不只是简单地为了解决吃饭问题，人们更希望通过工作或事业的发展达到自我价值的实现与被肯定。

但是，并非只要有一份职业就可以实现这些需要，就可以通往成功的人生，要拥有成功的人生，职业成功是关键中的关键，是核心中的核心。社会主义市场经济唤醒了人们的职业意识，强化了人们内在的职业成功需求。今天，无论是大型的图书馆还是小型的路边书摊，有两类书最为畅销：一是管理类图书，教组织如何成功；二是励志类图书，教个人如何成功。打开手机、电视、报纸和各种商业杂志，各个领域的成功人士扑面而来，娓娓讲述他们职场上的成功经历，职业成功已成为我们这个时代最令人兴奋、最引人注目的话题之一。职业是一个人安身立命之根基，因而职业成功成了人们孜孜以求的首要目标。

在西方的学术文献中，职业成功通常被定义为"一个人所累积起来的积极的心理上的或是与工作相关的成果或成就"。心理上的成就感、自豪感、家庭幸福、内心的平静都是职业成功的标志。今天，我们至少可以将职业成功的标准概括为以下几种：

（1）财富标准。认为通过工作获得更多的经济回报，发财致富就是现代人的成功标志。

（2）晋升标准。认为职业成功就是晋升到组织等级体系高层或者在专业上达到更高等级。

（3）安全标准。渴望长时间的稳定工作，以获得职业上的安全。

（4）自主标准。强调职业成功就是在工作中自主自由，对职业和工作有最大限度的控制权。

（5）创新标准。标新立异，做出别人没有做出的事情。

（6）平衡标准。在工作、人际关系和自我发展三者之间保持有意义的平衡。

（7）贡献标准。对社会、组织、家庭做出贡献。

（8）影响力标准。在组织中、行业内、社会上有足够的影响力，能够改变他人的心理和行为。

（9）健康标准。在繁重工作的压力下依然保持身心健康。

认清自己的内在需要，选定自己的职业成功标准而不是盲目攀比、追求时尚，才不至于在职业生涯的旅途中迷失方向。

二、职业规划与人生发展

（一）职业规划是人生发展的指明灯

如果你一开始就有了比较明确的职业发展方向和时间计划，那么你的职业发展道路会相对顺畅，实现最终的理想目标的可能性也会更大。但是如果你尚处于职业发展的迷茫阶段，那你就要警惕了。因为找不到"指明灯"的你很容易"误入歧途"或者徘徊不前，不能形成有效的积累，从而付出巨大的人生成本。如果你对今后的职业发展感到困惑，那就有必要学习如何进行自己的职业规划了。

1. 职业规划的含义

职业规划是指个人和组织相结合，在对一个人职业生涯的主客观条件进行测定、分析、总结研究的基础上，对自己的兴趣、爱好、能力、特长、经历及不足等各方面进行综合分析与权衡，结合时代特点，根据自己的职业倾向，确定其最佳的职业奋斗目标，并为实现这一目标做出行之有效的安排。简言之，就是知己知彼，择优选择职业目标和路径，并用高效行动实现职业目标。

按照规划时间来分，职业规划可以分为短期规划、中期规划、长期规划和人生规划四种类型：

（1）短期规划。一般指 2 年以内的规划，规划近期应完成的任务，是以长期的人生大目标为发展方向的行动性、操作性目标。短期目标作为达到长期目标的初始步骤，通过一个个攻克短期目标，逐步逼近和最终达到长期目标。

（2）中期规划。一般指 2～5 年的规划，是最常用的一种职业规划。

（3）长期规划。一般为 10 年、20 年、30 年，主要是设定较长远的职业目标和任务，是短期和近期目标所追求的最终目标。

（4）人生规划。是整个职业生涯的规划，时间长达 40 年左右，设定整个人生的发展目标和阶梯，具有"未来预期""宏观综合""人生理想""发展方向""引导短期"和"自身可变"的性质。

在实际操作中，跨度时间太长的规划由于环境、个人的变化而难以把握，而时间跨度太短的规划缺乏持续发展的意义，所以，一般提倡个人的职业规划掌握在 2～5 年比较好。这样既便于根据实际情况设定可行目标，又便于随时根据现实的反馈进行修正和调整。

另外，进行职业规划时要注意详细列出实现目标的具体时间、达到的程度。目标空泛，行动就容易陷入盲目，不能有意识地收集相关领域的知识信息，也就无法有效提高行动能力。目标明确，不仅指业务发展目标明确，而且与之相应的学习目标、经济收益目标、职位目标、业绩目标也要有明确的要求。人生除了事业目标外，还有财富、婚姻、健康等诸多问题，这些问题都直接影响着人生事业发展和生活质量，所以在设立职业生涯目标时要做到互相配合、共同作用，促进个人的身心、生活和事业的全面发展，并要将个人目标与社会发展、国家战略、行业发展、单位发展相结合。只有综合考虑上述诸多因素，才能选中最符合实际、对社会有用、成功可能性较大的正确目标。这样不仅能使自己的目标与社会需要紧密结合，使自己的长处得到发挥，而且也能保证职业生涯的顺利和成功。

2. 职业规划的特点

（1）可行性。规划要有事实依据，而非美好幻想或不着边际的梦想，否则将会延误生涯良机。

（2）适时性。规划是预测未来的行动，需要确定将来的目标，各项主要活动的起始都应有时序上的妥善安排，以作为检查行动的依据。

（3）适应性。规划未来的职业生涯目标，涉及多种可变因素，因此规划应有弹性，以增加其适应性。

（4）连续性。人生每个发展阶段有不同的目标或任务，而不同阶段间的目标应有连续性，如同台阶，一步一步持续连贯性衔接。

（二）职业规划是铸就人生成功的基石

一个人的职业生涯是生命、生活的重要组成部分，选择了一份职业，就选择了一种社会角色，进而选择了一种生活方式。或许有人会说没有职业规划也可以获得成功，但是，有了有效的职业规划会更快地获得更大的成功。不仅如此，职业规划不仅使你找到自己喜欢并适合自己的工作，更重要的是，它引导我们努力去追寻自己理想的生活方式。

案例品读：马拉松冠军的启示

某心理学家在调查了众多行业人士后发现，那些最成功和对自己生活最满意的人有一个共同的特点：他们都有实现其理想目标的详细规划。职业规划是事业成功的基本前提，没有规划，事业的成功也就无从谈起。职业规划的意义可以概括为"定目标、找优势、查差距、明定位、抓机遇、促学习"，具体而言体现在以下四个方面。

1. 发掘潜能，增强实力

一个人最大的幸福，莫过于能以自己想要的方式生活，"择其所爱，爱其所择"，职业规划有突破障碍、开发潜能和自我实现的积极作用。一份行之有效的职业规划将会：

（1）引导我们正确认识自身的个性特质、现有与潜在的资源优势，帮助我们重新对自己的价值进行定位并使其持续增值。

（2）引导我们对自己的优劣势进行分析。

（3）引导我们树立明确的职业发展目标与职业理想。

（4）引导我们评估个人目标与现实之间的差距，把握机遇，克服困难。

（5）引导我们运用科学的方法采取可行的步骤与措施，不断增强自己的职业竞争力，实现职业目标与理想。

2. 锁定目标，助力成功

有位企业家说过：一件大事是由一千件小事组成的。在实际情况中，任何人做事都没有大事和小事之分，但最后的结果却完全不同，这是因为做大事的人所做的每一件小事和所定的目标密切相关，一千件小事的完成便意味着目标的达成。而成就不了大事的人所做的一千件小事之间是没有关联的，无序的，最后即使做完了一千件小事，也终究一事无成。"凡事预则立，不预则废"，职业规划帮助我们明确"我想干什么？"和"我能干什么？"，在清晰了职业目标后，就能将有限的精力集中到职业目标的实现中去，心无旁骛而不被无关的小事打扰，从而实现自我发展和自我成功。

3. 提升能力，应对竞争

当今社会是个充满竞争与挑战的社会，"物竞天择，适者生存"，要想在激烈的竞争中脱颖而出并保持立于不败之地，必须设计好自己的职业规划，这样才能做到心中有数，不打无准备之仗。在现实生活中，很多大学毕业生拿着简历到处奔波，自己适合什么工作、想要什么工作都没有考虑清楚，也没准备充分，而是一味盲目地撞大运，没有求职成功反而抱怨单位不能"慧眼识英雄"。"磨刀不误砍柴工"，职业规划可以帮忙我们了解自己的性格、能力、兴趣，了解想从事行业的特性、所需要具备的能力、工作的内容、发展的前景、薪资待遇等，从而有意识地做好前期准备。而明确的职业目标，踏实的前期准备，能够帮助毕业生更科学、更经济、更安全地求职和发展。

4. 发挥优势，才尽其用

在现实生活中，很多人因缺乏对自身的深入分析，缺少职业规划，盲目求职，个人优势素质得不到充分发挥，既浪费了自己的才华也没有为社会做出应有的贡献。知识经济时代，人力资源是第一生产力，而我们时常面对的事实是：一方面用武之地找不到英雄，另一方面是英雄无用武之地。大学生就业难有三大原因，分别是岗位不足、有岗不就、有岗难就，而有岗难就是最主要的原因在于：一方面社会需要大量的高水平、高素质人才，另一方面大学生的素质和能力水平不能达到用人单位的要求。而职业规划可以很好地改变这种现象，实现人职匹配、人尽其才、才尽其用。

任务二　引经据典　未雨绸缪

就创导师领航

> **案例导入**
>
> ### 放弃也是一种选择　失去也是一种收获
>
> 入冬以来，正在北京读大学的黄欣一直在就业与考研之间彷徨。走考研这条路，其实并不是为了做学问，只是为了留在这座城市。这也是她身边很多同学的真实想法。黄欣当时的指导思想就是准备先考研，同时也不放弃找工作的机会。考研复习的日子是极其乏味的：每天按照固定的作息时间表，完成定量的任务——除了吃饭、睡觉之外，其余的时间几乎一刻都不离开书本。考研的人都拿出了孤注一掷的劲头，那时她清清楚楚地感到，自己手里攥着自己的前途命运。事情发生转变

是在当年11月份，由于黄欣所在的学校是外语类院校，她可以参加外交部一年一度的入部考试。当时，黄欣的家人非常希望她能进入外交部工作。她自己也一直想在北京发展，认为这是个不错的机会。但是，外交部入部考试是在12月初，考试结果于12月底公布，而考研则在下一年的1月中旬进行。对于这两个考试，她都没有百分之百的把握，于是陷入了一种两难境地：既怕抓一头丢了另一头，又怕两头都抓，最后落得两手空空。她花了两天时间仔细琢磨，终于认识到：当几条路同时出现在眼前的时候，一定要果断地选择其中一条，选择的前提是充分了解自己，充分了解客观情况。选择考研，对黄欣来说只是为了留在北京，所要考的专业相对容易，也是其兴趣所在，但并没有必胜的把握。入部考试主要是英语和写作，也是她感兴趣和擅长的，虽然同样没有十足的把握，但较之考研的可能性还是大一点。而且，入部考试通过了，不仅能解决留京的问题，还能解除以后找工作的后顾之忧，可谓一箭双雕。如此分析之后，她决定全力以赴地准备入部考试，并计划在入部考试之后，结果出来之前着手找工作。

于是，黄欣在11月里破釜沉舟，背水一战，只复习政治、英语和时事。她一点都不后悔当时放弃了考研，她认为：做一件事就要全力以赴，做就要做到最好。同时，她也第一次深刻地了解了自己，准确地把握了自己。结果表明，她的选择是对的。她通过了入部考试，又参加了国家公务员考试，并顺利通过，与外交部签了三年的劳动合同。

◎案例分析

做出一个决定，就意味着放弃其他选择。经济学家认为，其他选择中最大的放弃，就是你所做的这个决定的机会成本。在选择之前，应该先弄清楚自己想要的是什么，再弄清楚自己适合的是什么。该选择的就应果断选择，该放弃的就要坚决放弃。虽然每一次选择都意味着付出一定的代价，可是，只有敢于付出代价的人才会有所收获。

◎案例讨论

话题一：你是否经常存在选择困难的情况？

话题二：在面对选择时，怎样做才能做出正确的抉择？

话题三：在决定就业大事问题上，哪些做法是不正确的？

知识总揽

本次任务的学习，旨在帮助同学们了解国内外职业生涯规划发展的历程及现状，充分认识国内外职业生涯规划的特点；其次了解职业生涯规划中的经典理论，为职业规划的制定奠定理论基础。

一、国内外职业生涯规划发展概况

（一）国外职业生涯规划发展历程、现状及其特点

1. 国外职业生涯规划发展历程

"职业生涯"（career）的概念最早出现在美国生涯理论家唐纳德·舒伯1957年出版的《职业生活的心理学》一书中。起源于20世纪初的"职业指导"（vocational guidance）在110多年中历经了三次思想转折和以此为标志划分的四个发展阶段。

第一阶段：职业指导理论提出和基本模式建立时期（1908—1942）。这一时期以美国学者弗兰克·帕森斯和威廉姆逊提出特质因素论为标志来界定和划分。1909年，美国社会学家帕森斯出版的《选择一个职业》，首次运用"职业指导"这一概念。1939年，明尼苏达大学从事学生辅导工作的威廉姆逊在特质因素论基础上形成了一套独特的辅导方法，该方法迅速占据了职业指导的主导地位。

第二阶段：重视个人发展的时期（1942—1951）。这一时期以美国心理学家卡尔·罗杰斯提出"来访者中心疗法"为标志。1951年，《来访者中心疗法》一书问世，标志着人本主义理论流派走向成熟，推动了职业指导的重点从开发职业素质测试的技术向提高职业咨询的方法与技术转变。

第三阶段：生涯辅导的形成时期（1951—1971）。这一时期以美国著名职业指导专家伊莱·金斯伯格和唐纳德·舒伯的"生涯发展理论"的建立为标志。金斯伯格于1951年出版的《职业选择》一书中，深入研究了青少年职业选择过程与问题，把职业发展分为空想阶段、尝试阶段和现实阶段三个时期。而舒伯则在1957年将职业生涯定义为一个人终生经历的所有职位的整个过程，并系统阐述了职业生涯发展的十二个基本命题和五个发展时期。

第四阶段：生涯辅导成熟、完善和国际化时期（1971年至今）。"生涯辅导理论"受到社会广泛认可，不同学派出现了"百花齐放，百家争鸣"的繁荣景象，将生涯辅导推向以注重个体生涯发展历程为重心的方向，使生涯发展走向正轨。

2. 国外职业生涯规划发展现状

目前，在许多发达国家，职业生涯规划与职业指导被视为"积极劳动力市场政策"的重要组成部分。职业生涯规划已成为一项产业，并得到政府立法的肯定与支持。

美国是较早在学校中开展职业生涯规划教育的国家。仅在20世纪，美国就曾两次专门以政府法案的形式对职业生涯规划教育进行改革。

英国的职业生涯规划教育是以法律为基础，用制度作保障的。1997年，英国的教育法明确规定，所有的公立学校都有法定的义务对13～19岁的学生进行"生涯

教育"。

德国不仅通过立法来保障职业生涯规划工作的有序进行，而且设立了联邦劳动局来专门负责各学校的就业指导课。

日本的职业指导历经就业指导、进路指导、职业生涯教育三个发展阶段，目前已形成一套完整的贯穿小学、中学、大学的职业生涯教育体系。

3. 国外职业生涯规划发展特点

综合来说，国外职业生涯规划指导体系主要有以下特点：

（1）机构专门化。国外不少国家基本上都成立了专门的机构负责指导学生开展生涯规划。在美国，从联邦政府、州政府到高校都设有不同形式的职业生涯教育专门机构；澳大利亚则成立就业中心，负责大学生职业生涯教育以及毕业生的就业咨询与服务。

（2）过程全程化。国外很多国家对学生进行的职业生涯教育贯穿于其整个学习过程，而且根据年龄阶段、受教育程度的不同，侧重不同的教学内容，开设相关课程。

（3）人员职业化。国外从事职业生涯教育的人员呈现出高素质、职业化、专门化的特点。

（4）方式个性化。在国外的大学生职业生涯教育中，除对全体学生进行集体辅导外，还特别注重针对不同状况的学生进行个别咨询和辅导。

（二）国内职业生涯规划发展历程、现状及其特点

我国职业生涯规划研究起源较早，但中断时间较长，目前尚处于积极探索阶段。

1. 我国职业生涯规划发展历程

我国职业生涯规划研究可以追溯到距今2 500多年前的春秋时期，至圣先师孔子在《论语·为政》中说道："吾十有五而志于学，三十而立，四十而不惑，五十而知天命，六十而耳顺，七十而从心所欲，不逾矩。"这是孔子对人生状态的自我评价，同样也是孔子对职业生涯状态的系统描述。

孔子的职业生涯

我国最早引进"生涯规划"的相关课程是在1916年，由清华大学周诒春（字寄梅）先生引入，开始着手和筹备高校就业辅导工作。1917年5月6日，由中国著名教育家、爱国民主人士黄炎培先生联合蔡元培、梁启超、张謇、宋汉章等48位教育界、实业界知名人士在上海发起创立中华职业教育社，并在1918年出版了《职业指南》；在1919年出版了《职业指导专号》；在1923年出版了《职业指导》；在1924年推动中小学建立"职业指导委员会"，建立"职业指导员"队伍；1927年，中华职业教育社在上海、重庆、昆明、桂林等地先后举办职业指导所，帮助就业人员选择职业。

后来，我国职业生涯规划的研究历经数十年的发展后受阻并几近停滞。直到20

世纪80年代，职业生涯规划教育才逐渐于中国港台地区兴起，其中，香港地区高校的生涯管理与辅导理念经历了家长式、服务式和发展式的演进过程。我国内地恢复生涯规划教育的时间相对较晚，直至1985年才开始恢复相关研究工作。1988年，为指导高等学校毕业生就业，国家教育委员会（现教育部）创办《毕业生就业指导》，并成立毕业生就业指导中心。1993年12月，成立中国职业技术教育学会职业指导专业委员会。

2. 我国职业生涯规划发展现状

21世纪以来，职业生涯规划课程进入了我国大学校园，各高校普遍开始对大学生进行职业生涯辅导。2005年，清华大学开设"职前教育网络学堂"，通过网络课程对各个年级的同学进行职业生涯指导，深受学生的欢迎。北京大学等高校开始为新生提供系统的职业规划服务，包括职业测评、职业咨询、大学生职业生涯规划课程、职业规划训练营、就业指导专家系列讲座、职业辅导工作坊等内容。与此同时，广大高职院校也积极开展对职业生涯规划的思考与探索。实践证明，这些工作能帮助大学生及早了解和规划未来的职业发展道路，但整体来看，职业生涯辅导在我国的开展情况差强人意。

调查表明，我国的职业生涯规划教育已经在迅速普及，只是由于起步相对较晚，因此教育成效还不是十分明显，甚至有很多学生尚无明确的职业生涯规划目标。在学生对接受职业生涯规划指导的需求上，还不能完全得到满足。

3. 我国职业生涯规划发展特点

我国的职业生涯教育早在20世纪初就受到了人们的重视。陶行知的"生活教育理论"就是主张教育要与实际生活相联系；黄炎培的职业教育思想也倡导"生计教育"的理念，并提出了"使无业者有业，有业者乐业"的职教办学宗旨。然而，这些思想由于各种原因并没有得到普遍推广，致使我国职业生涯教育发展缓慢。综合来说，我国职业生涯规划指导体系的发展主要有以下三方面特点：

（1）职业生涯规划学科起步较晚。在我国，该学科研究领域对国际最新的职业生涯规划实践了解不够，工作思路需拓宽，工作方法需完善，工作效果需提高。在社会层面，个体的职业选择还未完全形成"接受第三方提供的职业指导服务"的理念。

（2）我国的职业生涯规划教育尚处于探索阶段。职业生涯规划中的很多问题，如职业生涯规划的针对性、职业生涯规划的实践研究、职业生涯规划教育和就业的脱节等，还未经过深入的研究和实践，这就要求我们勤奋务实、大胆创新，根据学生的发展和社会需求，借鉴国外成功经验，构建适合我国国情的职业生涯发展教育体系。

（3）民众职业生涯规划尚处于理念接受阶段。民众普遍缺乏足够的职业生涯规划意识，很多学生只有在高考或者大学毕业时才有这方面的意识和需求。由于从事职业生涯规划的专业人员稀缺，尤其是本学科的专家比较少，使得在可操作层面上相对滞后，因此，细分的、个性化的、比较成功的职业生涯规划实践有待积累。

近年来，随着党和国家对教育改革的不断深化，各大专院校为适应新形势、新要求，正积极探索构建职业生涯规划教育的新方法、新路径；越来越多的大学生开始用更加理性、更加智慧的眼光审视和规划自己未来的生涯之路；越来越多的教育工作者、社会工作者乃至新闻工作者开始重视对大学生的引导和帮助。我国正在快速推进职业生涯规划的研究与实践，使其蓬勃发展。

二、职业规划基本理论

你今天站在哪里并不重要，但是你下一步迈向哪里却很关键。无数成功人士的成长经历告诉我们：一个人无论从事什么职业、做什么工作，只有通过科学的规划，并按照规划去实施，才能够使一个人的目标得以实现，使一个人的事业获得成功。

（一）舒伯的职业生涯发展阶段理论

1. 舒伯的五阶段职业生涯发展理论

美国著名职业生涯规划大师舒伯把职业发展理论扩大到整个人生，围绕不同时期的职业生涯来进行分析，他将人的职业发展划分为成长、探索、建立、维持、衰退五个阶段（表 1.1）。

表 1.1　不同生涯发展阶段的发展重点

阶段	年龄	生涯阶段	主要任务
成长	0～10 岁 11～12 岁 13～14 岁	幻想 兴趣 能力	受家庭教育、父母保护 适应学校生活和社会生活 了解工作的意义，逐渐认识自己
探索	15～17 岁 18～21 岁 22～24 岁	试探 过渡 尝试	综合各种因素，初步进行职业选择 职业目标具体化，进入劳动力市场 选定工作领域，开始从事某种职业，感受到工作的压力
建立	25～30 岁 31～44 岁	尝试 稳定	对已有的职业与目标进行检讨，可能变换工作，结婚 生儿育女，努力工作，争取实现职业目标
维持	45～64 岁	维持	维持既有的职位与成就，准备退休计划
衰退	65 岁以上	衰退	适应退休生活，发现新的角色

（1）成长阶段（0～14 岁）。这一阶段经历了从对职业好奇、幻想到产生兴趣，再到有意识培养职业能力的逐步成长过程。舒伯将这一阶段分为以下三个成长期。

① 幻想期（0～10 岁）：儿童从外界感知到许多职业，对自己觉得好玩和喜爱

的职业充满幻想并进行模仿。

② 兴趣期（11～12岁）：以兴趣为中心，理解、评价职业，开始进行职业选择。

③ 能力期（13～14岁）：开始考虑自身条件与喜爱的职业相符与否，有意识地进行能力培养。

（2）探索阶段（15～24岁）。这一阶段为择业、初就业阶段，可分为以下三个时期。

① 试探期（15～17岁）：综合认识和考虑自己的兴趣、能力与职业社会价值、就业机会，开始进行择业尝试。

② 过渡期（18～21岁）：进入劳动力市场或者进行专门的职业培训。

③ 尝试期（22～24岁）：选定工作领域，开始从事某种职业。

（3）建立阶段（25～44岁）。这个阶段为建立稳定职业的阶段，经过早期的探索和尝试后，最终确定稳定职业并谋求发展。本阶段是大多数人职业生涯的核心部分，分为以下两个时期。

① 尝试期（25～30岁）：对最初就业选定的职业不满意，再选择、变换职业，变换次数因人而异，也可能满意初选职业而无变换。

② 稳定期（31～44岁）：最终职业确定，开始致力于稳定的工作。

（4）维持阶段（45～64岁）。在这一阶段，劳动者大多达到"功成名就"状态，已不再考虑变换职业，只力求维持已取得的成就和社会地位。重点是维持家庭和工作间的和谐关系，传承工作经验，寻求接替人选。

（5）衰退阶段（65岁以上）。个体达到65岁以上，其健康状况和工作能力逐步衰退，即将退出工作，结束职业生涯。这一阶段会出现权力和责任的相对减少，因而个体要学习接受一种新的角色，适应退休后的生活，以减少身心的衰退。

2. 舒伯的"生涯彩虹图"理论

从1957年到1990年，舒伯拓宽并修改了他的终身职业生涯发展理论，这期间他最主要的贡献是"生涯彩虹图"（图1.1）。为了综合阐述生涯发展阶段与角色彼此间的相互影响，舒伯创造性地描绘出一个多重角色生涯发展的综合图形——"生涯彩虹图"，形象地展现了生涯发展的时空关系，更好地诠释了生涯的定义。

舒伯认为在个人发展历程中，随着年龄的增长而扮演不同的角色，图的外圈为主要发展阶段，内圈阴暗部分的范围，长短不一，表示在该年龄阶段各种角色的分量；在同一年龄阶段可能同时扮演数种角色，因此彼此会有所重叠，但其所占比例分量则有所不同。

根据舒伯的看法，一个人一生中扮演的许多角色就像彩虹一样，同时具有许多色带。舒伯将显著角色的概念引入了生涯彩虹图。他认为角色除与年龄及社会期望有关外，与个人所涉入的时间及情绪程度都有关联，因此每一阶段都有显著角色。

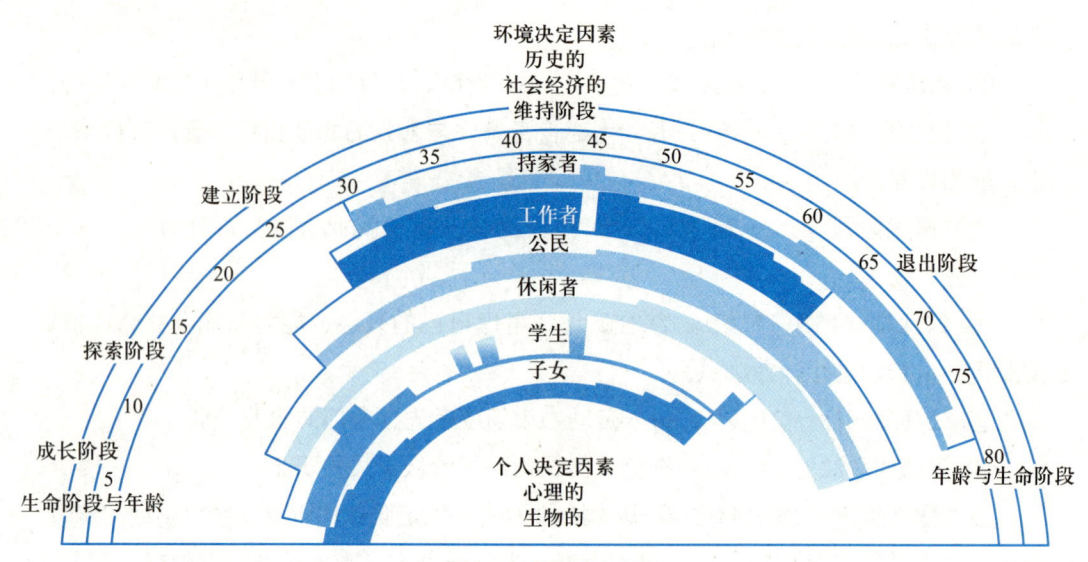

图 1.1　生涯彩虹图

在一生生涯的彩虹图中，横向层面代表的是横跨一生的生活广度。彩虹的外层显示人生主要的发展阶段和大致估算的年龄：成长期（约相当于儿童期）、探索期（约相当于青春期）、建立期（约相当于成人前期）、维持期（约相当于中年期）以及衰退期（约相当于老年期）。在这五个主要的人生发展阶段内，各个阶段还有小的阶段，舒伯特别强调各个时期的年龄划分有相当大的弹性，应依据个体的不同情况而定。

在一生生涯的彩虹图中，纵向层面代表的是纵贯上下的生活空间，由一组职位和角色所组成。舒伯认为人在一生当中必须扮演九种主要的角色，依次是：孩子、学生、休闲者、公民、工作者、配偶、持家者、父母和退休者。各种角色之间是相互作用的，一个角色的成功，特别是早期的角色如果发展得比较好，将会为其他角色提供良好的关系基础。但是，在一个角色上投入过多的精力，而没有平衡协调各角色的关系，则会导致其他角色的失败。在每一个阶段对每一个角色的投入程度可以用颜色来表示，颜色面积越多表示该角色投入的程度越多，空白越多则表示该角色投入的程度越少。

彩虹图中的阴影部分表示角色的相互替换、盛衰消长。它除了受到年龄增长和社会对个人发展、任务期待的影响外，往往与个人在各个角色上所花的时间和感情投入的程度有关。从这个彩虹图的阴影比例中可以看出，成长阶段（0～14岁）最显著的角色是孩子；探索阶段（15～20岁）最显著的角色是学生；建立阶段（30岁左右）最显著的角色是持家者和工作者；维持阶段（45岁左右）工作者的角色突然中断，又恢复了学生角色，同时公民与休闲者的角色逐渐增加，这正如一般所说的"中年危机"的出现，同时暗示这时必须再学习、再调适才有可能处理好职业与家庭生活中所面临的问题。例如，一位大学一年级的新生，必须适应新的角色与学习环境，经过"成长"和"探索"，一旦"建立"了较固定的适应模式，同时"维持"了大学学习生活之后，又要开始面对另一个阶段——准备求职。原有的已经适应了的习惯会逐渐衰退，继而对新阶段的任务又要进行"成长""探索""建立""维持"与"衰退"，如此周而复始。

（二）施恩的职业锚理论

1973年，美国职业指导专家埃德加·施恩教授通过对斯隆管理学院（现麻省理工学院斯隆商学院）的44名工商管理硕士（MBA）毕业生长达12年的职业生涯研究，运用包括面谈、跟踪调查、公司调查、人才测评、问卷等多种方式，最终分析总结出了职业锚理论。

所谓职业锚，又称职业系留点。锚，是使船只停泊定位用的铁制器具。职业锚，实际就是人们选择和发展自己的职业时所围绕的中心，是指当一个人不得不做出选择的时候，他无论如何都不会放弃的职业中的那种至关重要的东西或价值观。它是人们内心深层次价值观、能力和动力的整合体，它体现了"真实的自我"，个人对成功的定义正好反映了个人的职业锚。

明确了职业锚，可以引导我们更加准确地进行职业定位。职业锚的核心内容由三个部分组成：一是自省的才干和能力，以在各种环境下的实际成功为基础，知道自己能干什么；二是自省的动机和需要，以实际情境中的自我诊断以及他人反馈为基础，知道自己想干什么；三是自省的态度和价值观，以自我与工作组织和工作环境的准则和价值观之间的实际"遭遇"为基础，知道自己为什么要干。职业锚是个人和工作情境之间相互作用的产物，只有经过若干年的实际工作后才能被发现。一个人只有对职业锚的核心内容有了清楚的了解之后，才能清楚自己的职业锚到底是什么。

施恩教授总结出八种职业锚类型，每种职业锚之间可能存在交叉，但是每一种又都有一个最突出、最强烈、最易识别的特性。

（1）技术/职能型。技术/职能型的人，追求在技术/职能领域的成长和技能的不断提高，以及应用这种技术/职能的机会。他们对自己的认可来自他们的专业水平，他们喜欢面对来自专业领域的挑战。他们一般不喜欢从事一般的管理工作，因为这将意味着他们放弃在技术/职能领域的成就。

（2）管理型。管理型的人追求并致力于工作晋升，倾心于全面管理，独自负责一个部分，可以跨部门整合其他人的努力成果，他们想去承担整个部分的责任，并将公司的成功与否看成自己的工作。具体的技术/功能工作仅仅被看作是通向更高、更全面管理层的必经之路。

（3）自主/独立型。自主/独立型的人希望随心所欲安排自己的工作方式、工作习惯和生活方式。追求能施展个人能力的工作环境，最大限度地摆脱组织的限制和制约。他们愿意放弃提升或工作扩展机会，但也不愿意放弃自由与独立。

（4）安全/稳定型。安全/稳定型的人追求工作中的安全与稳定感。他们可以预测将来的成功从而感到放松。他们关心财务安全，例如退休金和退休计划。其稳定感包括诚信、忠诚以及完成上司交代的工作。尽管有时他们可以达到一个较高的职位，但他们并不关心具体的职位和具体的工作内容。

（5）创业型。创业型的人希望使用自己能力去创建属于自己的公司或创建完全属于自己的产品（或服务），而且愿意去冒风险，并克服面临的障碍。他们想向外界证明公司是他们靠自己的努力创建的。他们可能正在别人的公司工作，但同时他们在学习并评估将来的机会。一旦他们感觉时机到了，他们便会自己走出去创建自己的事业。

（6）服务型。服务型的人指那些一直追求他们认可的核心价值，例如，帮助他人，改善人们的安全，通过新的产品消除疾病。他们一直追寻这种机会，即使这意味着变换公司，他们也不会接受不允许他们实现这种价值的工作变换或工作提升。

（7）挑战型。挑战型的人喜欢解决看上去无法解决的问题，战胜强硬的对手，克服无法克服的困难障碍等。对他们而言，参加工作或职业的原因是工作允许他们去战胜各种不可能。新奇、变化和解决困难是他们的终极目标。如果事情非常容易，他们马上会变得非常厌烦。

（8）生活型。生活型的人是喜欢允许他们平衡并结合个人的需要、家庭的需要和职业的需要的工作环境。他们希望将生活的各个主要方面整合为一个整体。正因为如此，他们需要一个能够提供足够的弹性让他们实现这一目标的职业环境，甚至可以牺牲他们职业的一些方面（如提升带来的职业转换）。他们将成功定义得比职业成功更广泛，他们认为自己在生活方式、居住条件、家事处理，以及在组织中的发展道路等方面是与众不同的。

任务三　立足当前　展望未来

> 案例导入

什么样的人处处受欢迎

小张在一所高职院校读计算机应用专业。大三那一年，在他父亲一位朋友的引荐下，小张进入某大城市的一所著名科研机构实习。

刚去的时候，小张除了帮忙打扫办公室卫生，打打开水，只能干坐着。领导看他有点落寞，就交给他一项任务说："三个月内完成就行，到时候给你一个实习鉴定。"后面的三天时间里，他干脆住到了单位，早早地完成了任务。第四天上午，当他告诉领导任务已经完成时，领导吓了一跳，立即对他刮目相看。领导又交给他几项任务，他都在很短的时间内圆满完成了。

实习结束，领导指示人事部门的负责人亲自去小张的学校点名录用他。人事部门负责人很奇怪："来我们这里求职的名牌大学硕士生、本科生十几个，还有博士生，您都不要，却非要一个高职生，这不是开玩笑吧？""不是开玩笑，他有专长、有能力，并且踏实。"领导这样评价。现在小张已经成为一个部门的负责人了……

◎案例分析

在就业竞争激烈的形势下，小张何以如此轻松找到体面而又重要的工作呢？小张的故事给我们带来的启示是：把自己所学的知识应用于社会职业，进行强化和巩固，并抓住一切机会转化为实践能力。职业化人才是人才市场的优势资源，只有具备了高度职业化素质的人才，才能在未来的市场竞争中拥有更大的竞争力。

◎案例讨论

话题一：如何才能从容应对各种挑战，抓住各种机遇？

话题二：具体应该怎样做才能成为处处受欢迎的人？

话题三：大家是立志成为训练有素的"正规军"，还是充当非职业化的"散兵游勇"呢？

知识总揽

本次任务的学习，旨在帮助同学们认识大学专业、大学学习与生活，明确大学生活与职业发展、大学专业与职业发展之间的关系，正确看待职业变动。

一、大学学习与职业规划

对大学生而言，有了职业规划便有了明确的奋斗目标，便不再迷惘、不再颓废、不再彷徨，使生命有了追求，使生活有了重心，从而由被动变为主动，积极进取，实现个人的人生价值和全面发展。

（一）大学生活与职业发展

在来到大学之前，很多同学对大学有着美好的描绘：大学里有风景如画的校园，有满腹经纶、德高望重的教授，有丰富多彩的业余生活，有美好浪漫的爱情，这里应该是学习的沃土、成长的摇篮、交际的乐园、游乐的天堂，可以漫步在林

案例品读：
一位高职毕业生的追问

荫大道上，可以遨游在知识的海洋中，可以驰骋在体育赛场上……然而，来到大学后，仿佛所有景象并没有想象中的那般诗情画意、生机勃勃。相反，茫然感、失落感油然而生。在上大学前，一切选择、一切目标大都是周围人给予的，上大学几乎是所有高中生的梦想，当这个梦想得以实现后，来到一个需要自己做决定的地方时，因为没有经验、缺乏心理准备，开始六神无主、不知所措了。有的学生能及时从茫然中醒悟过来，寻找到新的奋斗目标，而有的学生至毕业也未曾醒悟，浑浑噩噩地度过大学时光，当面对"毕业即失业"的残酷现实时不禁会发出"上大学是为了什么？"的追问。

很多人认为：上大学的好处在于可以提升自己的学历，增长知识，提升才干，为日后找份工作谋生打下基础，可以进一步培养自己的兴趣爱好，发挥特长，可以摆脱家人的束缚……然而，大家都忽视了一个很重要的现实，大学更重要的一个功能是步入社会的准备阶段，是青年进入现代社会的最后一个训练营。

对于大学生而言，职业目标的选择应当是在填写高考志愿的时候就开始确定的，但由于我国的职业指导工作的后置，许多高中毕业生在填写志愿时并没有根据自身条件考虑职业意愿，仅仅是从录取的概率、就业的难易、未来薪水的高低等角度出发填写的。由此带来的后果就是，许多大学生对所学的专业不感兴趣，在学校时"身在曹营心在汉"，毕业时用非所学，浪费了大量的教育资源。对于大学生来说，应该尽早确立职业生涯发展的概念，科学的职业规划应该从大学入校第一天就开始。具体可以分阶段进行：

（1）试探期（大学一年级）。要初步了解职业，特别是自己未来想从事的职业或自己所学专业对口的职业。一般来说，大学一年级的时候，就要开始接受职业价值观方面的教育，做一份大学生涯规划，开始了解自己的兴趣、特长和专业背景，为选择专业和确定职业目标奠定基础。

（2）定向期（大学二年级）。以提高自身的基本素质为主，通过参加学生会或社团等组织，锻炼自己的各种能力，同时检验自己的知识技能；可以开始尝试兼职、社会实践活动，能在课余时间长时间从事与自己未来职业或本专业有关的工作，提高自己的责任感、主动性和受挫能力。通过参加社会实践对专业的社会需求和发展前景做深入地了解，根据实践中自我适应度的反馈信息，反思和调整自己的职业取向，初步确定与自己能力相吻合的职业选择，同时确定自己的就业目标和职业规划，并开始付诸实施。

（3）冲刺期（大学三年级）。因为临近毕业，所以目标应锁定在提高求职技能、搜集就业信息上。学习写简历、求职信，向已经毕业的学长了解往年的求职情况，并积极尝试。对自己前期的职业准备进行检验，检验自己已确立的职业目标是否明确，前期的准备是否已充分，根据实际情况调整自己的职业路径，向目标迈进。

一般来说，大学一年级的时候，就要开始接受职业价值观方面的教育，做一份职业规划。规划可以包括学习规划（表1.2）、素质规划（表1.3）和休闲规划（表1.4）。

表1.2 学习规划

目标	时间	行动
获取奖学金	第一学年	认真听课、积极复习、摸索高效的学习方法
通过英语B级	第一学年	认真听课、背单词、阅读、做模拟试卷
通过英语四级	第二学年	认真听课、背单词、阅读、做模拟试卷、考前强化
通过计算机二级	第二学年	参加计算机二级辅导班
获取相关技能鉴定	第二学年	取得有关职业资格证书及职业技能等级证书

表1.3 素质规划

目标	时间	行动
道德修养的提升	第一至第三学年	阅读有益书籍、乐于助人、重视感恩
领导能力的提升	第一至第三学年	参加班级、学生会及社团的负责人选拔活动并开展工作
沟通能力的提升	第一至第三学年	多参加校内外活动及社会实践
解决问题能力提升	第一至第三学年	多做事，遇到问题与他人商议
承受压力能力提升	第一至第三学年	重视心理调适，自己不能解决时，求助于心理咨询服务

表1.4 休闲规划

目标	时间	行动
自我修养提高	第一至第三学年	空闲时和同学一起逛街、看电影、读书、听音乐等，提高生活品位
人生经历增多	第一至第三学年	假期外出旅游，每年至少一次
休闲项目增多	第一、第二学年	参加舞蹈、羽毛球协会等
学会装扮	第一、第二学年	浏览服装穿搭网站或阅读服装杂志，大方得体地装扮自己

大学生活一般只有三四年时间，转瞬即逝。因此，规划好自己的大学生活是十分紧迫而必要的。大学生们应抓紧时间，早做规划，争取在有限的时间里学到更多的知识，增长更多的才干。一个有着科学规划的人，他的人生目标是明确的，他的生活是积极的、高效的，他的生命是充满希望的。每个人都有梦想，职业规划就是让梦想腾

知识补给：写给中国大学生的"第四封信"

25

飞的翅膀!

(二)大学专业与职业发展

1. 专业的含义

专业有广义、狭义和特指三种解释：广义的专业，是指某种职业不同于其他职业的一些特定的劳动特点。狭义的专业，主要指某些特定的社会职业。这些职业的从业人员从事的是比较高级、复杂、专门化程度较高的脑力或体力劳动。一般人所理解的专业，大多就是指这类特定的职业。特指的专业是指高等学校或中等专业学校中的专业，即大中专院校根据社会分工需要而划分的学业门类。高职高专学生在学习过程中会发现，在专业教学中对实际操作能力的要求相当高，学生有相当多的时间是在试验室、实训室中度过的。不仅要学会理论知识，还要求将理论知识应用于实践，这既是职业教育作为一种类型教育的特征，也是高职高专学生学习的特点之一。随着经济社会的快速发展，社会职业新陈代谢日益加快，各类现代职业、新兴职业对大学生职业素养、专业素质和知识结构提出越来越高的要求。

2. 职业和专业的关系

职业与专业的关系一般包括专业包容职业、专业为核心、专业与职业部分重合、专业与职业相切、专业与职业分离五个方面（表1.5）。

表1.5　职业与专业的关系

关系类型	解释	特点	专业技能重要性	建议
专业包容职业	在专业的领域内发展职业，一生的职业发展基本上限制在专业领域内	自己选择的职业与所学专业高度一致	本专业的专业技能在职业发展中的重要性≥80%	扎实学好专业知识
专业为核心	以专业为核心发展职业，一生的职业发展以专业为核心，有较大扩展	个人选择的职业与所学专业较一致，但职业超越专业领域	本专业的专业技能在职业发展中的重要性≥60%	学好专业，选修与职业发展一致的课程
专业与职业部分重合	以专业为基础发展职业，一生的职业发展是在专业基础上，有重点地沿某些方向拓展	个人选择的职业与所学专业部分一致，重点掌握某些专业技能的同时，注重其他专业技能学习	本专业的专业技能在职业发展中的重要性≥40%	学好专业，辅修其他喜欢的专业
专业与职业相切	一生的职业发展与专业基本无关或在专业边缘发展职业	个人选择的职业与所学专业基本不一致	本专业的专业技能在职业发展中的重要性约为10%~20%	确保专业合格，辅修其他适合的专业，条件允许可做专业调整

续表

关系类型	解释	特点	专业技能重要性	建议
专业与职业分离	一生的职业发展与专业完全无关	个人选择的职业与所学专业极不相符	本专业的专业技能在职业发展中的重要性<10%	尽量调整专业，若不能，则辅修其他专业

3. 学好专业知识

一名大学生只有在完成了专业教学计划规定的学习任务，才是一个符合专业培养规格的合格的毕业生。学好专业知识不仅是顺利就业的必备条件，更是实现职业生涯目标的基础。这就要求我们做到：

（1）了解自己的专业。新生入学后，学校组织的"专业教育"是我们了解所学专业的最基本的途径。通过"专业教育"，我们会对所学专业有一个大致的了解，包括专业所在的学科、将来与专业有关的工作等。同时，新生可以通过与高年级学长的交流达到了解专业的目的。大学新生应充分利用这些途径尽快对所学专业有所了解，只有这样才不会在将来的学习中陷入被动。

（2）熟悉自己的专业。科学领域的每一个学科、每一个专业的发展大都经历了几十年、上百年甚至几百年的发展历程，可以说每一个专业都博大精深，因此，为深入学习专业知识，仅仅了解所学专业是远远不够的，必须熟悉自己的专业。熟悉专业的过程是与学习过程相随的，通过对专业课程的学习，必然会对所学专业有更深入的了解。在学习专业课程的基础上，应掌握所学专业的专业结构和学科结构、发展历史、当前的理论动态和科学前沿。熟悉自己的专业仅局限在课堂学习是不够的，随着自己专业知识的增多，我们应利用一切机会，加强与学校教师和专业从业人士的交流，只有这样才能深入全面地熟悉自己的专业。

（3）热爱自己的专业。既然有专业的划分，就必然有专业的差异。由于在填报高考志愿时，并不了解所选专业，所以部分同学在入学后会发现所选专业与自己的意愿存在差异，可能会出现厌学现象，这是没有必要的，因为专业的划分是相对的，大学期间关键在于自身综合素质的提高。开始并不了解所学专业，最后却在此领域取得卓越成就的例子不胜枚举。必须明确的是，大学生在校期间所学专业与将来所从事的工作并不存在严格的对应关系。据有关部门统计，事实上，大学毕业生中所谓的"专业对口"的比例并不是很高，经验数据表明，在未来的发展中综合素质才是最重要的。

4. 正确看待专业与职业变动

从专业相关性的角度上来说，选择与专业比较相关的职业当然对职业前程有很大的支持和帮助，但问题是不少大学生在一开始选择的专业就不是按照自己的兴趣等内在适应性来确定的。也就是说，这些学生在大学期间所读的专业很可能不是最适合其本人的。其实，只有当我们的职业理想及由职业理想转化的职业目标与我们所学的专业高度相关时，专业才是影响我们择业的关键因素，否则，就不必被所学专业所限。所以说，如果我们当初所学的专业不能够满足我们的理想和追求，那我们完全可以在毕业选择职业时再次给自己与理想接近的选择。

在观念开放、人才流动频繁的现代社会，跨行求职已不是什么新鲜事，就业的压力迫使越来越多的大学生选择了跨专业求职，从事与自己所学专业不相关的工作。对于跨专业求职一族而言，无论是"逼上梁山"的无奈，还是一种自主选择，他们都用自己的兴趣和勇气踏出了一条不同寻常的就业路。他们在新的领域里，看到了别样的风景，享受了别样的人生。在竞争日益激烈的人才市场中，当专业优势不再成为求职优势的时候，求职者的爱好或特长，往往是将其从众人中分离出来的一个显著标记。或许，兴趣求职只是求职成功中的一个偶然因素，但它却透露出这样一个事实：机会不只垂青有准备的人，而且垂青有多种技能的人。兴趣广泛、拥有多方面技术技能的人才，无疑使自己拥有了更多的求职筹码，有利于成为求职场上的佼佼者。

（三）把握要点，开展规划

大学期间不放松，未来生活万事通。舍得，有舍才有得。天底下没有免费的午餐，要成功总得牺牲点什么。只有舍弃别人得到的，才能得到别人得不到的。

1. 提升道德素质是实现规划的关键

作为 21 世纪的大学生，作为新时代的社会主义建设者和可靠的接班人，不仅要有知识，还要有道德的力量和人格的魅力。在实际工作中，道德素质是一个人成为一名合格职业人的先决条件，职业化精神是职业人最基本的素质要求。工作中有些人虽然有一定的能力，但是经常迟到早退或因私事请假、过于情绪化以至于影响工作，推卸责任、不能认真履行承诺、对领导曲意逢迎、对同事不尊重、为了自己的私利不择手段等，即使这样的人再有能力，也很难与职业化人才联系起来。有人从德才的角度将人分"四品"：德才兼备是"精品"，有德无才是"次品"，有才无德是"危险品"，无才无德是"废品"。我们都要力争成为"精品"，不能成为"危险品"和"废品"。

大学生们总有很多美好的职业理想和愿望，国家为大学生就业提供了很多有利的条件，社会也为大学生就业提供了很多就业机会。然而，这些机遇都要靠大学生们自己把握。因此，大学生们要及早规划明天并甘于付出努力和艰辛。

2. 丰富知识是实现规划的基础

现代社会经济快速发展，知识日新月异。也许大学里学的知识，在毕业的时候就已经过时了。人的一生都是不断学习的过程，成功正在于不断地学习和积累。因此，大学生应该养成不断学习的精神，把学习当作一种习惯。不断开发自己、提升自己，为成功打好基础，做好准备。

通常情况下，一个人的知识越丰富，相应的能力也就越强。大学时期各种知识浩如烟海、各门类学科交叉渗透，大学生在校学习时间只有三四年，在科学技术发展迅速的新形势下，要想全面掌握各方面的知识是不可能的。这就要求大学生能够科学合理地安排学习时间，根据自身情况选择学习内容，在学习知识方面要有较为准确的定位，构建适合自己的知识结构（如技术型、操作型、经营型、管理型、科研型等）。

虽然大学生前面多了一个"大"字，但依然是学生，这是大学与中学最大的相同点，学习仍是我们的主要任务。在职业规划中，学习是实现目标的基础，没有脚踏实地的学习，就难有目标实现的灿烂星空。

3. 提高能力是实现规划的起点

在求职过程中，一名计算机专业毕业的或英语专业毕业的普通学生在就业时可能优势并不明显，但若一名既精通计算机技术又有一定英语功底的毕业生在找工作时就会具有较强的竞争力。

"一专多能的复合型人才"既是高校的育人目标，也是学子们的成才方向。在保持专业优势的同时，多方位、多层次地培养自己的其他才能，是很多大学生在校期间孜孜以求的目标。而招聘单位对"一专多能的复合型人才"也是求贤若渴——这类人才既可以尽快上岗，节约培训成本，又可以适应不同的工作岗位，便于人才的内部流动和培养。尽管现在的岗位分工越来越精细化，但能胜任多个岗位的"多面手"比只有单一工作技能的人，无疑更能得到用人单位的喜爱。因此，大学生在校期间，不仅要学好自己的专业知识，还要广泛涉猎其他方面的知识，通过各种途径，锻炼自己多方面的能力。

案例品读：会"第二语言"的老鼠

案例品读："1>4"的启示

二、职业资质与职业发展

（一）职业社会对从业者的素质要求

职业素质是一个整体，其中思想道德素质是灵魂，科学文化素质是基础，专业素质是重点，身心素质是载体。

1. 思想道德素质

思想道德素质是职业素质的灵魂，是专业素质的基础，是用人单位挑选和考察毕业生的首要条件。社会要求大学生能正确处理自己与他人、个体与客体的关系；要求大学生具有良好的合作精神和奋斗拼搏精神。大学生首先要学会做人，做人是做事的基础，对人要有诚心，对企业要有忠心，对社会要有责任心，"踏踏实实做事，认认真真做人"，方能"修身，齐家，治国，平天下"。

2. 科学文化素质

科学文化素质是指从业者对自然、社会、思维、科学知识等人类文化成果的认识和掌握的程度，是职业素质的基础。它是职业素质的保证，只有掌握较高的科学文化素质才能从根本上保证从业者在工作中具备所需要的各类理论知识。任何工作要做好，必须要有过硬的专业技能，以此为基础才能有进一步的发展。

3. 专业素质

专业素质是人们从事某种职业时，在专业知识和专业技能方面所表现出来的状况与水平，主要包括扎实的专业知识和熟练的专业技能两个方面。

4. 心理素质

当代人比较欠缺的是心理素质，具体表现是：自负不能得志，自卑不能自拔，缺乏适应能力和自立能力，缺乏竞争意识和危机感，缺乏自信心和社会责任感，缺乏艰苦奋斗的精神和承受挫折的能力等。因此，大学生要学习心理健康知识，提高心理健康水平，增强抵御挫折的能力。

（二）职业生涯发展对职业资格的要求

1. 国家职业资格证书制度

职业资格是对从事某一职业所必备的学识、技术和能力的基本要求。国家职业资格证书制度是劳动就业制度的一项重要内容，也是一种特殊形式的国家考试制度。它是指按照国家制定的职业技能标准或任职资格条件，通过政府认定的考核鉴定机构，对劳动者的技能水平或职业资格进行客观公正、科学规范的鉴定，对合格者授予相应的国家职业资格证书。

（1）国家职业资格证书。国家职业资格证书是表明劳动者具有从事某一职业所必备的学识和技能的证明。它是劳动者求职、任职、开业的资格凭证，是用人单位招聘、录用劳动者的主要依据，也是境外就业、对外劳务合作人员办理技能水平公证的有效证件。在我国，职业资格证书分为《从业资格证书》和《执业资格证书》。

①《从业资格证书》是指从事某一专业（工种）学识、技术和能力的起点标准，通过学历认定或考试取得。

②《执业资格证书》是指政府对某些责任较大，社会通用性强，关系公共利益的专业（工种）实行准入控制，是依法独立开业或从事某一特定专业（工种）学识、技术和能力的必备标准，通过考试方法取得。执业资格考试由国家定期举行，实行全国统一大纲、统一命题、统一组织、统一时间。经执业资格考试合格的人员，由国家授予相应的执业资格证书。取得执业资格证书后，要在规定的期限内到指定的注册管理机构办理注册登记手续。所取得的执业资格经注册后，全国范围有效。若超过规定的期限不进行注册登记，执业资格证书及考试成绩就不再有效。

（2）职业技能鉴定。职业技能鉴定是一项基于职业技能水平的考核活动，属于标准参照型考试。它是由考试考核机构对劳动者从事某种职业所应掌握的技术理论知识和实际操作能力做出客观的测量和评价。职业技能鉴定是国家职业资格证书制度的重要组成部分。

2. 学历证书+若干职业技能等级证书制度

2019年2月13日，国务院印发的《国家职业教育改革实施方案》（国发〔2019〕4号）中明确提出，在职业院校、应用型本科高校启动"学历证书+若干职业技能等级证书"（简称1+X证书）制度试点工作。

简单地讲，所谓"1+X"的"1"即学历证书，是指学习者在学制系统内实施学历教育的学校或者其他教育机构中完成了学制系统内一定教育阶段学习任务后获得的文凭；"X"即若干职业技能等级证书。1+X证书制度就是学生在获得学历证书的同时，取得多类职业技能等级证书。

1+X证书制度是国家职业教育制度建设的一项基本制度，也是构建中国特色职教发展模式的一项重大制度创新。1+X证书制度的实施，必将助推职业院校改革走向深入，从而普遍提高学生的就业竞争力。

3. 职业资格与职业生涯发展

职业资格证书制度、1+X证书制度都和毕业生的专业、兴趣及职业规划密切相关。随着中国劳动力市场的进一步规范化，证书将会成为行业准入的第一道门槛，对实现个人职业生涯目标起着十分重要的作用，"持证上岗"已是大势所趋。如要成为一名医生，须有执业医师证；要成为一名人民教师，须取得教师资格证书；等等。很显然，进行职业规划的大学生必须取得职业相关资格证书方可持久发展。

但现在证书种类繁多，大学生对待考证问题要理性，应根据自己的职业规划目标合理地制定能力提升和考取资格证书的目标。要明确自己的兴趣、能力、性格，结合大环境做出合理选择。

拓知广识

清晰"瓶颈" 顺势而为

每次职业转身，正因"王牌"在握，创新工场董事长兼CEO李开复才能真正"追随我心"。

2009年9月初，一年多的传闻终于落了地，李开复亲口承认自己与谷歌缘分已尽，挥手告别，开始以创业者的身份面对大众。

21年的职业生涯，李开复走得相当顺利，甚至可以用一帆风顺来形容。尽管业界也有很多不和谐的声音，例如，媒体指责他过于作秀，注重个人品牌胜过企业品牌；指责他诚信不够，从互为竞争对手的微软跳入谷歌……但却没有妨碍他在职业经理人的发展道路上越走越成功。当摆脱职业经理人的身份之后，去总结李开复在个人职业生涯发展中的构成基因——李开复手中的职业"王牌"，对于正在打拼的职场人来说，在观念上或许有非常深刻的启示作用。

王牌一：不将"路"走到头

面对比上一份合同报酬更高的新合同，为什么李开复选择了不再续签？包括时任谷歌CEO施密特在内的谷歌管理层都希望李开复能够续签合同。但真正决定性的因素不是老板们的态度，而是取决于签下合同之后，个人职业生涯的发展轨迹究竟如何。李开复之所以选择离开谷歌，是因为他发现自己将进入个人发展的"瓶颈"阶段。这也是李开复职业生涯中最值得学习的一点——任何一个职业阶段，不要让自己职业生涯的"瓶颈"产生恶果之后，再去采取对策。

个人在企业中职业发展的高度取决于能够为企业带来价值的多少。对那时的谷歌而言，李开复这位熟悉中国情况，在中国公众中有着极高影响力的高管自然有着必要的价值。但谷歌对于李开复而言，显然价值上不存在着对等性。从职业生涯发展角度看，谷歌对于李开复的价值定位已经被锁定在对中国市场的范畴之内，李开复个人在谷歌全球的发展空间其实并不大。正如职业规划中的"职业锚"理论，对某个职位越是精通、高度专业化，具有强烈的不可替代性，个人的职业生涯发展反倒会因此产生阻碍效应——李开复对中国越熟悉，就会进一步被牢牢锁定在这一职位上。继续签下一个4年合同，李开复个人已经无法从中获得更多的价值回报。在个人声誉达到顶点，市场占有率由2006年的16%回升到2009年的30%的良好业绩背景下，离职显然是一个最好的时机。

王牌二：将个人价值最大化

个人职业价值在合适的时机主动寻求最大化的兑现，这也是李开复另外一个职业生涯发展的原则。

个人拥有的职业价值是职场人在职业生涯中取得成功的绝对值，但有一点需要注意的是，在第一时间内，主动寻求机会使自己的职业价值最大化兑现，却是个人职业生涯成功有效性的绝对值。

1998年李开复之所以能够加入微软，负责在中国组建研究院，使自己的职业生涯得到一个跨越式的发展，根本上讲是其自身的职业价值符合当时微软的需要：微软已经决定要在中国建立研究机构，最棘手的问题是找不到合适的人来领导并管理。最优秀的人不了解中国的具体情况，了解具体情况的人又并非足够优秀……而李开复的华人身份、技术人员背景出身，又拥有知名企业的管理经验，无疑成了最合适的人选。但很多人都忽视了李开复在这其中的主动性。在进入微软的过程中，李开复始终保持着主动的姿态，通过在微软研究院工作的校友兼好友黄学东极力推荐自己。在加盟谷歌时，李开复更是延续了这样的思维：承认自已主动发送了求职信，并表示对设立中国办事处很感兴趣。试想如果不是李开复主动推销自己，即使拥有组建并管理微软中国研究院的经历，也未必能够得到后来出任谷歌中国总裁的机会。以这样的思路来观察李开复的离职，就很容易理解其中的原因。李开复的职业核心价值是什么？正是在中国青年群体中巨大的号召力和影响力以及跨国企业职业经理人的工作经历。置谷歌千万美元的薪酬于不顾，去创办一家以青年创业为主的风险投资平台，恰恰使得他的职业核心价值得到了最大程度的"兑现"。

王牌三：紧握业界的浪潮

开始在卡内基梅隆大学留校任教，到2009年与谷歌挥手作别，21年的职业生涯中，李开复一共换了5份工作。在李开复成功地实现自己从学校研究者到跨国企业高管的个人职业生涯转变的过程中，其背后似乎有着一脉相承的思维模式——通过变换工作和企业，紧紧把握住业界发展的浪潮。1990年，李开复离开卡内基梅隆大学进入苹果公司，此时正值PC（个人计算机）业务在全球范围内普及化的高峰阶段，作为当时PC行业的领军企业，苹果几乎控制着整个图形桌面操作系统的市场。1996年，李开复转投SGI出任网络产品部全球副总裁，此时互联网的热潮已开始在美国兴起。1998年李开复受命组建微软中国研究院，此时微软凭借全新的产品Windows 98奠定了自己在业界的霸主地位。2005年，李开复跳槽谷歌，搜索技术在全球范围内得到空前的发展和重视。

而后来选择离开谷歌，去创办一家以青年创业为主的风险投资平台，李开复显然也清楚地意识到，自己未来的事业已经无法离开中国这个大环境，创业正是中国时下的一股热潮。

（资料来源：佚名.李开复：你未来的人生之路，就在你们每一次选择中[J].职业，2009（12）：72.）

深思明悟

（1）为什么要进行职业规划？
（2）什么是职业锚理论？
（3）按照职业锚理论，职业可以分为哪些类型？
（4）你的职业目标是什么？你想如何实现它？
（5）你认为该如何在大学阶段结合所学专业做好职业规划？

项目一　选定职业目标　梦想成就未来

勤行践学

忆初心　展未来

一、活动要求

将学生分成若干小组，教师做好组织协调工作。围绕"我上大学的五个理由"及"我上大学的五个目标"活动主题，教师引导同学们回顾上大学的初心，指导每位学生根据自己的实际情况拟定大学学习生活目标，对自己的人生规划进行初步的思考。

二、活动内容

1. 我上大学的五大理由

理由一：_____

理由二：_____

理由三：_____

理由四：_____

理由五：_____

请同学们以小组为单位，分享"我上大学的五大理由"，讨论总结出本组达成共识的最重要的五大理由，然后每组派出代表总结本组讨论的结果。

2. 我上大学的五大目标

目标一：_____

实施时间：_____

实施计划：_____

阻力分析：_____

消除阻力的对策：_____

目标二：_____

实施时间：_____

实施计划：_____

阻力分析：_____

消除阻力的对策：_____

目标三：_____

实施时间：_____

实施计划：_____

阻力分析：_____

消除阻力的对策：_____

目标四：_____

实施时间：_____

实施计划：_____

阻力分析：_____

消除阻力的对策：_____

目标五：_____

实施时间：_____

实施计划：_____

阻力分析：_____

消除阻力的对策：_____

请同学们结合个人实际，按先后顺序、难易程度制定"我上大学的五大目标"。

三、活动总结

将"我上大学的五大理由"和"我上大学的五大目标"放在自己常常能见到的地方，以经常性地提醒自己要"不忘初心，不负韶华"。沉思自己的现状，展望自己的未来，并以此来对自己已逝去的时光做出评判。

交互式测试

项目一

项目二
重视知己知彼　把握成功起点

▶ **学习目标**

- 认识开展自我认知和职业认知的重要性。
- 掌握开展自我认知的方法，为自己合理定位。
- 认清影响职业生涯规划的主要因素。

▶ **导思启学**

拨 云 见 日
——开展自我认知　明确职业定位

【主旨例说】

本案例介绍了学酒店管理专业的李欣应聘时，总是局限于本专业对口的工作，职业发展很不理想，后来经过专业咨询指导找到了准确的职业定位。由此可见，了解"你是谁"意义重大。

【品文哂例】

李欣从某高职院校毕业后，在一家酒店做大堂接待，起薪微薄，这和她原来期望的大堂经理岗位相差甚远。因为酒店管理专科生的供大于求，毕业后的路径大多如此。李欣在这期间也发了不少简历，可惜酒店管理类的工作没有一个能看上她这么一个刚毕业、没有工作经验的女孩子。李欣英语水平不错，通过了 GRE 考试，表达能力很强，在大学里曾担任过文艺节目的主持，可惜如今在职业发展上却遭搁浅。李欣不得已找了一家职业顾问公司寻求帮助，职业顾问详细了解了她的情况后，得出的结论是李欣的错误在于求职范围过于狭窄，作为一个刚毕业的大学生，在本专业形势不好的情况下，可以选择既适合自己又更有前途的行业。职业顾问经过对李欣的心理测试，发现李欣个性活跃，表达能力强，适合外向型的市场营销工作；个性中感性成分居多，不适合做文秘类工作。根据李欣的实际情况，职业顾问建议她先从涉外导游这个兼职做起。在职业顾问的建议下，李欣考了导游证，很快在一家大型旅游公司找到了一份双休日兼职导游，在半年后又跳槽去了一家国际商业旅行公司从事市场工作，而此时的薪水可谓不低。

（资料来源：根据百度文库资料改编。）

【以析启智】

根据李欣的个性来说，与人交往，随机应变的工作比较适合她；而理性偏重，需要大量严密思考的工作则应该主动回避。按李欣的实际情况，职业顾问建议其先从涉外导游这个兼职做起。鉴于在大学时打下了不错的英语功底，使得李欣具有这方面实力。酒店管理近年人才井喷，而旅游产业（尤其深度旅游）方兴未艾，正好可以借这个契机进入一个新的领域寻求发展。在广泛接触社会的背景下，寻找新的职业机会将变得更加有利。职业顾问建议李欣的职业定位是市场拓展主管或者销售经理，最佳行业定在旅游业及其附属产业，这些行业在我国处在高速发展阶段，并且有望取得不错的薪酬。

【以思明理】

探究一：李欣对自己的定位与职业顾问公司对其做出的定位有何不同？
探究二：李欣因何能找到第二份匹配度高的工作？
探究三：结合案例，思考你对自己有怎样的认知？

任务一　认知自我　量力而为

就创导师领航

案例导入

天生我材必有用

隋娟今年刚过30岁，但已经是一个意气风发的女老板了。她递上的名片显示她是当地一所民办聋哑学校的校长，同时还是全省最大的民营残疾人用品连锁经营公司的董事长。

回顾自己的职业生涯，隋娟感叹受益最深的是母亲的一席朴素却深刻的话：一块地，不适合种麦子，可以试试种豆子；豆子也长不好的话，可以种瓜果；瓜果也不济的时候，撒上些荞麦种子一定能开花。因为一块地，总有一粒种子适合它，也终会有属于它的一片收成。因为这席话，隋娟在跌跌撞撞的职业生涯路上总是能够保持信心，并不懈地深入思索，发现自己是怎样的"一块地"。不断寻觅，尝试撒下适合自己的"种子"，终于走出了自己的康庄大道。

隋娟是个沿海地区的农村孩子，高中毕业后她没有考上大学，复读一年仍然没有考上。再次落榜的隋娟决定还是先工作再说。她先在村子里的小学任代课老师，由于语言表达能力欠佳，性格内向，一个学期后隋娟辞去了代课老师的工作。后来到制衣厂做女工，又因动作太慢被老板"炒了鱿鱼"，之后又到几家工厂、店铺做过记账员、服务员、售货员……性格内向的隋娟是一个有心人，她在工作的过程中不断思考："我的特长在哪里？我为什么不适合在那里工作？为什么那份工作虽然我能做，却总是提不起劲？"渐渐地，她对自己有了越来越清晰、越来越准确的认识和定位。

隋娟的职业生涯转折源自一次聋哑学校招收辅导员。虽然她曾经是一位失败的老师，但她一直非常喜欢孩子；虽然性格内向，但她乐于帮助别人。富有成就感的工作让她的信心不断加强，也促使她更加努力地工作和学习，她的内向性格也开始逐渐有所改变。在工作过程中，她又发现适合聋哑儿童的生活用品太少，购买渠道匮乏，于是萌生了开办残障人士用品专卖店的念头。28岁那年，她终于实现了这个梦想。开店后，虽然她依然不善言谈及推销自己的商品，但几年聋哑学校的工作经历使得她和残障人士的交往格外顺利。而且，诚实守信的作风也为她赢得了很好的口碑。渐渐地，她的生意做得越来越大，并发展成一家连锁经营公司。有了一定的资本积累，隋娟又做出一个决定：开办一所残障学校。她想帮助更多有残疾但一样可爱的孩子。她的计划得到当地政府的大力支持，学校顺利开办了。

现在，身为校长兼董事长的隋娟生活过得格外充实。她感谢母亲讲给她的那段话。是的，自己有很多的缺点和劣势，但是也有优点和长处，关键是能不能很好地认识自我，找到最适合自己的生涯舞台。

◎案例分析

很多人在职业发展过程中，都会有迷茫和不自信的时候。因此，认知自我、量力而为，找到适合自己的职业舞台显得尤为重要。

◎案例讨论

话题一：隋娟的经历给了你什么启示？

话题二：为什么要进行自我认知？

话题三：结合自己的实际经历谈谈如何进行自我认知？

知识总揽

本次任务的学习,旨在帮助同学们了解自我认知的内涵、价值及方法,做到"知己"。当我们在镜子前面梳妆打扮、整理衣装的时候,看着镜中的自己,我们是否曾经自问过:"我是谁?"这个看似简单的问题在我们仔细思考之后,却发现似乎很难回答。诚然,我们中有多少人能够真正全面地认知自己、了解自己,能够说清楚"自己究竟是谁"呢?

一、自我认知的内涵

一个人就好比一座冰山,人们通常能看到的人的外在特征只是冰山一角,而在冰山下面,却隐藏着巨大的部分。我们可以很容易地看到冰山一角,但我们更要探索冰山下面庞大的力量。冰山下面隐藏着人的巨大潜能,它正等待着我们去认知,等待着我们去发掘。

在开展职业生涯规划前,应从职业需求的角度去认知自我与评价自我,做到"知己"即认清自己的个性如何、职业能力如何、有什么兴趣爱好、有无创新精神、能否吃苦耐劳、身体状况与学习基础如何等。只有真正深入地了解自我,才能选择正确的职业定位,进而在个人的职业生活和发展中取得成功。所以通过自我认知,明确自己喜欢什么、可以做什么、能够做什么是职业生涯规划的第一步。

(一)自我认知的含义

自我认知是对自己的洞察和理解,包括自我观察和自我评价。自我观察是指对自己的感知、思维和意向等方面的觉察;自我评价是指对自己的想法、期望、行为及人格特征的判断与评估。简单地说,自我认知就是自己对自己的认识和评价、自己对自己与周围环境的认识和评价。

如果一个人不能正确地认识自我,看不到自我的不足,觉得处处不如别人,就会产生自卑,丧失信心,做事畏缩不前;相反,如果一个人高估自己,也会骄傲自大、盲目乐观,导致工作的失误。因此,正确地认知自我,实事求是地评价自己,是自我调节和人格完善的重要前提。"尺有所短,寸有所长",每个人都有别人无法比拟的长处,也有自我难以克服的缺点,自我认知是对自己进行深层次剖析,它能帮助自己了解自己能力的大小、明确自己的优势和劣势,根据过去的经验选择,推断未来可能的工作方向,从而彻底解决"我能干什么"的问题。自我认知是职业规划的第一步,只有真正深入地了解了自己,才能选择适合自己的职业定位,进而在个人的职业生涯和发展中取得成功。

(二)自我认知的价值

俗话说得好:早起的鸟儿有虫吃。童话大王郑渊洁也有句名言:早起的虫儿被鸟吃。这也就告诉我们在你还没认清自己是鸟还是虫之前，千万不要盲目早起，因为一旦你是条虫，盲目地早起将免不了被吃的厄运。所以，对于大学生来说，在行动之前，我们应该清楚"我是谁？"。自我认知能帮助我们回答这个问题，让我们知道自己想干什么、能干什么、适合干什么。只有这样我们才能成为自己人生的舵手，把握自己的人生方向，少走不必要的弯路。大学生进行自我认知也就昭示着一条通往未来的光明大道，正如古希腊哲学家苏格拉底所说的"认识你自己吧"，大学生只要不断地进行自我认知、自我评价、自我修正、自我完善，就像真正的匠人，为了心中的追求去不断地雕琢一件工艺品一样，最终一定能够走向成功。

二、自我认知的方法

每个人都是神秘的，要想揭开面纱，认知一个真实的我，我们需要足够的智慧、足够的勇气、足够的时间和正确的方法。以下为同学们介绍几种行之有效的自我认知的方法。

（一）橱窗分析法

橱窗分析法（图2.1）是进行自我分析的另一种常用方法，此法就是把人的不同部分放在直角坐标中加以分析，横坐标正向表示别人知道，负向表示别人不知道；纵坐标正向表示自己知道，负向表示自己不知道。

橱窗1："公开我"——自己知道、别人也知道的部分，其特点是个人展现在外，无所隐藏的，如身高、年龄、学历、婚姻状况等。

橱窗2："隐私我"——自己知道、别人不知道的

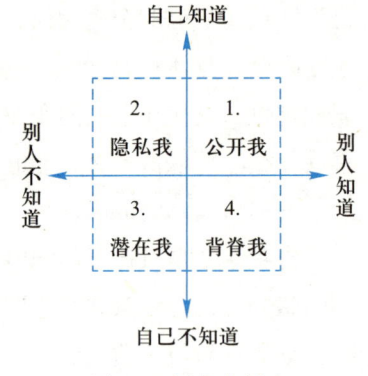

图2.1 橱窗分析法

部分，其特点是属于个人私有秘密，不外显的，如自私、嫉妒等平常自己不愿袒露的缺点，以及心中的愿望、雄心、优点等不敢告诉别人的部分。

橱窗3："潜在我"——自己不知道、别人也不知道的部分，这一部分是人的潜能部分，其特点是开发潜力巨大，但通常别人和自己都不容易发觉。

橱窗4："背脊我"——自己不知道、别人知道的部分，其特点是自己看不到，别人却看得清清楚楚。

在利用橱窗法进行自我剖析时，我们应该重点了解"潜在我"和"背脊我"。每个人都有巨大的潜能，关键在于你的潜能有没有被认识和了解，有没有被开发。苏联著名心理学家奥托指出：一个人所发挥出来的能力，只占他全部能力的4%。我们知道人的大脑潜能约有95%尚待开发与利用，即使像爱因斯坦这些科学精英的大脑的

开发程度也只达到 13% 左右。因此，善于发掘自己的潜能，对于一个人的成功有重大的意义。"背脊我"是自我认知的重要组成部分。我们应该主动通过各种方式诚恳地去了解"背脊我"，并用端正的态度去对待它，"有则改之，无则加勉"，这样才有利于自我的不断修正和进步。

（二）他人评价法

"他人评价"与"自我评价"相对，结果更为客观。请家人、师长、朋友、同学给自己以评价，这些评价如同一面镜子，可以进一步帮助自我认知。具体实施步骤包括：

（1）搜寻记忆中别人对自己的评价，进行自我剖析。

（2）访问家人、师长、朋友、同学，请他们给自己做出客观评价，并把评价记录下来。

（3）将评价记录下来并加以分析（表 2.1），认清"他人眼中的我"。

表 2.1　他人评价法样表

内容	家长眼中的我	师长眼中的我	朋友眼中的我	同学眼中的我
品德方面				
性格方面				
气质方面				
兴趣方面				
能力方面				
生活方面				

分析："他人眼中的我"和我所知道的"我"有哪些异同。

相同点：_____

不同点：_____

发现和启发：_____

（三）专业挖掘法

1. 专家咨询

在进行自我分析、听取他人评价后，如果对自己分析得还不够全面、深入、到位，仍感到迷茫时，可以找专家进行有针对性的咨询，这是自我认知的一种快捷有效的方式。相关专家一般都拥有丰富的知识和人生阅历，并且掌握大量相关案例和咨询技巧，可以帮助自己进一步明确自己的职业价值取向、兴趣爱好、性格类型和个人能力等内容，找到适合自己的职业发展方向。

2. 职业测评

世上无难事，只怕有心人。面对认知自我难题，目前有专业人士可以利用专业技术手段帮助人们去挖掘真实的自我。比内智力测量表、韦克斯勒智力测量表、瑞文推理能力测试可以帮助你了解自己的智力状况，爱德华个人偏好量表、艾森克人格问卷、卡特尔十六种个性因素测试可以帮助你了解自己的性格，霍兰德职业兴趣测试量表、梅尔斯－布瑞格斯心理类型指标、斯特朗职业兴趣量表可以帮助你了解自己的职业倾向。

要正确地认知自我，就得对自己的价值取向、兴趣爱好、性格特点、气质类型、能力状况有清楚的认识，对"我适合干什么""我能干什么""我的身体状况允许我干什么""社会需要我干什么""我的家人希望我干什么"等问题进行深入思考。将自我认知与他人认知结合、专业评估与生活观察结合，我们就可以认识一个真实的全面的自我。

三、自我认知的内容

（一）溢于言表——认知生理自我

"生理自我"又称"生理我"，是一个人对自己的身体、健康状况、容貌、动作技能等方面的感受，包括身高、体重、视力、体力、容貌等可以量化或直观得到的指标，即个人对自身生理情况的认知（表2.2）。

表2.2 "生理我"的自我分析表

内容	结果
性别	
年龄	
身高	
体重	
视力	
健康状况	
体力	
容貌	
特长	

正确认知"生理我"对选择职业有重要的影响，如护理岗位对身高有要求，司机岗位对视力有要求，医疗、食品、饮食行业对身体健康状况有要求，性别、年龄、容貌也逐渐成了很多职业的任职条件。所以，一个人应该根据自己的生理条件来理

性选择职业。

（二）寻我所需——探索职业价值观

1. 职业价值观的含义

职业价值观是人们在职业生活中表现出来的一种价值取向，是人们在选择职业时的一种内向尺度，是人们对待职业的一种信念和态度。职业价值观是人们对社会职业的需求表现出来的评价，是人生价值在职业问题上的反映。每种职业都有各自的特性，不同的人对职业意义的认识、对职业的好坏有不同的评价和取向，这就是职业价值观。职业价值观决定了人们的职业期望，影响着人们对职业方向和职业目标的选择，决定着人们就业后的工作态度和劳动绩效水平，从而决定了人们的职业发展情况。哪个职业好、哪个岗位适合自己、从事某一项具体工作的目的是什么等问题都是职业价值观的具体表现。

职业价值观分为内在和外在两种。内在价值观涉及一个人所做工作的内容及如何作用于社会；外在价值观则指的是外在的一些因素，如薪酬、工作地点及环境等。在人际交往中，职业价值观的影子无处不在，通过一个人的语言和行为我们就可以看出来。比如同学们之间畅谈未来时，有些同学说："毕业后，我要到外企工作，努力挣钱，买房买车，过上富裕的生活。"有些同学说："我毕业后要到西部支教，为社会尽一份力，做出贡献。"有些同学则说："我想找一份稳定的工作，我向往安逸的生活和美满的家庭。"其实这些都是一个人对职业价值观的表述。

2. 职业价值观的类型

对职业价值观的分析是职业规划的基础。如果能从事与自己职业价值观相符的工作，工作就会变得有意义、有目的、有动力，否则工作就很可能成为一种负担，令人感到乏味、单调、烦躁。职业价值观的类型如表2.3所示。

表2.3　职业价值观的类型

类型	说明
经济报酬	工作能够明显有效地改变自己的财务状况，将薪酬作为选择工作的重要依据；工作的目的或动力主要来源于对收入或财富的追求，并以此提高生活质量，显示自己的身份和地位
兴趣特长	以自己的兴趣和特长作为选择职业的最重要因素，以"择我所爱、爱我所选"为选择职业时的重要标准，看重工作所带来的快乐
自由独立	工作的目的和价值在于能充分发挥自己的独立性和主动性，按自己的方式、步调或想法去做，不受他人的干扰
权力地位	有较高的权力欲望，希望能够影响或控制他人，使他人按照自己的意思去行动；认为有较高的权力地位会受到他人尊重，从中可以得到较强的成就感和满足感

续表

类型	说明
自我成长	工作能够给予自己受培训和锻炼的机会，使自己的经验与阅历能够在一定的时间内得以丰富和提高；能够提供工作的平台和机会，使自己的专业和能力得以全面运用和施展，实现自身价值
人际关系	将工作单位的人际关系看得非常重要，渴望能够在一个和谐、友好甚至被关爱的环境中工作
身心健康	工作能够免于危险、过度劳累，免于焦虑、紧张和恐惧，使自己的身心健康不受影响
舒适享受	希望能将工作作为一种消遣、休息或享受的形式，追求比较舒适、轻松、自由、优越的工作条件和环境
工作稳定	工作相对稳定，不必担心经常出现裁员和辞退现象，免于经常奔波找工作
社会需要	能够根据组织和社会的需要响应某一号召，为集体和社会做出贡献
追求新意	希望工作的内容经常变换，使工作和生活显得丰富多彩，不单调枯燥

（三）性格使然——认知自我性格

1. 性格的含义

性格是指个人稳定的态度和习惯化了的行为方式，是一个人在各种场合一贯表现出来的某种特征。例如，有的人诚实、正直、谦逊，有的人自私、虚伪、自傲；有的人勤奋、认真、创新，有的人懒惰、自卑、墨守成规；有的人情绪稳定持久，有的人则患"冷热病"，易激动，情绪不稳，在成功面前忘乎所以，在失败面前又可能垂头丧气；有的人经常处于精神饱满、欢乐之中，朝气蓬勃，乐观向上，有的人则经常抑郁低沉，无精打采。

心理学家认为，人的性格与职业适应性有着密切的关系。如果一个人的性格与所从事的职业很符合，就可能在事业上获得成功；反之，则会使从业者的心理健康受到伤害，妨碍事业的成功。根据性格来选择职业，能使自己的行为方式与职业工作相吻合，自己的聪明才智能更好发挥，从而能得心应手地驾驭本职工作。

2. 梅尔斯－布瑞格斯心理类型指标（MBTI）

MBTI（Myers-Briggs Type Indicator）是一份性格自测问卷，它是由美国的心理学家凯瑟琳·库克·布瑞格斯和她的女儿——心理学家伊莎贝尔·布瑞格斯·梅尔斯根据瑞士著名的心理分析学家卡尔·G.荣格的心理类型理论和她们对于人类性格差异的长期观察和研究而著成。经过了长达50多年的研究和发展，MBTI已经成了当今全球最为著名和权威的性格测试之一。

该指标以荣格划分的八种类型为基础加以扩展，形成四个维度八个向变（表2.4），而这四个维度就是四把标尺，每个人的性格都会落在标尺的某个点上，这个点靠近哪个端点，就意味着这个人有哪方面的偏好。

表 2.4　MBTI 四个维度八个向度

维度	向度	表现
维度一	外倾型 （E，Extraversion）	与他人相处时精力充沛 先行动，之后思考 喜欢边想边说出声 随意地分享个人情况 说的多于听的 高度热情地参与社交 反应快，喜欢快节奏 重于广度而不是深度
	内倾型 （I，Introversion）	独处时精力充沛 先思考，之后行动 在心中思考问题 更封闭，更愿意在经挑选的小群体中分享个人的情况 听的比说的多 不把兴奋说出来 仔细考虑后，才有所反应 喜欢深度而不是广度
维度二	感觉型 （S，Sensing）	相信确定和有型的东西 喜欢新想法，除非它们有实际意义 重视现实性和常情 喜欢使用和琢磨已知的技能 留心具体的和特殊的；进行细节描述 循序渐进地讲述有关情况 着眼于现实
	直觉型 （N，Intuition）	相信灵感和推断 为了自己的利益，喜欢新思想和概念 重视想象力和独创力 喜欢学习新技能，但掌握之后容易厌倦 留心普遍的和有象征性的；使用隐喻和类比 跳跃性地展现事实 以一种绕圈子的方式着眼于未来
维度三	思维型 （T，Thinking）	退一步思考，对问题进行非个人因素的分析 重视符合逻辑、公正、公平的价值；一视同仁 被认为冷酷、麻木、漠不关心 认为圆通比坦率更重要 只有情感符合逻辑时，才认为它可取 因渴望成就而激励

45

续表

维度	向度	表现
维度三	情感型 （F，Feeling）	超前思考，考虑行为对他人的影响 重视同情与和睦；重视准则的例外性 被认为感情过多，缺少逻辑性，软弱 认为圆通与坦率同样重要 无论是否有意义，认为任何感情都可取 因获得欣赏而激励
维度四	判断型 （J，Judging）	做了决定后最为高兴 以工作为第一，以玩为其次 建立目标，准时地完成 愿意知道将面对的情况 着重结果（重点在于完成任务） 满足感来源于完成计划 把时间看作有限的资源，认真地对待最后期限
维度四	知觉型 （P，Perceiving）	当各种选择都存在时，感到高兴 现在享受，然后再完成工作 随着新信息的获取，不断改变目标 喜欢适应新情况 着重过程（重点在于如何完成工作） 满足感来源于计划的开始 认为时间是可更新的资源，而最后期限也是可以调整的

将以上四个维度两两组合，可以组成16种性格类型。各种性格类型有着不同的特征，也决定了其所适合的职业。

（四）自带气场——了解自我气质

1. 气质的含义

气质是指个体不以活动的目的和内容为转移的典型、稳定的心理特征，表现在个体的心理活动和外部动作的速度、强度、灵活性等动力方面。如有的人活泼开朗，有的人沉默寡言；有的人热情积极，有的人多愁善感；有的人急躁易怒，有的人平和冷静。一个人的气质类型和气质特征是相当稳定的，但又不是一成不变的，它具有稳定和可塑的两面。不同气质类型的人，对待同一件事情的态度和处理方法，可能会迥然不同。在日常生活中，有些人文静，稳重，做事慢条斯理；有些人则爽快，泼辣，手脚麻利。这些都是人的气质表现。气质与遗传因素密不可分，婴儿从一出生就表现出了他们的气质，例如有些婴儿一生下来哭声响亮，有些则非常安静。

现代心理学沿用古希腊医生希波克拉底和古罗马医生盖伦的说法，将气质分为四种类型：胆汁质，多血质，黏液质和抑郁质。一般来说，一个人具有一种典型气质的很少见，大部分都是几种类型的混合。

2. 气质与职业选择

气质本身并不决定一个人的职业成就和社会贡献的大小，每一种职业领域都可以找到各种不同气质类型的成功代表，同一气质的人在不同的职业部门都能做出突出的贡献，但是，气质类型是职业选择的重要依据之一，气质会影响职业活动的性质和效率，能为一个人从事某种职业活动提供有利条件。人的气质类型分类，如表2.5所示。

知识补给：从"四大名著"人物看四大气质类型

表2.5 人的气质类型分类

气质类型	特征	外在表现	典型职业
多血质	情绪兴奋性高，外部表现明显，反应速度快而灵活。表现为情感变化迅速，情绪不稳定，心情变换较快，随意反应性强，具有较大的可塑性	具有这种气质类型的人，感受性高而耐受性低。他们举止敏捷，姿态活泼，有生动的面部表情。言语表达能力和感染能力强，思维敏捷，善于交际，情感外露，但体验不深刻。待人热情亲切，但又显得粗心浮躁。办事多凭兴趣、富于幻想，缺乏忍耐力和毅力，不愿做耐心细致的工作	外交官、管理者、记者、律师、驾驶员、运动员、冒险家、警察、演员、医生等
胆汁质	情绪兴奋性高，抑制能力差，反应速度快而不灵活，情绪体验强烈而持久，表现为情绪产生迅速且带有爆发式的特点	属于胆汁质类型的人，感受性低而耐受性高，外倾明显。日常生活表现为积极热情，易于激动，情感深刻而稳定，性情直率，精力旺盛，坚忍不拔，持久不渝，言语明确，富于表情，处理问题迅速而坚决，但自制力差，性情急躁，办事粗心，有时会刚愎自用、傲慢不恭	公共关系人员、导游、推销员、节目主持人、演讲者、外事接待人员等
黏液质	情绪兴奋性和随意反应性较低，内倾明显，外部表现少，反应速度慢但稳定性强	这种气质类型的人，情感不易变化和暴露，心平气和，不易激动。但当情绪一旦被引起，就变得强烈、稳固而深刻。他们行动稳定迟缓，说话慢且言语不多，遇事谨慎，三思而行。善于克制忍让，生活有规律，不为无关的事情分心，埋头苦干，有耐久力，但往往不够灵活，注意力不易转移，容易固执拘谨	外科医生、法官、管理人员、会计、出纳员、话务员、播音员等
抑郁质	情绪兴奋性低但体验深刻，不随意，反应性强，反应速度慢而不灵活，具有刻板性、内倾性特点，感受性高、耐受性低	属于抑郁质类型的人，多是多愁善感的人，情绪体验少而微弱，并多以心境的方式出现。他们沉静、易相处、人缘好、办事稳妥可靠，但遇事缺乏果断和信心，生活常有孤独胆怯的表现。工作易疲劳，疲劳后也不易恢复	化验员、技术员、打字员、登记员、保管员、检查员、刺绣工等

大学生应该了解自己的气质类型并正确对待它。气质没有好坏之分，每种气质都有积极的方面和消极的方面，它不决定人的智商高低和成就大小，每种气质类型都可以成才。但在实践中人的气质类型影响活动的进行和活动的效率。如要求做出迅速灵

47

活反应的工作，多血质和胆汁质比较适合，要十年日复一日地坚持工作则黏液质比较合适。所以，在职业选择中，我们应该充分考虑气质类型因素。

（五）做我所能——培养自我能力

能力是指顺利完成某一活动所必需的心理条件，是直接影响活动效率，并使活动顺利完成的个性心理特征，是人们在社会实践中表现出来的身心力量，是完成任务或达到目标的必备条件。人的能力是有差异的，充分了解自己的能力，可以让我们在工作中扬长避短，充分发挥自己的才能。因此在选择职业的时候，我们的能力要与职业相符合。例如，从事教育工作需要有良好的沟通能力和表达能力；从事研究工作就需要有出色的计算能力、空间想象能力和逻辑思维能力。

能力是完成一切工作、创造效益的基础。有关调查表明，"世界500强"企业最看重的是一个人的能力素质，将能力素质作为其判断个人潜力的标准，而其中最看重的是大学生的团队合作能力、人际沟通社会交往能力、管理能力、学习能力和创新能力。能力是可以锻炼和习得的，大学里课堂学习并不是能力获得的唯一途径，因此，大学生应该积极参与各种活动，有意识地培养自己欠缺的能力。作为一名合格的大学生，除了学习好专业知识、掌握合理的知识结构以外，还应该着重培养和锻炼自己动手操作、社会交往、社会适应、创新创造等能力。

（六）选我所爱——探索自我兴趣

1. 兴趣对于职业的意义

兴趣是人们力求认识、掌握某种事物，并经常参与该种活动的心理倾向。兴趣的产生和发展一般要经历这样一个"有趣—乐趣—志趣"的过程：

（1）有趣是兴趣过程的第一个阶段，也是兴趣发展的低级阶段，它往往短暂易逝，非常不稳定。处于这一阶段的兴趣常常与你对某一事物的新奇感相联系，随着这种新奇感的消失，兴趣也会自然地逝去。

（2）乐趣是兴趣过程的第二个阶段，它是在有趣定向发展的基础上形成的，是兴趣发展的中级阶段。在这一阶段中，你的兴趣变得专一、深入下去，如喜爱网络文学的你很可能会整天沉溺于网络文学作品中。

（3）志趣是兴趣发展过程的第三个阶段，当乐趣同你的社会责任感、理想、奋斗目标结合起来时，乐趣便变成了志趣。志趣具有社会性、自觉性和方向性，是你取得成就的根本动力，是成功的重要保证。

兴趣既然是一种"心理倾向"，就表明它有一定稳定性，不是一时心血来潮。兴趣的形成有一定的先天性生理基础，但主要还是由后天的生活环境和生活实践打造而成的。

兴趣往往是大学生在生活、学习、工作中感到愉快、投入、发展、成就、自信、满足、自我实现等一系列良性循环的起点。因此，大学生们在设计自己的生涯时，要充分挖掘和培养自己的兴趣，把"选你所爱"与"爱你所选"相结合起来。同时，人生的路很长，每个人都可以有很多不同的兴趣爱好。在追寻兴趣之外，更重要的是要找寻自己终身不变的志向。只有这样，才更有可能规划好职业生涯并取得职业生涯的成功。

2. 霍兰德职业兴趣理论

美国心理学家、职业指导专家霍兰德认为职业选择是人格的一种表现，职业兴趣类型即人格类型。大多数人的人格特质可以归纳为现实型（Realistic Type，简称 R）、研究型（Investigative Type，简称 I）、艺术型（Artistic Type，简称 A）、社会型（Social Type，简称 S）、企业型（Enterprising Type，简称 E）和常规型（Conventional Type，简称 C）六种类型（表 2.6）。

表 2.6　霍兰德六种人格类型

人格类型	特点	适合职业
现实型（R）	喜欢有规则的具体劳动和需要基本技术的工作，擅长技能性、技术性职业，但往往缺乏社交能力；粗犷、强壮和务实，情绪稳定，有吃苦精神，生活上求平安、幸福，倾向于用简单的观点看待事物和世界	喜欢使用工具、机器，需要基本操作技能的工作，如技术性职业（计算机硬件开发人员、摄影师、制图员、机械装配工等）；技能性职业（木匠、厨师、技工、修理工、农民、一般劳动者等）
研究型（I）	喜欢智力的、抽象的、分析的、推理的、独立的定向任务，不愿受人督促，对自己的学识与能力充满自信；擅长解决抽象问题，尊重客观事实而不愿毫无疑问地接受传统；具有创造精神，不喜欢做重复工作，但往往缺乏领导能力，擅长科学研究和实验工作	科学研究人员、教师、工程师、计算机编程人员、医生、系统分析员等
艺术型（A）	喜欢通过艺术作品来表达自己的思考和情感，爱想象，感情丰富，不顺从，有创造力，习惯于自省，擅长于艺术、文学方面的工作，但往往缺乏办事员的能力	要求具备艺术修养、创造力、表达能力和直觉，并将其用于语言、行为、声音、颜色和形式的审美、思索和感受类的工作，如艺术方面（演员、导演、艺术设计师、雕刻家、建筑师、摄影家、广告制作人等）、音乐方面（歌唱家、作曲家、乐队指挥等），文学方面（小说家、诗人、剧作家等）
社会型（S）	喜欢社会交往、有组织的工作以及能让自己发挥社会作用的工作；喜欢讨论人生观、世界观、人生态度等问题；关心他人利益，关心社会问题，愿为团体活动工作，对教育活动感兴趣，往往缺乏机械能力	要求与人打交道，能够不断结交新的朋友，从事提供信息、启迪、帮助、培训、开发或治疗等事务并具备相应能力的工作，如教育工作者（教师、教育行政人员等）、社会工作者（咨询人员、公关人员等）

49

项目二 重视知己知彼 把握成功起点

续表

人格类型	特点	适合职业
企业型（E）	喜欢竞争，乐于使自己的言行对团体行为产生影响，自信心强，善于说服别人，喜欢加入各种社会团体，喜欢权力、地位和财富，性格外倾，爱冒险，喜欢担任领导角色，具有支配和使用语言的技能，但缺乏耐心和科研能力，擅长管理、销售等工作	要求具备经营、管理、劝服、监督和领导才能，以实现机构、政治、社会及经济目标的工作，如项目经理、销售人员、营销管理人员、政府官员、企业领导、法官、律师等
常规型（C）	喜欢有系统、有条理的工作，具有安分守己、务实、友善和服从的特点	要求注意细节、精确度、有系统、有条理，具有记录、归档、据特定要求或程序组织数据和文字信息的工作，如秘书、办公室人员、记事员、会计、行政助理、图书馆管理员、出纳员、打字员、投资分析员等

知识补给：霍兰德人格六角形模型解读

由于同一职业吸引有相似人格特质的人，他们对情境和问题会有类似的反应，因此，工作环境也可以分为与人格类型的分类一致的六种类型。

人们通常倾向选择与自我兴趣类型匹配的职业环境，如具有现实型兴趣的人希望在现实型的职业环境中工作，可以最好地发挥个人的潜能。但在职业选择中，个体并非一定要选择与自己兴趣完全对应的职业环境：一则因为个体本身常是多种兴趣类型的综合体，单一类型显著突出的情况不多，因此评价个体的兴趣类型时也时常以其在六大类型中得分居前三位的类型组合而成，组合时根据分数的高低依次排列字母，构成其兴趣组型，如 RCA，AIS 等；二则因为影响职业选择的因素是多方面的，不完全依据兴趣类型，还要参照社会的职业需求及获得职业的现实可能性。因此，在选择职业时会不断妥协，寻求于相邻职业环境，甚至相隔职业环境，在这种环境中，个体需要逐渐适应工作环境。但如果个体寻找的是相对的职业环境，意味着所进入的是与自我兴趣完全不同的职业环境，则工作起来可能难以适应，或者难以做到工作时觉得快乐，相反，甚至可能会每天工作得很痛苦。

人是有特质的，工作是有特性的，二者之间的适配将增加个人的工作满意度、职业稳定性和职业成就感。个人的职业兴趣可以为我们的职业选择提供非常具体的参考方向，但是不能过分强调结果或与之相匹配的具体职业，从而限定了未来发展的方向。

在完成自我认知的各项分析后，需要对"完整我"进行一个全面的总结评价（表 2.7）。

表 2.7 "完整我"总结评价

内容	优势	劣势	总体评价
生理我			
职业价值观			
自我性格			
自我气质			
自我能力			
自我兴趣			
"完整我"总结			

四、自我认知的原则

（一）自我认知要适度

大学生在自我认知的过程中应该保持适度的原则。过高的自我评价，往往使自己脱离现实，看不到自己的缺点和不足，容易自大自满；自我评价过低，往往使人忽视自己的长处和优点，抑制了自己能力的发挥，以致缺乏自信，自卑自抑。过高和过低的自我评价对大学生的身心健康和自我发展都是无益的。

（二）自我认知要客观

大学生在自我认知的过程中，要以客观事实为依据，避免各种主观因素的影响，理性地分析现状，不能过于情绪化，要实事求是，别人的主观评价可以作为自我认知的参考指标，但要分析对待，不能因为别人的随意主观评价而影响对自己的判断。

案例品读：
挨饿的山羊

（三）自我认知要全面

全面自我认知是指对自己做出综合的判断和整体的认知。不要片面、孤立、不分主次，既要看到自己的优点和长处，也要敢于发现并接受自己的缺点和劣势；既要对自己的一方面特质进行分析，又能把它融入整体做出评价。只有这样，才能实事求是地、全面地认识自己。

（四）自我认知要发展

世界上的任何事物都在不停地变化发展之中，自我亦是如此。那么大学生在进行自我认知的时候，就应该用发展的眼光看待问题。自我评价，除了对自己的现实素质做出客观、全面、适度的评价之外，还要把眼光着眼于未来。根据现在的实际情况，评估自己未来的发展潜力。预见性地、有准备地自我预测，将为个人未来的发展提供广阔的空间。目光短浅只会局限自己的发展。因此，大学生们要用发展的眼光来审视自己，评价自己，对自己的过去、现在和未来都做出合理的分析和判断。

任务二　探索职业　有的放矢

> 就创导师领航

> 📖 案例导入

出租车的故事

一位乘客坐在出租车上看到旁边一辆空出租车因违规撞车了，就抱怨说："空车没有载客，还跑那么快，跟抢命似的。"正在驾驶的司机看了他一眼说："其实我们司机都说，就是因为空车，所以容易出事！""空车的驾驶员因为急于找客人，总是东瞅西看，不能安心驾车。而我们有了客人，虽然速度比较快，但是心里踏实，奔着目的地走就是了。"

◎ 案例分析

人们常说：有了目标就有了方向。空驶的出租车因为没有目的地行驶更容易发生交通事故。同理，如果个人没有一个清晰明确的职业目标，就难有长足稳健的发展。树立职业发展目标，要从认识职业开始。

◎ 案例讨论

话题一：为什么空驶的出租车容易出交通事故？

话题二：为什么要认知职业？

话题三：怎样才能树立明确的职业目标？

🔍 知识总揽

本次任务的学习，旨在帮助同学们意识到在"知己"的同时还要"知彼"——认知所要从事的职业。只有在知己知彼的基础上，才能做出正确的职业定位和决策，走向职业成功的道路。

在每个人的职业发展道路上，都会面临着很多的职业选择。当我们站在职业选择的十字路口，究竟该向何处去？这就需要我们认知职业、掌握职业发展的特点，方能做出明智的抉择。

一、职业认知的内涵

（一）为择业打好基础

职业汇聚了我们一生中精力最充沛、最具创造力、最有魅力、最灿烂的时光。职业选择是人生的关键一步，它决定我们人生的幸福和成就，因此我们应该了解职业及其发展趋势，为选择理想职业打好基础。

1. 职业的概念

职业，"职"为"职责"，"业"为"行业""业务"。职业是参与社会分工，利用专门的知识和技能，为社会创造物质财富和精神财富，获取合理报酬作为物质生活来源，并满足精神需求的工作。职业具有专业性、多样性、技术性等特点。

在现代社会中，从事某项职业，通常要经过较长时间专业性的知识技能培训，如医生、教师、科技工作者等。大学生们在学校学习专业知识和技能，就是为以后从事某项职业做准备。

2. 职业的分类

职业分类是运用科学的方法和手段，对不同性质的职业进行划分和归纳。国内外职业分类既有相同点，又有不同之处。

（1）国内的职业分类。具体分类方法主要有以下两种：

① 按工作性质的统一性分类。《中华人民共和国职业分类大典》（2015版）将我国职业分为8个大类、75个中类、434个小类、1 481个细类（职业），细类仍在划分之中。其中，8个大类包括：党的机关、国家机关、群众团体和社会组织、企事业单位负责人；专业技术人员；办事人员和有关人员；社会生产服务和生活服务人员；农、林、牧、渔业生产及辅助人员；生产制造及有关人员；军人；不便分类的其他从业人员。

② 按所属行业分类。我国把职业分为13个门类：农、林、牧、副、渔、水利业；工业；地质普查和勘探业；建筑业；交通运输、邮电通信业；商业、公共饮食业、物资代销和仓储业；房地产管理、公用事业、居民服务和咨询服务业；卫生、体育和社

会福利事业；教育、文化艺术和广播电视事业；科学研究和技术服务行业；金融、保险业；国家机关、党政机关和社会团体；其他行业。

(2) 国外的职业分类。具体分类方法主要有以下三种：

① 按劳动性质分类。按照脑力劳动和体力劳动的性质、层次，把工作人员分为白领和蓝领两类。

② 按照个体的心理差异分类。霍兰德将人格和职业对应划分为六种：现实型、艺术型、研究型、社会型、企业型和传统型。

③ 按照各个职业的主要职责或从事的主要工作进行分类。如《加拿大职业分类词典》中将职业分为 23 个主类。

3. 职业的特点

(1) 广泛性。职业是劳动者进行的社会生产劳动或者社会工作。职业问题涉及社会的大部分成员，也涉及社会、经济、心理、教育、技术，政治、伦理等许多领域，因而具有广泛性。

(2) 同一性。职业是按企业、事业单位、机关团体和个体从业人员所从事的生产或其他社会经济活动性质的同一性来分类。同一性指某行业的职业内部，其劳动条件、工作对象、生产工具、操作内容相同或相近。由于环境的同一性，人们就会形成同一的行为模式，有共同的语言习惯和道德规范。

(3) 经济性。劳动者从事某项职业工作，必定要从中取得经济收入，这是从事职业的基础。

(4) 稳定性。劳动者连续、不间断地从事某种社会工作，相对稳定，才能称之为职业；反之，无所谓职业。

(5) 时代性。随着社会的发展和进步，职业变化迅速，除去弃旧更新的变化外，同一种职业的活动内容和方式也会发生变化，所以职业的划分带有明显的时代性，不同时代有不同的热门职业。我国曾出现过"当兵热""从政热"，后又发展到"下海热""外企热"等，都反映出特定时期人们对某种职业的热衷程度。

(6) 差异性。职业是专门具体精细的社会分工。各类职业之间劳动的内容、社会职业心理、从业者的个人行为模式、社会人格等都存在着差异，随着劳动分工的细化、技术的进步、经济结构的变动和社会的发展，新职业不断产生，旧职业不断消亡，差异性越来越大。

(7) 层次性。从社会需要角度来看，职业并没有高低贵贱之分，但是，现实生活中由于对从事职业的素质要求不同及人们对职业的看法或舆论的评价不同，职业便有了层次之分，这种职业的不同层次往往是由于不同职业体力、脑力劳动的付出，收入水平，工作任务的轻重，社会声望，权力地位等因素决定的。承认职业的层次性，可以促使人们向上而行，促进社会健康、高质量地发展。

4. 职业认知的意义

职业生涯大师舒伯曾经说过：个人的工作满足感视工作是否能配合自己的人格特质，即是否能将能力、兴趣、价值观适当地发挥出来而定。因此选择职业，适合自己的才是最好的。职业要符合自己的兴趣，这样我们才可以专注；职业要符合我们的能力，这样我们才能发挥自己的特长；职业要和我们的价值观相符合，这样我们才有动力。如果工作不适合自己，我们就感觉到生活枯燥无味，我们也不能够在工作中发挥自己的才能，不能有所成就。

当今我们每一个人都不能置身于社会之外，职业也是社会中的职业，所以，职业认知不仅帮助我们寻找适合自己的职业，它的意义还在于让我们了解职业发展趋势，丢弃"明日黄花"的职业，把握当今热门职业，在制定职业规划时，同职业社会的清晰认识相结合，制定出切实可行的个人职业规划。唯有如此，职业成功才成为可能。有的大学生对自己所学专业将来的就业方向、职业情况很了解，这就使他们在大学学习过程中懂得轻重缓急，事半功倍地掌握了相关技能。他们学习效率高，在求职时能力突出、目标明确，往往先于其他同学找到自己的职业归宿。但也存在一部分同学对自己将来的职业方向比较模糊，了解的只是基本情况，具体与自己专业的相关性、竞争力和将来具体做什么这些问题都是没有答案的，这就导致了其在求职之路上走了很多弯路，投了无数的简历，但如石沉大海般没有回音。

（二）为就业找对方法

职业认知的方法有很多种，可以根据自己的实际情况选择适合自己的方法。通常包括查阅、参观、体验和访谈。

1. 查阅

查阅是指通过互联网、书籍、报刊及有关音像资料获取个人希望了解的职业方向的过程。通过查阅，对职业入门时所需的基本条件（如学历、资格证书、身体条件、所需的知识、技能、生理条件及个性特征等）有一个初步的认识，对该职业的生存环境及发展前途以及个人循此发展前途可能取得的职业成就等形成初步印象。其优点为方便、快捷、信息量大、成本低，但同时存在的不足是信息间接、呆板，可能与现实感受有差距。

2. 参观

参观是指通过到相关职业现场短时间地观察从而了解某一职业从业状况的过程。通过参观，可以了解职业相应工作的性质、内容，职业环境及氛围，获得实实在在的职业感受。其优点是通过自己的所看、所听能真实感受职业状况，缺点是对职业的实质无法深入了解，易被营造的氛围所迷惑。

3. 体验

体验是指通过见习或实习活动来认知职业，通过职业体验使大学生对企业的运行模式、企业文化有更多直观的认识，对企业就人才成长素质的要求有更深的感受。其优点是可以更深入、更真实地对职业的工作任务、要求、环境及个人的适应情况进行了解、判断，可以了解工作的报酬、奖罚、管理及升迁发展的各种信息，并可以通过与工作人员的实地接触，感受职业对人的影响。职业体验活动的流程包括：一是确认准备体验的工作岗位；二是查找体验单位信息；三是联系体验单位；四是确定体验时间；五是经历体验过程；六是撰写体验报告。

4. 访谈

访谈是指通过与相关从业人员交流而了解某一职业现状的过程。通过访谈可以了解相关职业的知识、技能需求，待遇和发展前景。访谈的结果受被访者主观因素的影响，有的人对职业比较积极，赞誉较多；有的人对职业比较消极，评价较低。进行访谈需要七个步骤：一是确定访谈的内容；二是寻找访谈的对象；三是选择访谈的方式；四是准备访谈的内容清单；五是进行访谈；六是结束访谈；七是整理访谈结果。

知识补给：访谈清单样例

二、掌握职业发展的特点

（一）职业种类不断丰富

在职业产生初期，职业种类少，发展缓慢。随着社会的发展，职业种类增加的速度逐渐加快。在我国封建社会初期，职业与行业是同义词。《考工记》成书于战国时期，书中将社会组成概略分为王公、王大夫、百工、商旅、农夫与妇功六种。所谓"国有六职，百工与居一焉"，而"百工"就是技艺匠人的总称，当时加起来也不过三四十种。到了隋朝，职业超过100种。到了宋朝，职业超过200种。到了明朝，增至300多种，当时人们把职业统称为"三百六十行"。时至今日，经过科学划分和归类，我国社会职业已达1 838种。

（二）职业的教育含量不断增加

各种就业岗位，需要更多的受过良好教育、掌握最新技术的高素质技术技能工人，随着人工智能的发展，单纯的体力劳动或机械操作职业将明显减少。在很多国家，制造业中的蓝领工人的失业率高于从事管理工作的白领员工；而白领员工中从事服务性工作，如银行、广告等的失业率又明显高于从事开发和研究工作的员工。未来白领和蓝领阶层的界限将越来越模糊，职业逐渐向专业化方向发展。

（三）职业素质要求不断提高

随着科学技术的发展，职业岗位对从业人员的素质要求越来越高。如行政工作人员，以前只要求具备较好的组织协调能力、分析问题和解决问题能力、文字表述能力和口头表达能力等，但现在除要求具备上述能力以外，还要求具备社会交往及计算机辅助管理、办公自动化操作能力等。如今新职业多与服务行业、互联网、大数据和人工智能有关，赚的是"手艺钱"和"智慧钱"。像近年火热的数据分析师就源于"大数据"的发展，要求从业者有很强的数字敏感度，会使用数据分析工具，专业性极强。互联网平台拉近了人与人之间的距离，自然也衍生了很多服务于网络的职业，扩展了"三百六十行"的界限。这些新职业从招聘到日常工作都基于互联网。比如随着电子商务的发展，网店营销、网店装修师、网店导购等职业愈发壮大，对从业者的要求也相对较高。

（四）职业专业化、综合化、多元化不断增强

随着科学技术的发展，不少职业的专业化程度越来越强，要求从业者必须具有相应的专业能力。除了专业性增强外，职业同时开始向综合化、多元化方向发展，职业之间相互交叉延伸、界限模糊、跨界融合，要求具有较强的综合素质和应变能力。从生产部门来说，多企业"一业为主，兼营他业"。工作人员在一个工作岗位工作，却同时要具有多职能、多种身份。例如，一些新企业管理者同时也是新技术的研究者和市场开发者，宽口径、复合型、通用型人才颇受市场欢迎。

（五）职业岗位不断更新

未来社会，终身依附于一个组织的固定职业不断减少，独立的、不依赖于任何组织的自由职业和新兴职业将不断产生。稳定的"永久性"职业减少，只有少数人能够拥有固定的职业，而从事计时、计件或临时性职业的人会越来越多。

三、清晰职业定位与决策

职业决策是根据自己的个性因素，对目标职业进行比较、挑选和确定的过程，这是人生的重大决策。做出职业决策，意味着我们将走上自己的职业岗位，开始我们的职业生活，是人生的一个重大转折点。

案例品读：决策饥饿的山羊

（一）职业生涯发展路线的选择

人的每一次职业决策，都存在着机会成本问题，因为这会在很大程度上制约以后的职业选择和生涯发展的机会。因此在选定目标之前，明智的做法是先确定自己的职业发展路线。不同的发展路线对从业者的素质要求不同，影响到今后的发展阶梯也不同。

职业生涯发展路线，包括一个个职业阶梯，我们可以由低阶至高阶逐步上升。每个人的自身条件、基础素质不同，适合的职业生涯发展路线也就不同，有的人适合搞研究，能够在专攻领域求得突破；有的人适合做管理，能够成为优秀的管理人才。

在职业确定后，要向哪一路线发展，此时还要做出选择，是向行政管理路线发展，还是向专业技术路线发展；是先走技术路线，再转向行政管理路线……由于发展路线不同，对职业发展的要求也不相同。因此，在职业规划中，须做出抉择，以便使

自己的学习、工作以及各种行动措施沿着你的职业生涯路线或预定的方向前进。

典型的职业生涯路线图是一个"V"形图（图 2.2），假如一个人 24 岁大学毕业参加工作，即"V"形图的起点是 24 岁。以起点向上发展，"V"形图的左侧是行政管理路线，右侧是专业技术路线。将路线分成若干等分，每等分表示一个年龄段，并将专业技术的等级、行政职务的等级分别标在路线图上，作为自己的职业生涯目标。

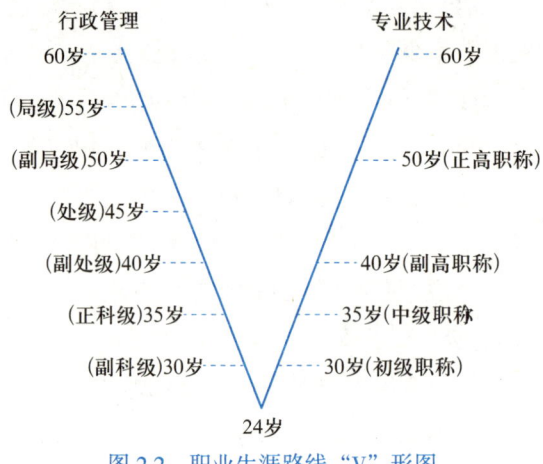

图 2.2 职业生涯路线"V"形图

（二）职业生涯决策平衡单

在整个生涯决策的实施过程中，一般人最感到困难的是涉及对不同选择方案如何进行评估。职业生涯决策平衡单是一个非常有效的决策工具，它能帮助人们把复杂的情况条理化、模糊的信息清晰化，使用表单的方式系统地分析每一个可能的选项，判断分别执行各选项的利弊得失，然后依据其在利弊得失上的加权积分排定各个选项的优先顺序，最终帮助人们做出正确的决策。

1. 平衡单介绍

生涯决策平衡单将提供给决策者的众多得失信息集中为四个方面：

（1）自我物质方面的得失。包括经济收入、职业难易度、职业兴趣度、选择职业的自由度、升迁机会、工作的稳定性和安全性、个人休闲时间等因素。

（2）他人物质方面的得失。家庭经济收入、家庭社会地位、与家人相处时间、家庭的环境类型、可协助的组织或团体、家庭可享有的福利等。

（3）自我精神方面的得失。因贡献社会而获得的自我肯定感、工作任务合乎伦理道德的程度、工作涉及自我妥协的程度、工作的创意发挥和原创性、工作能提供符合个人道德标准的生活方式及达成长远生活职业理想的机会等。

（4）他人精神方面的得失。父母、朋友、配偶、同事、邻里等精神方面的得失。

2. 平衡单填写

平衡单以"自我－他人"和"物质－精神"所构成的四个范围来考虑。

平衡单的设计，是用来协助决策者做出好的重大决定。它可以帮助决策者具体分析每一个可能的选择方案，考虑各种方案实施后的利弊得失，最后排定优先顺序，择一而行。具体步骤如下：

（1）开放性的心理自白。决策者第一步采用的是一个开放性的心理自白方式，在心理自白中决策者要如实说出心里觉得最重要的几个选择，以及这些选择可能导致的不同结果。可以试着自问以下问题：

① 我对将来寻找工作这件事怎么认识，有没有明确、具体的计划。

② 我曾经考虑过各种职业意向，可不可以将最近几个月来仔细考虑过的职业列出来。

③ 将几个自认为最合适的职业按先后顺序列出来。

④ 将注意力集中在两个最优先考虑的职业上。

（2）使用平衡单。填写第一和第二优先考虑的职业，在所有重要的想法都列出来之后，再依次填写选择的其他职业。

（3）比较职业细目表。每个项目的得分或失分，可以根据该方案具有的优势（得分）、缺点（失分）来回答，计分范围 -5～5 分。对得分进行比较。

（4）各项考虑加权计分。前面三个步骤所列举的各项考虑，对决策者的意义不全然是等值的。为了让决策者意识到自己在平衡单上列出来的项目有不同程度的重要性，为了使各项的重要性有层次之分，可进一步对每个项目做加权计分。加权的分数可以采用五点量表（如"最重要"乘以5，"较重要"乘以4，"一般"乘以3，"较不重要"乘以2，"最不重要"乘以1）。

（5）增加其他的选择。在上述的过程中，决策者如果觉得有新的生涯目标（或职业）可以考虑补充进去。此时虽然原有的各种选择均已完成加权的计分，但是完全可以重新填写平衡方格单，按照之前四个步骤的过程完成平衡单的加权计分。

（6）排定各种选择的等级。为了使决策者能综合地对平衡单的各种选择方案做最后的评估，决策者可以自己再审查一下平衡单上面的项目。同样可以对平衡单上的加权计分再做适当修改。改完之后，再根据各选择的最后加权总分，将这些选择依分数高低排列。完成了最后一步的工作，决策者还应该明白，这不一定是永久的决定，也许只是暂时的决定，因为它是根据"目前"所能搜集到的资料，决策者对自己了解的程度所做的决定。

（三）职业决策注意事项

1. 职业决策必须符合自身性格、特长和兴趣

职业生涯能够成功发展的核心，就在于所从事的工作要求正是自己所擅长的。如

案例品读：
毕业生小海的职业生涯决策平衡单

果一个人性格内向，不善与人沟通，没有很好的交际意识，那么这个人就很难成为一名成功的管理人员。制定职业规划一定要认真分析自己的优缺点。从事一项自己擅长并喜欢的工作，工作会很愉快，也容易脱颖而出。

2. 职业决策必须具有可执行性

很多大学生刚开始时雄心壮志，一心想着出人头地。但是实际社会中的工作，尽管会存在一定的跨越，但是更多的时候是一种积累的过程——资历的积累、经验的积累、知识的积累，所以职业规划不能好高骛远，而要根据自己的实际情况和社会情况，一步一个脚印，层层进步，最终方能成就梦想。

3. 职业决策必须有可持续发展性

职业决策不是一个阶段性的目标，应该是一连串的、可以贯穿自己整个职业发展生涯的远景展望。如果职业决策的跨度过短，后面又没有后续职业决策点支撑，肯定会使人丧失奋斗的热情，且不利于自己长远的发展。

影响一个人理性地制定职业决策的因素，除性格、特长和兴趣等内部环境情况，还有一些具体的外部环境情况，比如专业背景、所从事的行业，该专业、行业在市场上的发展情况和前景。

在制定职业决策时，要善于积极地借鉴过来人的经验，如父母、邻居、老师、知名人士等，无论是成功的还是失败的，都有借鉴意义。某种程度上，他们走过的轨迹，就是我们将来的轨迹。只是，我们应该借鉴他们轨迹中最好的，并把我们的喜好、兴趣、特长组合起来，制定出最适合我们的职业轨迹。不管什么人，制定什么样的职业决策，都不能照搬照套。事实是，世界上就不存在完全相同的两个人，自然也不存在完全相同的职业决策。

结合所学知识，完成"我的职业生涯决策平衡单"（表 2.8）。

表 2.8　我的职业生涯决策平衡单

选择项目及考虑因素	考虑项目	权重 1～5 倍	职业选择一 得（+）	职业选择一 失（-）	职业选择一 小计	职业选择二 得（+）	职业选择二 失（-）	职业选择二 小计
自我物质方面的得失	经济收入							
	职业难易程度							
	休闲时间							
	其他							
他人物质方面的得失	家庭经济收入							
	家庭社会地位							
	与家人相聚的时间							
	其他							

续表

选择项目 及考虑因素	考虑项目	权重 1～5倍	职业选择一			职业选择二		
			得(+)	失(-)	小计	得(+)	失(-)	小计
自我精神 方面的得失	自我实现的程度							
	兴趣的满足							
	社会地位							
	其他							
他人精神 方面的得失	父母							
	朋友							
	其他							
合计								

任务三　熟悉环境　相得益彰

就创导师领航

案例导入

伟大时代缔造传奇

历史上所有企业的成功无不是因为抓住了时代的机遇，顺应了时代的需求。例如，发明了T型车的亨利·福特通过引进流水线作业大大提升了汽车的生产效率，改善了员工福利。但我们也不能忽视的大背景是，20世纪初期整个美国的经济都在走向繁荣，美洲逐渐成为全世界最具消费能力的区域，居民们对于出行方式的改善有着强烈的需求，而这就为福特以及其他汽车企业缔造了一个巨大的发展市场。同理，比尔·盖茨之所以能够一度成为世界首富，也不仅仅在于他天生睿智，比别人更早了解了计算机，更是因为他抓住了计算机时代革命的脉搏。

不能抓住时代需求则往往事倍功半，甚至面临失败风险。早在100多年前，保时捷的创始人波尔舍就试图造出电动汽车，但在经历了数十年的失败之后，他最终也只能放弃这一梦想。直到21世纪初，新能源电动车才开始在全世界蔚然成风。

我国几大电商平台的起步并非一帆风顺。幸运的是，中国互联网应用的成熟最终为电商的崛起创造了条件。同时，中国经济的主导力量也开始逐渐从投资转向内需，超过十亿国人的消费意识觉醒，成为电商平台崛起的最大红利。

> 只有抓住了时代机遇的个人才有可能发挥出最大的潜力，无论是古今中外的商业奇才，还是我们每一个普通人，概莫能外。认清个人成功与时代的关系，找准方向并付诸行动，才是获得成功的根本。
>
> ◎案例分析
> 伟大的企业家需要伟大的时代，伟大的时代缔造伟大的企业家。每一个时代的企业家，都有着自己的时代注脚，有着自己的时代使命。当下的中国正在继续改进各项制度，打造更好的基础设施，为创新创业创造更多便利。我们相信，只要企业家们能够认清这个时代，积极拥抱机遇，抓住当下的机遇，未来的中国一定能够诞生更多的伟大企业和企业家。
>
> ◎案例讨论
> 话题一：怎么理解"伟大时代缔造传奇"这句话的深刻内涵？
> 话题二：哪些因素会影响到个人职业的成功？
> 话题三：个人在进行职业生涯规划时，需要考虑哪些因素？

🔍 知识总揽

本次任务的学习，旨在帮助同学们认识到职业生涯规划对人生发展有着重要的作用。一个好的职业规划可以帮助个人实现自己的职业理想与价值，一个合适的职业规划、明确的职业方向，可以帮助自己更快地完成目标，成就更好的职业生涯。规划职业生涯，必然会不同程度地受到多种主观因素和客观因素的影响。这些因素主要来自环境、个人和家庭，是我们进行职业规划和职业选择的重要参考。

一、环境因素

（一）国家政策

国家有关大学生就业创业的方针政策是影响大学生职业生涯规划和求职择业的重要因素。虽然现在以自主择业为主，但是国家政策仍然起着重要作用，尤其是在人才问题上，有关人才的政策，往往会决定着人才的流向和流量。毕业生要想顺利就业，就必须了解、熟悉国家相关的政策。只有这样，才能减少就业的盲目性，才能最大限度地维护自身的正当权益。

知识补给：国家最新大学生就业政策

（二）行业特点

行业特点使不同职业之间具有显著区别，是影响大学生求职、择业不可忽视的客观要素。了解目标行业特点，应重点从以下方面着手：

（1）行业的就业情况。目标行业是人才紧缺还是人满为患，对毕业生择业有直接影响。如果这些行业人才济济，对毕业生的就业压力就不言而喻。

（2）行业的人员结构和人才需求情况，包括当前的、潜在的和未来的需求情况。

（3）行业的非正式团体规范。即约定俗成或在生活经验基础上自发形成的，本行业人员心照不宣却又很难用语言明确表达的社会心理。这种非正式团体规范虽然没有明文规定，但却构成该行业人员的共同心理观念和文化习俗。对初入职场的大学生来说，所面临的社会心理环境的主要挑战就是如何积极适应这种非正式团体规范。

（4）行业的平均工资水平、福利待遇和管理体制、机制等。

（三）单位特点

（1）该单位的性质和规模。不同性质的单位有着不同的企业文化，在社会上也有着不同的声誉、名望和地位。企业规模大小在一定程度上决定了从业者在本单位的发展空间。

（2）该单位的现状和发展前途。应在了解某些职业所在行业的现状及发展前景的基础上，进一步了解目标单位的现状及其发展前途，特别要了解用人单位的人事管理制度和培训机制等对个人发展意义重大的规定。

（3）该单位的特殊政策及其公约、规定等。不同单位会有些特殊的政策，对待自己的员工也有各自不同的要求。这是单位特色的一个重要方面。

（四）地域特点

（1）该地区的特殊政策，特别是与毕业生就业有关的政策。

（2）该地区的意识形态特点，特别是社会心理环境特征。社会心理环境直接制约与影响着个人的行为和个性发展。如价值观念、时间观念、经济观念、道德观念等，也对职业抉择有重大影响。

（3）该地区的生活环境（如当地的气候、水土、饮食、语言特点等）。如果要背井离乡到一个与自己原来生活环境、条件相差很大的地方就业，就应该事先了解清楚当地的生活环境特点，做好充分的思想准备、物质准备和身体准备，以便尽快适应。

二、个人因素

（一）职业价值观

职业价值观就是通常所说的择业观，是人生目标与人生态度在职业选择方面的具体表现。俗话说"人各有志"，这个"志"表现在职业选择上就是职业价值观。

职业价值观对职业目标和择业动机起着决定性作用。一个人如果追求自我价值的实现，他就会选择那种最能发挥自己才能和潜力的职业，即使工作条件艰苦些，也在所不惜。如果追求舒适、享受，则会单纯考虑职业岗位的条件、待遇等外在因素。

职业价值观的形成受社会价值观、民族文化传统、受教育程度、社会环境、个人追求等诸多因素影响，不同的人有着不同的职业价值观。

（二）兴趣

"兴趣是最好的老师"，兴趣可以促使个人集中精力去学习自己喜欢的职业知识和职业技能，并创造性开展工作。从事感兴趣的职业，不仅可以提高自己的幸福感和满意度，而且可以提高工作单位的满意度。华裔诺贝尔物理学奖获得者丁肇中说："兴趣比天才重要。"一个人如果能够根据自己的爱好去选择职业，他的主动性将得到充分发挥，即使十分辛劳，也总是兴致勃勃、心情愉快；即使困难重重，也不灰心丧气、放弃努力。发明家爱迪生几乎每天都在实验室辛苦工作十几个小时，但毫不以为苦，反而称"每天其乐无穷"。由此可见，兴趣是保证职业稳定、职场成功的重要因素，也是选择职业的重要依据。

（三）性格

性格与职业存在相关，影响着一个人对职业的适应性。根据性格选择职业，能促使自己的行为方式与职业工作相吻合，更好地发挥自己的聪明才智，获得职业满足感，并能创造出良好的工作业绩。因此，选择职业不仅要考虑自己的能力，而且应考虑自己的性格特点。

（四）能力

能力是直接影响人们活动效率，保证人们顺利完成某种活动所必需的个性心理特征。人的能力类型是有差异的。一个人在某些领域里能力表现突出，而在另一些领域里也许能力表现低下。数学家陈景润可谓才智过人，他在攻克"哥德巴赫猜想"上做出了卓越贡献，却因不善言辞而无法适应中学教学工作。因此，个人在进行职业选择时，应该考虑自身的能力特点，扬长避短，选择与自己能力匹配的职业。这对个人择业成功和职业发展十分必要。

（五）身心健康和受教育程度

身心健康是职业规划和职业选择的基础，任何职业都需要身心健康。教育是塑造学生人格、赋予个人才能、促进个人发展的活动。受教育程度不同，在个人职业选择过程中也会起到不同的影响作用。一般来说，受过较高水平教育的人，在就业以后会有较大的发展；即使职业不如意，再次择业的能力和竞争力也较强。人们所学的专业和学科，对职业生涯发展则起着重要作用。人们在选择职业、转换职业时，往往首先期望与所学专业紧密联系。受教育程度是事业成功中不可缺少的因素，通常是改变社会地位的重要因素。当然，雇主更为看重的往往是应聘者能干什么。一般来说，他们要找的是既受过正规教育，又不受固定规范束缚的、具有发展潜力的人。

此外，性别也曾是影响职业规划和职业选择的一个重要因素。但随着政治民主意识的普遍增强，男女平等的观念深入人心，在良好的社会政治环境下，"性别因素"已逐渐趋于淡化。

三、家庭因素

家庭责任是一个人对家人所承担的义务。年满18周岁的成年人一般都有相应的义务，对此应予以充分考虑。在进行职业抉择时也要充分考虑家庭的经济状况、家人期望、家族文化等因素。个人职业生涯规划的确立总是同自身的家庭因素相关联的，正确而全面地评估家庭情况才能有针对性地规划适合自己的职业生涯。

职业生涯与人的一生有着密切联系，是人生安身立命之所在。职业生涯规划主要受以上三大因素的影响，它们相互关联、相互制约，共同影响人的一生。如果想要寻找一个合适的职业生涯规划，一定要充分考虑这些影响因素。

案例品读："红色家风"的传承

拓知广识

新职业正落地开花

新职业的发布，有利于促进就业创业，有利于人才培养，有利于产业发展。自2015年版《中华人民共和国职业分类大典》颁布以来，我国已先后发布了四批新职业。

2019年4月1日，中华人民共和国人力资源和社会保障部与国家市场监督管理总局、国家统计局（以下简称三部委）联合向社会发布了人工智能工程技术人员、物联网工程技术人员、大数据工程技术人员、云计算工程技术人员、数字化管理师、建筑信息模型技术员、电子竞技运营师、电子竞技员、无人机驾驶员、农业经理人、物联网安装调试员、工业机器人系统操作员、工业机器人系统运维员等13个新职业，这批新职业主要集中在高新技术领域。

2020年2月25日，三部委联合向社会发布了智能制造工程技术人员、工业互联网工程技术人员、虚拟现实工程技术人员、连锁经营管理师、供应链管理师、网约配送员、人工智能训练师、电气电子产品环保检测员、全媒体运营师、健康照护师、呼吸治疗师、出生缺陷防控咨询师、康复辅助技术咨询师、无人机装调检修工、铁路综合维修工和装配式建筑施工员等16个新职业，这批新职业主要集中在新兴产业和现代服务业两个领域。

2020年7月6日，三部委联合向社会发布了第三批新职业，包括区块链工程技术人员、城市管理网格员、互联网营销师、信息安全测试员、区块链应用操作员、在线学习服务师、社群健康助理员、老年人能力评估师、增材制造设备操作员等9个新职业，这批新职业主要涉及预防和处置突发公共卫生事件领域、适应高校毕业生就业创业需要的新业态领域以及适应贫困劳动力和农村转移就业劳动者等需要的促进脱贫攻坚领域。

2021年3月18日，三部委联合向社会发布了第四批新职业，包括集成电路工程技术人员、企业合规师、公司金融顾问、易货师、二手车经纪人、汽车救援员、调饮师、食品安全管理师、服务机器人应用技术员、电子数据取证分析师、职业培训师、密码技术应用员、建筑幕墙设计师、碳排放管理员、管廊运维员、酒体设计师、智能硬件装调员、工业视觉系统运维员等18个新职业，此次发布的新职业信息大多都是新行业催生而出。

至此，三部委已经联合发布了四批共56个新职业。可以说，新职业发展的过程，正是我国深化改革、创新发展的缩影，也见证着各行各业发生的巨大变化。

球王的诞生

5岁时，梅西开始为当地的格兰多里俱乐部踢球，教练就是他的父亲。7岁的时候，这个小家伙在纽维尔老男孩队倍受称赞。但梅西在11岁时被诊断为发育荷尔蒙缺乏，而这会阻碍他的骨骼生长。家里的经济条件难以承受小梅西的治疗费用，由于他的天赋被巴萨（西班牙巴塞罗那足球俱乐部）的雷克萨奇看中，在2000年将他带到诺坎普，梅西举家搬迁到欧洲。在2000年9月，年已13岁身高只有1.4米的梅西去了巴塞罗那试训。

在试训期间，梅西的表现征服了巴萨青年队教练，他们迫不及待地与梅西签订了一份2012年才会到期的工作合同，却忘记国际足联相关规定，未满20岁的球员不得和俱乐部签订5年以上的工作合同。巴塞罗那俱乐部在帮助梅西成长方面做出了巨大的努力，在俱乐部所安排的治疗下，梅西在2003年身高已经达到1.69米。"梅西是吃着土豆和胡萝卜长大的，是喝着那些没有油沫的汤后去踢球的，但他比谁都懂事！""我记得，而且永远都不会忘记拿到诊断结果的那一天。当时天特别冷，我们在街上，梅西没有任何表情，非同一般的冷静，我知道他比任何人都清楚，家里没有任何能力让他治疗。"站在梅西的身边，父亲豪尔赫眼眸中总是透着快乐抑或得意，但他内心的酸楚又有多少人能读懂？

"作为父亲，我最清楚梅西的病源于营养不良。阿根廷盛产世界上最好的牛肉，拥有世界上最好的奶酪，但那不属于我们。梅西是吃着土豆和胡萝卜长大的，是喝着那些没有油沫的汤后去踢球的。"梅西的父亲回忆当年只有11岁的梅西患上生长激素缺乏性侏儒症时，不禁仍有些伤感，甚至当梅西已经成为这个世界上最好的足球运动员之后，"他从不抱怨，他年纪轻轻就比谁都懂事，这一点没有人比我更清楚。"

命运多舛的少年梅西

现在的梅西是一个手捧金球的"巨人"，但有谁能想到，10年前的他差点因为侏儒症结束自己的足球生涯。和家乡罗萨里奥的其他孩子一样，梅西从小就酷爱足球；

但也和家里的亲人一样，梅西天生矮小瘦弱……根据医生的检查，他患有先天性侏儒症，在11岁时已经停止生长。

梅西的侏儒症并非不可医治，但是注射生长激素的花费每月高达900美元，母队纽维尔老男孩不愿意为一个前途未卜的孩子支付这笔费用，一度觊觎梅西的河床队得知他的顽疾后也打消了挖他走的念头。

2000年9月，凭着精湛的球技，年仅13岁，身高只有1.4米的他加入了巴塞罗那青年队。首场比赛，他就凭借娴熟的脚法，过人的盘带突破能力，折服了看台上的千万观众。看台上，掌声雷动，尖叫四起！父亲更是激动得热泪横流。然而惊喜之后，父亲心中便是无边的荒凉与绝望。1.4米的身高，注定了儿子与足球无缘。他的脚法越是完美，越是带给父亲深深的遗憾与疼痛！

雪中送炭的巴萨

关键时刻，梅西遇到了自己生命中的贵人图尔尼尼，一个长年为巴萨在南美物色小球员的球探。"我花了不少时间说服巴萨俱乐部，我也向梅西的家人承诺不会改动他的国籍。"回忆往昔，图尔尼尼这位名不见经传的球探颇为得意，"这是我人生最得意的一场赌博。"在图尔尼尼的帮助下，梅西举家迁至巴塞罗那，当时的巴萨体育主管雷克萨奇在看了梅西的训练和比赛后毫不犹豫与其签约，并安排俱乐部为其治病，这一刻开始，梅西的巨星之路才终于打开。

就这样，他一边训练，一边接受治疗。2003年，他的身高终于达到1.69米。虽然在足球运动员当中，这样的身高仍然属于偏矮，但是对他来说已经足够了！

凭着顽强的意志与不懈的努力，他终于改变了自己的不幸命运，也成就了世界足坛的一个传奇！

2006年，出征世界杯，梅西成为当年最年轻的世界杯球员；2008—2009赛季，率领球队连夺西甲、国王杯和欧冠三个冠军，成就了西班牙球队史无前例的三冠王；2009年，获得"世界足球先生"称号。直到2019年获得职业生涯第6座金球奖奖杯，他终于成了绿茵场上一颗璀璨无比的明星，成了名副其实的球王。

每当全球亿万球迷为梅西这位足球巨星尖叫呐喊时，很少有人知道他有那么一段悲凉的年少往事。如果梅西当年对足球有一丝一毫的动摇，那么现在，他不过是个可怜的侏儒，在某个城市某个不知名的灰暗角落，依靠人们的怜悯，艰难地谋生。

很多时候，面对困难，我们唯一的选择就是迎上去，战胜它。有时，仅仅后退一小步，我们就成了再也没有机会翻身的"侏儒"，而咬着牙忍着泪一步一步顶上去，终有一天，我们会迎来生命的阳光，成为名副其实的王者。

(资料来源：根据百度文库资料改编。)

深思明悟

（1）你属于什么气质类型？你的气质适合从事哪些职业？

（2）你认为职业包括哪些特点？

（3）你了解哪些新职业？未来的职业会呈现怎样的发展趋势？为应对这些趋势你应该做好哪些准备？

（4）你认为该如何处理好个人与环境以及家庭之间的关系并做好个人职业生涯规划？

勤行践学

叩问内心　选我所爱

一、活动要求

将学生分成若干小组，教师做好组织协调工作。引导学生积极主动、客观地审视自己，加强自我认知和职业认知，通过认真思考回答相关问题，找寻自己心仪的职业目标。

二、活动内容

1. 心理自白

（1）你希望大学毕业时，自己成为怎样的人？结合目前对自己的认识，你打算怎样度过大学时光？

_____
_____
_____

（2）通过自我认知，你重新发现了自己的哪些优点与不足？你计划怎样发挥自身的长处并克服不足？

_____
_____
_____

（3）通过职业认知，你认为哪些职业是你感兴趣的？大学毕业后你准备选择什么职业？职业生涯决策的路线是怎样规划的？

_____
_____
_____

2.模拟训练

（1）我的三个兴趣。
_____
_____
_____

（2）我的三个职业向往（高→低）。
_____
_____
_____

（3）我的职业倾向的原因和考虑的因素（每一编号对应职业选择）。
_____
_____
_____

（4）我所向往职业的特性（每一编号对应职业选择）。
职业选择一：_____
职场工作环境：_____
工作时间及待遇：_____
所需的教育训练：_____
必备的条件和能力：_____
是否已完全具备这些条件和能力？_____
还需要加强的条件和能力？_____
我应该要做怎样的努力？_____
职业选择二：_____
职场工作环境：_____
工作时间及待遇：_____
所需的教育训练：_____
必备的条件和能力：_____
是否已完全具备这些条件和能力？_____
还需要加强的条件和能力？_____
我应该要做怎样的努力？_____
职业选择三：_____
职场工作环境：_____
工作时间及待遇：_____
所需的教育训练：_____

必备的条件和能力：_____

是否已完全具备这些条件和能力？_____

还需要加强的条件和能力？_____

我应该要做怎样的努力？_____

三、活动总结

通过本次活动，从自己感兴趣的职业中，找到最适合自己的职业，为了实现这一职业目标制定计划策略，并积极行动。

交互式测试

项目二

项目三

制定职业规划　点亮人生旅程

▶ 学习目标

- 提高自我认知水平，明晰职业规划的重要性，并掌握个人成长成才的途径和方法。
- 熟悉职业生涯规划书的基本格式及实施原则，能够结合自身实际情况撰写职业规划书，并用实际行动追求人生价值的实现。

▶ 导思启学

行 稳 致 远
——制定职业规划的重要性

【主旨例说】

本案例讲述了大学生小卢通过积极制订自己的职业发展规划，并付诸实践，最终取得了事业成功的故事。让我们通过了解小卢的成才之路，理解制定职业规划的重要性。

【品文哑例】

小卢，安徽省全椒县人，就读于安徽某职业技术学院计算机应用技术专业。入校后，他不像有的学生要么对什么都无所谓，要么就感叹人生的不如意，他积极进取，乐观向上，学习努力。在当时计算机相关专业就业形势还不错的背景下，他想毕业后不能只当一名计算机操作员，过着四平八稳的日子。在影视作品从高产走向高质的时代，他想结合所学专业从事影视后期制作工作，充分利用掌握计算机技术的优势，做更多脍炙人口的影视佳作。有了想法就行动，他制订了自己的职业发展规划，并开始实施。在当时尚未开设相关专业课程的情况下，小卢购书自学，经过两年的不懈努力，大三时他顺利进入当地市电视台下属的影视制作公司实习。实习期间他勤奋好学，毕业时如愿成为这家公司的正式员工，并在当地影视制作圈小有名气。同年，母校开设了动漫制作技术专业，由于缺乏专业老师，他被系部聘为兼职教师。小卢的事业和收入都相当不错，同时还收获了自己的爱情。两年后，横店电影城在安徽某市成立分公司，他被聘为分公司总策划，成为该分公司主要负责人，收入也大幅提高。时至今日，他的梦想是拥有一家属于自己的影视制作公司，他也在不断地为之奋斗。

（资料来源：根据搜狐资料改编。）

【以析启智】

大学生合理设计自己的职业生涯规划可以使他们充分地认识自己，客观分析环境，正确选择职业，采取有效的措施克服职业生涯发展中的各种困扰，从而实现自己的理想。然而，在我们身边，有些大学生从来没有进行过职业生涯规划，他们不知道为什么选择自己所学的专业，也不知道在学校应该充实自己哪方面的知识，盲目考取资格证书，对自己将来要从事的职业一无所知，对自己未来的目标岗位缺乏必要的了解，从而造成了毕业后找不到适合自己的工作，企业又找不到合适的人才。因此，科学规划职业生涯显得尤为重要。

【以思明理】

探究一：你认为促使小卢取得成功的最主要的因素是什么？

探究二：请结合自身实际情况谈谈你将怎样一步步实现自己的理想？

任务一　掌握方法　清晰步骤

案例导入

"自以为是"症

小西是北京某高职院校毕业生，毕业时为了能把户口落在当地，他应聘到中关村一家规模非常小的民营企业工作。然而，工作不到两个月，他便辞职了。问其原因，小西回答："我是学工商企业管理的，虽然是个专科生，但我相信自己可以胜任任何管理岗位。这个企业刚刚成立，缺少各种各样的管理人才，可老板偏偏让我干内勤的活儿，内勤总监的职位宁可空缺也不让我尝试。他们给我的理由是，我缺乏管理经验，老板对于让我管理公司内勤完全没有信心。而我认为这个企业老板没有魄力，干了不到两个月，没有要他一分钱，我就辞职了，他们不留我，自有留我处。"小西认为，自己当初学管理专业就是想着能做管理的职位，可实际上，那个公司让自己做的就是任何人都能应付得了的差事，这和他的理想相差甚远。到现在为止，他基本上是每年都要换个工作，因为他总在抱怨没有老板愿意给他施展拳脚的机会，哪怕是个普通管理职位的机会。

◎案例分析

从企业现实来看，学工商企业管理专业的科班生很难一入职就做到管理的职位。一步一个脚印从最基本的职位做起，这才是企业员工成长为企业领导者的必由之路。一份有关管理人才的调查报告显示，企业需要两种管理人才：一种是有自己要加盟行业的深厚工作背景，二是个人需要具备极强的管理素质和能力。对于刚毕业的学生来说，显然无法满足这样的需要。案例中，小西在后来追逐"管理梦"的路上四处碰壁，究其原因还是职业定位、职业目标不清，自我认知、职业认知不够，缺乏利用有效的方法进行合理的职业生涯规划。

◎案例讨论

话题一：小西的"管理梦"难于实现的症结何在？
话题二：你是否知道哪些有助于制定职业生涯规划的科学方法？

知识总揽

本次任务的学习，旨在帮助同学们了解职业规划的主要方法和制定职业规划的基本步骤，为接下来制定职业生涯规划做好前期知识储备。

大学不仅是学习知识和提高能力的殿堂，而且是步入社会准备就业的前奏。在社会经济迅速发展的大背景下，伴随着信息的日新月异，每一位大学生对于未来的职业发展都要做到心中有目标，而合理有效的职业生涯规划更是实现职业发展目标的重要影响因素。职业规划不是"镜中花、水中月"，而是有章可循的，只有掌握了正确的职业规划方法和步骤，才能少走弯路，顺利抵达理想职业的彼岸。

一、职业规划的方法

正确的职业规划方法可以帮助人们尤其是青年充分认识自己，客观地分析环境，科学地树立目标，正确地选择职业。运用适当的方法，采取有效的措施，能够克服职业生涯发展中的险阻，避免人生陷阱，从而获得事业的成功。

（一）先定向再定位的方法

就大学生职业生涯规划而言，首要考虑的问题就是确定职业目标。对于没有工作实践经验的在校大学生，要确定一个非常明确的目标职业，显然不那么现实。怎样来确定自己的职业目标呢？这里介绍一个先定向再定位的确定职业目标方法。

先定向，就是根据现在所学的专业，来确定自己未来的职业方向。此时需要回答一个简单的问题：对自己的专业有兴趣吗？毕业后会选择专业对口的单位就业吗？如果回答是肯定的，就可以基本确定自己的职业方向了。比如说，学护理专业的，又很喜欢护理专业，就需要了解护理专业对口的职业群有哪些？如果答案是否定的，就必须找到自己有兴趣的专业。可以通过转专业或辅修、选修专业课程及跨专业考研来调整和确定自己的职业方向。比如，一位学化学专业的同学，对本专业没有什么兴趣，对工商管理兴趣比较大，大二他就选修了工商管理的主要课程，大三他决定报考管理专业硕士，并决定未来从事管理相关工作。

如果定了方向，接下来就可以考虑定位的问题了，需要对已确定方向的职业群进行更深入的探索。定向的时候需要尽可能扩大自己的职业选择面，而定位则需要逐步缩小职业的选择范围。相对于定向而言，定位的选择也并不容易，因为定位不仅需要了解职业的基本要求，而且需要通过提前参加招聘会、兼职和实习等方式进行社会实践和工作体验，感受意向职业是否适合自己，是否与个人的主观想象一致。在定位的过程中，还需要注意一个非常重要的问题：定位的目标不宜过于具体，应该有一个选择的范围。比如自己从小就梦想成为一名检察官，学的也是法律专业，也争取到了在检察院实习的机会，发现检察官非常适合自己。可是，检察官这一职业在社会上趋于饱和，求职竞争非常激烈。如果仅仅锁定这一个目标，毕业时一旦考公务员失败，将对自己的择业带来很大的风险。所以，定位的职业不宜仅限于个别职业，应该有几个可供自己选择的职业。

大学生在定向和定位的过程中，不能完全以个人的兴趣制定职业决策，还必须考虑自身的其他特质、职业状况、人才供求关系、家庭因素、所掌握的资源等相关因素。先定向再定位的决策方法，是指在高职一年级开始定向，在二三年级定位。如果经过对职业的探索后仍然不能定位，定向还是必需的，因为没有方向，大学生就不知在大学期间如何努力和准备。

先定向再定位的方法，不仅解决了大学生综合素质和能力从何培养的问题，也解决了专业技能和素质从何准备的问题，是一项行之有效的大学生职业生涯发展和规划的方法。

（二）"5W"归零思考法

目前国内外许多职业咨询机构和心理学专家进行职业咨询和职业规划时常常采用的方法是"5W"归零思考法，也叫职业生涯规划五步法。

1."5W"的内容

从自己是谁开始，然后依次问下去，共有五个问题：

（1）Who am I？（我是谁？）是指应该对自己进行一次深刻的反思，想想自己到底是怎样的一个人，最好把自己的优点和缺点都列出来加以分析。

（2）What will I do？（我想做什么？）是对自己职业发展的心理趋向的探究。每个人在不同阶段的兴趣和目标并不完全一致，有的甚至很不相同，但兴趣会随着年龄增长而逐渐稳定，并最终成为自己的终身理想。

（3）What can I do？（我会做什么？）是与自己的能力和潜力有关的问题，一个人职业的定位最根本的还要归结于他的能力，而职业发展空间的大小则取决于他的潜能。对于一个人潜能的了解应该从对事物的兴趣、做事的判断力以及知识结构是否全面、是否及时更新等几方面着手。

（4）What does the situation allow me to do？（环境支持或允许我做什么？）这种环境支持在客观方面包括本地区的各种状态，比如经济发展、人事政策、企业制度、人事空间等；在主观方面包括同事关系、领导态度等。

（5）What is the plan of my career and life？（我的职业与生活规划是什么？）是指自己对职业规划有一个清晰明了的框架。

通过回答上述五个问题，就可以找到它们之间的最高共同点，就有了自己的职业生涯规划。

一个人回答了这五个问题，找到它们的最高共同点，就有了自己的职业规划，从而就拥有了明确的人生奋斗目标。

2."5W"归零思考法的要点与步骤

先取出五张白纸、一支铅笔和一块橡皮。在每张白纸的最上边分别写上上述五个问题。然后静下心来排除干扰，按照顺序独立地仔细思考每一个问题：

（1）回答"我是谁？"的问题——对自己进行一次深刻的反思，优缺点一一列出。

（2）回答"我想干什么？"的问题——可将思绪回溯到孩童时代，从人生初次萌生第一个"想干什么"的念头开始，然后随着年龄的增长，回忆自己真心向往过想干的事，并一一地记录下来。当然，每个人在不同阶段的兴趣和目标并不完全一致，有时甚至完全对立，但随着年龄的增长和经历的增多而逐渐固定，并最终锁定自己的终生理想。

（3）回答"我能干什么？"的问题——把自己确实已证明的能力和自认为还可以开发出来的潜能都一一列出来，认为没有遗漏了，就认真地进行排序。

（4）回答"环境支持或允许我干什么？"的问题——在运用此法进行职业生涯规划时要对主客观环境充分加以描述。需要注意的是，我们在做职业选择时常常忽视主观因素，没有将一切有利于自己发展的因素调动起来，从而影响了自己的职业发展。

（5）回答"我的职业与生活规划是什么？"的问题——回答完前面四个问题，从各个问题中找到对实现有关职业目标有利的和不利的条件，列出不利条件最少的、自己想做而且又能够做的职业目标，那么第五个问题便迎刃而解。

（三）SWOT 分析法

SWOT 分析法（自我诊断方法）是一种能够客观而准确地分析自我、评价自我的方法。SWOT 分别是四个英文单词的第一个字母，即优势（Strengths）、劣势（Weaknesses）、机会（Opportunities）、威胁（Threats）。SWOT 分析，指的是在四个维度上分析，然后通过矩阵式交叉的分析，找出适合于自己的基本策略。

1. 构建 SWOT 矩阵

（1）优势分析。在自己的职业生涯设计中，我们应该根据自己的特长顺势而为，将自己的优势发挥得淋漓尽致，就会如鱼得水，事半功倍。职业生涯设计的前提是知道自己的优势是什么，把自己的事业和生活都要建立在优势的基础上。比如大学期间你学到了什么？你学到了哪些专业技能，你的能力得到了哪方面的锻炼和提升？你和别人相比掌握了哪些特殊的知识技能？你曾经做过什么？你参加了哪些有价值的活动，积累了多少经验？

（2）劣势分析。主要指出你最不喜欢或最不擅长做的事。找到自己的短处，可以努力改正从而提高技能。比如缺乏哪方面的能力和知识？缺少哪方面的社会经验？最失败的事情是什么？导致失败的原因是什么？人的弱点与生俱来，我们要正视短处和弱点，要全面深刻地认识、评价自己，接受自己的弱点，弥补自己的不足。

（3）机遇分析。环境为我们的发展提供了活动的空间、发展的机遇和条件。特别是近年来，我国经济社会转入高质量发展阶段，社会竞争压力与日俱增，个人应该善于借助环境优势，发展自己，否则就会处处碰壁、寸步难行。比如，现在就业模式是双向选择，我们的选择机会更多了，包括国家为鼓励大学生自主创业释放了一系列政策红利，这些都是我们发展自我的机遇。

（4）威胁分析。除了机遇，在这个社会上我们还看到很多的威胁和挑战，这些外部环境的因素我们无法改变它，但是我们可以弱化或者尽量避开其影响，比如所学专业是个冷门。同样面对挑战，我们不能一味采取回避态度，或者自怨自艾。只有不断地改造自己，趋利避害，才能脱颖而出，寻求发展与成功。某个体职业决策中的 SWOT 矩阵，如表 3.1 所示。

表 3.1 某个体职业决策中的 SWOT 矩阵

维度	分析	
内部环境	优势（个体可控并可利用的内在积极因素）： （1）教育背景 （2）工作经验 （3）优秀的人格特质 （4）丰富的专业知识和技能 （5）突出的能力及特长 （6）广泛的可用的人际资源	劣势（个体可控并努力改善的内在消极因素）： （1）学业不精，专业不对口 （2）缺乏工作经验 （3）能力的欠缺 （4）负面的人格特质 （5）目标的缺乏

续表

维度	分析	
外部环境	机遇（个体不可控但可利用的外部积极因素）： （1）专业领域急需人才 （2）地理位置的优势 （3）行业发展有广阔的前景 （4）有良好的继续教育的机会	威胁（个体不可控但可以使其弱化的外部消极因素）： （1）行业发展暂不完善 （2）同专业毕业生的增多带来的就业竞争 （3）名校毕业或高学历的竞争者增多 （4）专业领域发展有限 （5）再受教育机会的缺少带来的职业发展障碍

2. 制定策略

在完成个人的 SWOT 矩阵后，便可以制定相应的策略，以发挥优势因素，克服劣势因素，利用机遇因素，化解威胁因素。运用系统分析的方法，分析出一套适用于自己的可实际操作的解决对策，制定的策略包括：

（1）S-O（Strength-Opportunities）策略，即优势机遇策略，目的在于使这两个因素趋于最大作用的发挥。比如专业领域急需人才，自己专业对口且专业知识和技能过硬，在参与竞争和实现规划的过程中突出这个优势。

（2）S-T（Strength-Threats）即优势威胁策略，目的是努力发挥优势因素，以弱化威胁因素。

（3）W-O（Weaknesses-Opportunities）策略，即劣势机遇策略，目的是努力使劣势因素趋于最小化，使机遇趋于最大化。比如自己的管理能力不佳，现有机会担任班级干部，利用这个机会多组织班级活动，多参加班级活动，提高自己的管理能力。

（4）W-T（Weaknesses-Threats）策略，即劣势威胁策略，目的是使这两个因素都能趋于最小。比如学习成绩不佳，利用在校的剩余时间努力提高学习成绩；与人交际能力欠缺，通过参加社团、社会实践活动来提高交际能力。

SWOT 分析是一种比较全面的分析工具，每个人都可以通过自身优势、劣势以及周围的机会和威胁，建立自己的 SWOT 的矩阵。通过 SWOT 的矩阵，我们可以清晰地看到自己的优势和竞争力，从而确定自身发展的方向，同时我们也可以看到自身的不足和外在威胁因素，为提升自己找到依据。通过制定相应策略，以保证职业目标的达成。

需要说明的是：SWOT 分析法是基于某个时间段的静态分析，它不能够结合过去、现在和未来的发展趋势做出综合评判，要克服 SWOT 分析法静态性导致的不足，个体在使用 SWOT 分析法时要重视动态信息的及时反馈以及时的修正和调整自己的 SWOT 矩阵，从而做出更加准确的职业抉择。

案例品读：
小李的职业规划 SWOT 分析

二、职业规划的步骤

无论做任何事情,我们都需要一步一个脚印,踏踏实实地去做,职业生涯规划也不例外。职业生涯规划包括树立职业理想、可行性研究(自我评估与环境评估)、确定职业目标、选择职业发展路径,制订行动计划与措施、评估与调整六个主要步骤。每个步骤都层层递进,一环扣一环。做好职业生涯规划,我们必须认真对待每一步。

(一)明确职业理想和方向

职业理想是指人们对未来职业表现出来的一种强烈的追求和向往,是人们对未来职业生活的构想和规划,是指可预想到的,有一定实现可能的最长远的目标。职业目标的确定,是个人理想的具体化和可操作化。职业理想形成后,每个人都会确立明确的职业方向,职业方向直接决定着一个人的职业发展。大学生应尽快确定自己的职业目标,尽早思考"打算成为哪方面的人才""打算在哪个领域成才"等问题,对这些问题的不同答案,不仅会影响个人的职业目标设计,也会影响个人成功的机会。

(二)开展可行性研究

树立了职业理想,明确了职业方向之后,我们要对这个职业理想实现的可能性进行研究,即对实现职业理想的可行性进行研究。可行性研究包括自我评估和环境评估,即通过自我评估和环境评估帮助我们对自己的职业做出正确的选择,找到适合自己的职业发展路线,对自己的生涯目标做出最佳抉择。

例如,一个大学生如果决定走创业的道路,首先要进行自我分析——自己的性格、能力等是否符合创业的基本条件。自我评估的同时,还要对外在环境进行分析,如家庭环境方面——父母支持你的创业想法吗?家里的经济上能为你提供支持吗?学校方面——老师和学校能够给你的创业之路提供哪些指导和帮助?社会方面——你的创业想法合适吗?社会对于大学生创业有哪些优惠政策?等等。

知己知彼,百战不殆。自我评估和外在环境的准确分析,能为我们确定可行的职业目标提供依据。

(三)确定职业发展目标

人生就好比一次海上航行,我们必须有明确的目标才不会在茫茫的大海上迷失方向。对于大学生而言,职业生涯规划,能让每个人找到适合自己的目标。有了目标,人生道路上将不再迷茫,不再彷徨,不再迷失。职业生涯规划,让生命因为有奋斗目标而变得更加充实并有意义。

在准确地对自己和周围环境做出客观地评估之后,我们就要结合实际情况,确定适合自己的有实现可能的职业目标。"心有多大,舞台就有多大",只要职业目标与自己的性格、兴趣、特长、能力等相匹配,与外在的环境相适应,我们就应该敢想敢

知识补给:
教你如何确定
职业生涯目标

为。不妄自菲薄，也不好高骛远，在人生的大舞台上我们定能找准自己的角色，演出最精彩的人生剧目。

（四）选择职业发展路线

前文介绍过，职业生涯路线是指一个人在确定职业目标后选择什么途径去实现自己的职业目标，是向专业技术方向发展，还是向行政管理方向发展等。发展方向不同，要求也不同。这就如登山，要达到山顶的目标，就要选择最佳的登山路线与方式。选择了捷径、好路，就如同进入了职业发展的快车道，否则，就会耽搁在路上。而且没有一个职业发展的路线蓝图，就会走错路、走弯路、走回头路，导致我们的努力、动力、能力不能直接作用于目标，从而产生资源、时间、精力的浪费，在无形中延长了我们成功的期限。因此，在职业目标确定之后，必须对职业生涯路线进行选择，以使今后的学习和工作沿着职业生涯路线和预定的方向发展。

通常在选择职业生涯路线时，我们必须考虑三个问题：我想往哪一路线发展；我能往哪一路线发展；我可以往哪一路线发展。

回答上述三个问题，是对"知己""知彼"有关情况进行综合分析并加以利用的过程，以此确定自己的最佳职业生涯路线。第一个问题是通过对自己的价值、理想、成就动机和兴趣分析，确定自己的目标取向；第二个问题则是通过对自己的性格、特长、经历、学历以及专业的分析，确定自己的能力取向；第三个问题是通过对自己所处的社会、经济、政治、组织环境分析，确定自己的机会取向。

（五）制订计划与措施

有了职业目标而不去实现，那么职业目标也就是空中楼阁。因此，在确定职业目标并选定职业发展的路线后，行动便成了关键的环节。

心理学家曾经得出这样的结论：当人们的行动有了明确目标，并能把自己的行动与目标不断地加以对照，进而清楚地知道自己的行进速度和与目标之间的距离，人们行动的动机就会得到维持和加强，就会自觉地克服一切困难，努力达到目标。

职业生涯规划亦是如此，职业理想对于现在的我们似乎太遥远而很难实现，然而，如果对其进行分解，我们会发现，通过一步一步地努力，我们的职业目标其实清晰可见。我们可以将目标分解为短期目标、中期目标和长期目标。有关内容项目二已做介绍，此处不再赘述。

（六）开展评估与调整

"人无远虑，必有近忧。""前途是光明的，道路是曲折的。"用这两句话来表述职业生涯规划中的"不可知"是很合适的。在职业生涯规划中，即使目标的设定是科学的，但"人算不如天算"，事物的发展也并不可能完全按照我们个人的主观意愿进行，会遇到种种的困难与问题，所以，我们需要在修正中前进。

对职业生涯规划开展评估与调整的内容包括职业的重新选择、职业生涯路线的调整、实施措施与计划的变更等。评估与调整时可以利用以下两种方法。

1. 助力与阻力分析

（1）推动职业目标实现的积极因素。

（2）阻碍职业目标实现的消极因素。

（3）能将积极因素最大化，将消极因素最小化、消除甚至转化为积极因素的行动。

（4）对本年度目标的自我分析与评估。

2. 360度反馈

具体内容包括：经验人士评价；辅导员评价；父母评价；同学评价；朋友评价；自我评价；生涯规划方案修正。

任务二　把握原则　找准方向

案例导入

三国杀"杀"进福布斯

风靡全国，中国最成功的桌游之一的《三国杀》，其创始人黄恺是一位标准的大学生创业者。

"从小我就有兴趣做桌面游戏，初中的时候我常把卡牌放在书下，做会儿作业、玩儿一会儿卡牌。"上了高中，热爱游戏的黄恺给自己制订了个小计划：以后一定要考个和游戏相关的专业。但那时国内还没有游戏专业。直到高考时，他发现了传媒大学新出了游戏专业。"就好像被提醒了一样，那个专业好像远远地告诉我，这就是我想要的，游戏就是自己的宿命。"

黄恺2004年考上中国传媒大学动画学院游戏设计专业，他在大学时期就开始"不务正业"，模仿国外桌游设计出了具有中国特色、符合国人娱乐风格的桌游《三国杀》。2006年10月，大二的黄恺开始在淘宝网上贩卖《三国杀》，没想到大受欢迎，而毕业后的黄恺并没有任何找工作的打算，而是借了5万元注册了一家公司，开始做起《三国杀》的生意。2009年6月底《三国杀》成为中国被移植至网游平台的桌上游戏，2010年《三国杀》正版桌游售出200多万套，截至2012年，《三国杀》的影响人群已过亿。

2013年3月11日，《福布斯》中文版推出"中国30位30岁以下创业者"名单，年仅27岁的黄恺凭借《三国杀》以北京游卡桌游首席设计师的身份位列第八。

粗略估计，截至目前，《三国杀》给黄恺带来不低于3亿元的年收益，并且随着《三国杀》品牌的发展，收益还将继续增加。

◎ **案例分析**

黄恺凭借《三国杀》"杀"进福布斯榜单是大学生创业成功的典型案例，在这光环和荣耀的背后是多方面因素综合作用的结果，既有主观上的兴趣、努力等因素的影响，又得益于客观市场的潜在需求。最值得肯定的是，黄恺十分明确自己"要做什么"和"要怎么做"，他的职业规划是清晰且符合自身实际情况的，这也是众多大学生在面临职业生涯规划时应学习的重要事项。

◎ **案例讨论**

问题一：黄恺在制定职业生涯规划时，考虑到了哪些因素？其中最重要的是什么？

问题二：从黄恺成功的经历中，你觉得自己要制定科学合理的职业生涯规划应该注意哪些方面？

知识总揽

本次任务的学习，旨在帮助同学们从系统性的角度出发，全面掌握职业生涯规划的原则、类型、撰写要求等具体事项，为未来职业发展奠定坚实的基础。

一、职业规划的原则

人们在制定职业生涯规划时应该把握几个"黄金准则"：择己所好、择己所长、择世所需、择己所利。更全面、具体地讲，职业生涯规划要考虑以下几条原则。

（一）利益结合原则

利益结合原则即个人发展、企业发展和社会发展相结合的原则。没有个人、企业、社会三者利益的结合，就不会有职业生涯的成功。在职业生涯规划时，要寻求社会、企业与个人的利益结合点。从人全面发展的宗旨来看，利益结合是方法，主要用来更好地处理个人与企业、社会间的关系，寻找个人发展与企业发展的结合点。

（二）可行性原则

可行性原则也称可操作性原则，职业生涯规划要以事实为依据，以自我评估和环境评估为前提，实事求是、切实可行，设定职业目标一方面要考虑客观环境，另一方面要符合自己的能力、特性，既不能好高骛远，也不能畏缩不前。

（三）发展创新原则

发展性原则主要是指在制定和采取职业生涯的具体实施措施时，要充分考虑变化与发展性因素，如目标或措施是否能依环境及组织、个体的变化发展性因素而做调整，以及调整的幅度及范围等。大学生在校期间是职业生涯的预备期，其职业规划注重在校期间的准备工作。迈出校门后，如果发现自己所从事的职业一直没有成功的希望，那么就应该反思一下：就自己的兴趣、能力来说，自己是否走错了路？这项职业是否发挥了自己的才干？一旦发现原来的职业规划不适合现在的自己，那就不要再浪费时间，应马上重新制订职业规划，另外寻找一片沃土。当然，在重新确定目标、改变航向之前，一定要慎重考虑，不要仓促行事，以免落得一事无成的下场。

此外，在制定职业生涯规划时还要遵循挑战性原则（目标或措施宜具有挑战性）、变动性原则（目标或措施要具有弹性或缓冲性，随着环境的变化而做调整）、一致性原则（主要目标与分目标、目标与措施、个人目标与组织发展目标要一致）、激励性原则（目标要符合自己的性格、兴趣和特长，能对自己产生内在的激励作用）。

二、职业规划的类型

大学生的职业生涯规划在于：积极进行人生价值的思考，树立正确的职业理想，了解自我，明确方向，并为之奋斗，合理设计个人职业发展的远景规划和资源配置。调查发现，大学生的职业生涯规划主要有以下几种类型。

（一）计划型

计划型的学生是指做决定时，有能力预先做好妥善的计划。这些学生重视职业生涯规划对自我的指导作用，他们会尽可能早地积极规划自己的职业生涯。他们在做决定时，既了解社会的客观需求和竞争状况，也很了解自己的能力、兴趣和价值观，因此很容易做出恰当的职业生涯规划。

（二）顺从型

顺从型的学生是指顺从其他人为自己所做的决定。这些学生往往遇事不自己做决定，而是听从他人的安排，甚至被动地面对求职择业问题，把问题留给学校或亲人解决。他们的惯性思维就是：反正学校会推荐的，看看能推荐到什么样的单位；反正父母会帮我的，就让命运来决定吧！其结果必然是很难找到适合自己的理想职位。

（三）冲动型

冲动型的学生根据自己的感觉来做事，未经过认真思考就做决定。冲动型的决定有两种结果，一种是所做的决定恰恰是适合自己的，适合自己的兴趣和能力，也就是说刚好发挥了自己的优势力量，这样所选择的职业也契合了自己的生涯发展；另一种结果是只注重自己的感觉，而忽视了其他条件，比如社会市场竞争是否激烈，职业发展前景是否乐观、是否符合自己内心深处的需求等，这往往造成这些学生一踏上工作岗位就陷入始料不及的失望、无奈中。

（四）苦闷型

苦闷型的学生特别善于收集许多与自己或职业有关的资讯，却陷入这些资讯中难以做出取舍。这往往会造成这些学生在"过度信息"中徘徊太久而错失了很多良机。

（五）拖延型

拖延型的学生是以"得过且过"的心态来拖延对自己的重大决策做出决定，他们往往认为职业生涯规划对自己是没有用处的，即使学校老师安排了这门课程，他们也不会认真思考适合自己的职业生涯规划。例如，有的学生从来没想过自己想要过什么样的生活、想要选择什么样的职位、对什么样的工作感兴趣，等到最后一刻才决定要选择何种职位。

任务三　写好规划　点亮人生

就创导师领航

案例导入

一名优秀企业家的成长轨迹

美国知名企业家比尔·拉福读中学的时候就立志做一名优秀的商人。但他中学毕业后没有去读贸易专业，而是考入麻省理工学院工科中最普通、最基础的专业——机械制造专业；大学毕业后，他没有马上投入商界，而是考入芝加哥大学，攻读为期三年的经济学硕士学位；出人意料的是，获得硕士学位后，他还是没有从事商业活动，而是考取公务员；在政府部门工作了5年后，他辞职经商；又过了两年，他才开办了自己的商贸公司；20年后，他的公司资产已从最初的20万美元发展到2亿美元。

◎案例分析

比尔·拉福的职业生涯成功的规划路线图为：工科学习（工学学士）—经济学学习（攻读经济学硕士）—政府部门工作（锻炼处世能力，建立广泛的人际关系）—到大公司工作（熟悉商务环境）—开公司（致富）—事业成功。从中可以看出，比尔·拉福的职业生涯设计脉络清晰，步骤合理，充分考虑了自己的个人兴趣和个人素质，着重突出了职业技能的培养，这种职业生涯设计在他坚持不懈地努力下，终于变为现实，这也是他成功的关键。

◎案例讨论

话题一：如何对自我进行分析？

项目三　制定职业规划　点亮人生旅程

> 话题二：该如何制定自己的职业规划路线？
> 话题三：在大学生已经确定了自己的职业规划之后，为早日完成自己制定的职业目标应该如何付诸实践？

🔍 知识总揽

通过本次任务的学习，旨在帮助同学们了解设定职业生涯规划的路径，明晰职业生涯规划书的重要性以及具体编制要求，帮助学生结合自身实际，最终编撰出规范的职业生涯规划书。

设定职业生涯规划，就是让个人把焦点聚在一件事情上，瞄准目标，锲而不舍地做下去，成功就会向你招手。美国成功学大师安东尼曾提出的"成功的万能公式"（成功＝明确目标＋详细计划＋马上行动＋检查修正＋坚持到底）恰恰是职业生涯规划的范式。

一、职业生涯规划书的重要性

职业生涯规划就是对个体职业生涯乃至人生进行持续的、系统的计划过程。是针对个人职业选择的主观和客观因素进行分析和测定，确定个人的奋斗目标并努力实现这一目标的过程。换句话说，职业生涯规划要求根据自身的兴趣、特点，将自己定位在一个最能发挥自己长处的位置，选择最适合自己能力的事业。一个完整的职业规划由职业定位、目标设定和通道设计三个要素构成。

所谓"职业生涯规划书"，顾名思义，就是对自己的职业生涯规划的书面表述。规划书不仅能呈现大学生的宏观职业生涯规划，也能对具体的学习和工作起到指导和鞭策作用。在漫漫的职业生涯中，一份翔实的职业生涯规划书就是帮助我们保持航向，督促航行，时时提醒并帮助自己不迷失方向的地图、指南针、风向标。一份完整的规划书对职业生涯规划的制定和实施起着举足轻重的作用。

（一）整合作用

整合作用是规划书最基本、最重要的作用，在开展个人职业规划前，各种信息是凌乱的，实现目标的方法、途径是互不衔接的，通过规划书的完成，个人的思路得以梳理，目标得以肯定，各种信息资源得以分析，方法途径得以明确，信心得以增加。

（二）督促作用

目标如同山顶上的凤凰松，美丽而又骄傲，让人敬仰，却又不易接近，有一颗真诚、勇敢、奋进的心才可拥抱它，规划书如同追逐凤凰松道路上的石阶，它记录着自己前进的步伐，是自己不断努力的见证，有了规划书，目标、方法、途径得以展现，让自己脚踏实地，一步一个脚印，不断向梦想中的凤凰松靠近。

（三）改进作用

规划书如同自己的亲人，常伴你的左右，告诉你下一步的行动，帮助你明确自己的方向，又帮助你在前行的路上不断发现存在的问题，及时总结、修正和改进。

二、职业生涯规划书的撰写要求

（一）自我认知

结合职业发展、职业倾向、兴趣等，对自己进行客观分析。

（二）职业分析

对影响职业选择的相关外部环境进行较为系统的分析。

（1）家庭环境分析。如经济状况、家人期望、家庭文化等以及对本人的影响。

（2）学校环境分析。如学校特色、专业学习、实践经验等。

（3）社会环境分析。如就业形势、就业政策、竞争对手等。

（4）职业环境分析。主要包括：行业分析（如××行业现状及发展趋势、人业匹配分析）；职业分析（如××职业的工作内容、工作要求、发展前景，人岗匹配分析）；企业分析（如××单位类型、企业文化、发展前景、发展阶段、产品服务、员工素质、工作氛围等，以及人企匹配分析）；地域分析（如××工作城市的发展前景、文化特点、气候水土、人际关系等，以及人城匹配分析）。

（三）职业定位

（1）职业目标。将来从事（××行业的）××职业。

（2）职业发展策略。如进入××类型的组织、到××地区发展等。

（3）职业发展路径。如走技术路线或管理路线等。

（4）具体路径。如"××员—初级××—中级××—高级××"的路径。

三、职业生涯规划书的编制

（一）职业生涯规划书的格式

大学生职业生涯规划书的格式多样，常见的有表格式、条列式、复合式和论文式。

1. 表格式

这种格式的规划书为不完整的职业生涯规划书，常常仅写有最简单的目标、分段实现的时间、职业机会的评估和发展策略等几个项目，有的只相当于一份完整的职业生涯规划书的计划实施方案表，适合作为日常警示使用，如表3.2所示。

表 3.2　大学生职业生涯规划表

自我评估

	内容	结果
职业规划 自测结果	气质	
	性格	
	兴趣	
	能力	
	价值观	

	内容	结果
自我分析	个人形象	
	情绪情感状况	
	意志力状况	
	已具备经验	
	已具备能力	
	现学专业及学习程度	
	现有外语、计算机水平	

		称谓	姓名	单位、职业、职务
社会中的 自我评估	对你人生发展 影响最大的人	父亲		
		母亲		

		称谓	看法与期望
	他人对你的看法与期望	父母	
		其他家庭成员	
		朋友	
		老师	

环境与职业分析

人际关系分析		
	具体环境	影响内容
校园环境对你 成才的影响	学校	
	院系	
	专业	
	班级	
	寝室	

续表

	具体内容	实际状况
描述参加体验的职业状况	人才供应状况与就业形势分析	
	对人才素质的要求	
	对人格特质的要求	
	对知识的要求及学校中的哪些课程对从事该项职业有帮助	
	对能力的要求	
	对技能训练的要求	
	对资格证书的要求	
	每天工作状况	
	该岗位收入状况	
	该行业人士对所从事工作有何满意及不满意之处	
	该职业发展前景	
	建议学校增设哪些课程	
	其他	

建立初步目标

描述初步职业理想	职业类型		职业名称		具体岗位	
	职业地域		工作环境		工作时间	
	工作性质		工作待遇		工作伙伴	
	职业发展期望：				

目标SWOT分析	实现目标的优势：
	实现目标的弱点：
	实现目标的机会：
	实现目标的障碍：

职业生涯策略

	步骤	目标分析	提高的途径和措施	评估标准
大学期间	大学总体目标			
	第1学期			
	第2学期			
	第3学期			
	第4学期			
	第5学期			
	第6学期			

续表

步骤		目标分析	提高的途径和措施	评估标准
毕业后	毕业后第 1 年			
	毕业后第 2 年			
	毕业后 3～5 年			
	毕业后 6～10 年			
	毕业后 11～15 年			
	毕业后 16～20 年			
	毕业 21 年后			

生涯评估与反馈

自我评估	测评	学习成绩排名		综合素质状况	
		素质测评			
	获奖状况				
	自我规划落实状况				
	经验与教训				
父母评价与建议					
同学、朋友评价与建议					
老师评价与建议					
外因、内因评估					
职业目标修正					
规划步骤、途径及评估标准修正					

2. 条列式

这种格式的规划书具有职业生涯的主要内容，多做简单的表述，没有详细的材料分析和评估。文章简练，但逻辑性和说理性不强。

例如，某高校一毕业生运用"5W"归零思考法制定如下职业生涯规划：

（1）护理专业，校级优秀学生干部，并多次荣获校级优秀学生奖学金，大学英语六级，多次参加校级演讲、朗诵比赛；家庭经济状况一般；身体健康；性格不属于内向，但也不是特别活跃，相对喜欢安静。

（2）很想成为一名老师，这是自己儿时的梦想，心仪已久的职业；其次考虑成为医疗单位的一名护理人员。

（3）做过家教，虽然不是自己的专业，但与孩子交流有天生的优势，当被辅导的学生成绩进步时很有成就感；暑期曾在三级医院实习，虽然对护理工作不是特别热爱，但可以接受。

（4）近几年都有学校来院系招聘护理专业教师，但随着护理专业硕士研究生培养数量的扩大，招聘本科护理专业毕业生从事教师工作的学校越来越少；现今随着人口老龄化及最近生育政策的实施，护理行业人才需求量较大，根据自身情况及所取得的成绩在医疗单位就业不成问题。

（5）目标是到学校当老师，自己有这方面的兴趣和理想，在知识和能力方面并不欠缺，并且自己有信心成为学生心中理想的好老师。

3. 复合式

复合式即表格式和条列式的综合。

例如，某高职生编制了计划实施表（表 3.3）和详细的执行计划。

表 3.3　某高职学生的计划实施表

计划名称	时间跨度	总目标	分目标	策略和措施
短期计划（大学期间）	2021年9月—2024年6月	装备理论知识，加强动手操作能力，提高综合素质	通过计算机二级和英语四级考试，取得校奖学金，在各类技能比赛中获奖	认真学习，重视技能操作，参加计算机及英语辅导班，参加校系各类活动，临床实习时进一步提高自己的操作技能
中期计划（毕业后5年内）	2024年7月—2029年7月	适应工作，在工作中取得优异的成绩并提高个人从业等级	毕业后一年内取得护士资格证，第三年取得护师资格证	继续学习，将专业知识运用于实践中，不放弃外语学习；多与人沟通，向领导同事虚心请教

执行计划如下：

（1）二年级在学好专业课的基础上，通过计算机二级、英语四级考试。

（2）三年级在临床实习期间，虚心求教，将理论与实践相结合，提高护理操作技能。

（3）在掌握技术的同时，提高社会适应能力，做好踏入社会的准备。

（4）毕业后第一年掌握基本护理技能，了解护理精神，并取得护士资格证。

（5）毕业后第二年到第五年，主要做好职业生涯的基础工作，加强沟通，虚心求教。抓住机遇，经过不断的尝试、努力，初步找到适合自身发展的工作环境、岗位。

在工作上不仅要做到能掌握护理的所有技术，而且能熟练运用。最重要的还是取得护师资格。经常锻炼身体，形成良好的有规律的个人生活习惯。

4. 论文式

这种格式的规划书，以数据、调查结果为依据，对职业生涯的主要内容进行翔实的分析与论述，逻辑性与说理性强。

某学生职业规划书中的职业与社会环境分析如下：

2020年突如其来的新冠肺炎疫情，使世界经济和各国民生都受到了严重影响，我国餐饮行业更是面临生存危机——无法堂食对于餐饮企业来说可谓晴天霹雳，而外卖则成了商家们的救命稻草。就餐饮外卖业务而言，在保障居民生活的同时还积极推动了社会就业，并进一步延伸了业务边界，交出了超出预期的亮眼成绩。

据易观数据显示，截至2020年底，全国餐饮外卖用户规模接近5亿人，总计订单量达到171.2亿单，同比增长7.5%；交易规模同比增长14.8%，高达8 352亿，比之前机构预测的6 600亿多出1 750亿。在外卖品类不断扩充、配送日趋便捷、商家营业时间延长等多种因素的共同作用下，外卖的消费时间段从午、晚高峰向全天扩展。

除了半成品外卖，单人份的外卖订单同比去年翻了一番，在一、二线城市中尤为明显。在深圳，单人份外卖同比去年增长2.5倍，北京、上海、杭州、武汉、厦门等地的同比增幅也在1倍以上。

一线城市的异地消费订单也有显著增加。异地拜年、线上订单为亲人送上祝福，在2021年之后的节假日或许成为一种新趋势、新时尚。

一场突如其来的疫情，带动了整个餐饮行业许多认知层面的转变。如餐饮数字化、一体化转型的必然性；连锁特许加盟成连锁餐饮企业扩张的新选择；高频、低客单价的餐饮品类成新蓝海；餐饮企业供应链建设正在向"轻资产""专业化"转变。

（二）职业生涯规划书样例

内科护士长的成长轨迹

前言

庄子曰："且夫水之积也不厚，则其负大舟也无力……风之积也不厚，则其负大翼也无力。"职业生涯是人生的重要旅程，而在人生的道路上，重要的不是现在所处的位置，而是迈出下一步的方向。

职业生涯对每个人而言都在一定的时间内有效，如果不进行合理的规划就会浪费自己的时间和生命。作为已经工作过一年又来上学的我，很早就知道如果不为自己拟定一份职业生涯规划那么生活和工作就会没有了方向，就像大海里的一叶小舟，迷失方向不知所归，所以要充分地利用时间少走弯路，从而实现自己的人生价值。为了让我的人生更加精彩，我为自己设计的职业生涯规划如下。

自我认知

1. 个人概况

2015—2018年就读于某中专卫校

2018—2021某职业技术学院护理专业

2. 360度评估

评价类型	优点	缺点
自我评价	1. 开朗大方，喜欢沟通交流，做事积极向上，有明确的目标，有自信心、责任心，更重要的是我有很好的自控自学的能力 2. 做事稳重、踏实，有结构性和条理性 3. 学习、日常生活规范，做事之前能先制订好一系列行动计划 4. 能写得一手好文章，资料的综合整理能力较强 5. 善于接受新事物、新思想，敢于在新事物、新思想中发表自己的见解 6. 责任心、进取心强，对自己感兴趣的事情能坚持到底去做	1. 性格比较固执，有时候与朋友在争辩时放不下自我，企图说服别人接受自己的观点 2. 口头言语表达能力不强，容易让人产生误会 3. 逻辑推理能力差，有时比较专制 4. 对身边人的办事能力比较挑剔 5. 情绪化，遇到突发事件不够冷静 6. 有时说到做不到，不能按计划行事时，喜欢给自己的懒惰找借口
家人评价	1. 乖乖女，孝敬父母，尊敬长辈 2. 好竞争，上进心强，虚心好学 3. 做事勤快，认真负责，有计划、有条理 4. 写得一手好文章 5. 做事情要么不做，一做就不得了（弟弟评价） 6. 善于金钱管理，会做每个月的零花钱账目	1. 社会人际交往方面，口才能力不强（爸爸评价） 2. 比较感性，会因生活、学习中的某些小事而耿耿于怀 3. 挑食、偏食，不爱运动 4. 遇到困难时比较情绪化，爱哭 5. 有时太过好强，喜欢与弟弟争东西 6. 遇到不顺心的事情爱耍小脾气
老师评价	1. 勤奋、认真好学，上进心强 2. 做事踏实、勤恳，有目标、有计划 3. 上课专心，工作认真负责 4. 文笔好，有较强的写作能力 5. 爱钻研问题，勤思考	1. 比较少和成绩一般的同学沟通，有时讲话比较直性子 2. 考试成绩不理想时比较情绪化 3. 有时对自己定的目标和要求过高，对生活和学习中的许多事过于自信
亲密朋友评价	1. 务实，能一步一个脚印地去实现自己心中的梦想 2. 自信乐观，活泼热情，做事不拖拉 3. 责任心强，对自己所做的事情认真负责 4. 学习认真、勤奋，知道很多课本外的知识 5. 为人善良有爱心，珍视身边的小生命 6. 能虚心接受他人的意见，做事有主见 7. 喜欢与别人竞争，好强	1. 有时过于自信，计划的事说到了却做不到 2. 有时口才表达能力不够，容易让人产生误会 3. 不怎么跟不熟悉的人讲话，固执 4. 有时太实际，让人感觉很功利化 5. 有时太快改变自己的行事日程，让人觉得很不可捉摸

续表

评价类型	优点	缺点
同学评价	1. 开朗，活泼，自信，很有责任心 2. 头脑灵活，写作能力很棒 3. 喜欢钻研，挖掘新问题 4. 勤奋拼搏，为做到自己心目中的那件事不懈努力	1. 有时候过于娇气，遇到困难时爱哭 2. 不怎么和不熟悉的人交往、讲话 3. 常常制订了计划却不能按时按步去实行 4. 缺乏锻炼，体育活动参加得较少
其他社会关系评价	1. 做事情的计划性和条理性强 2. 争强好胜 3. 好学习，寒暑假能自觉广泛地阅览群书	1. 比较任性，有时会耍小脾气 2. 娇气、爱哭 3. 有时思想显得过于单纯

3. 分析总结

在评价我的优缺点时，我身边的人更多地集中到了我的学习和日常生活规范方面。其中，他们较为一致的优点评价是"做事情有计划、有条理""能写得一手好文章""争胜好强"；与之对应，他们较为一致的缺点评价是"任性、爱哭"，"常常制订了计划却不能按时按步去实行"。根据他们的评价，我重新审视了自己，确实受益匪浅。

职业认知

随着社会医疗水平的不断提高，对医护人员的要求都是"三高型人才"，即高素质、高水平、高能力型人才。截至2020年5月，我国注册护士数量达445万，大专及以上学历护理人员超七成，护理事业的团队更加强大，更加规范化，更加全面化，更重要的是对护理人员的要求更加严格化。据世界卫生组织（WHO）调查结果显示许多国家的护理人才紧缺，尤其是我国的护士数量远远满足不了需要，医护比例、护患比例严重失调，因此就为护理专业的毕业生提供了很大很好的就业空间。所以现在的我就要抓紧时间按照以下的标准去学习，才能更好地走向社会！

学习要求：

（1）知识方面。包括计算机应用基础知识和英语专业基础，要学好专业知识，能够熟练地运用各项护理技术，更重要的是有强烈的求知欲望。

（2）能力方面。要培养自己有较强的自学能力、良好的社交能力、动手操作能力和解决问题的综合能力。

（3）素质方面。要求自己能做到一个有思想道德素质、人文素质和科学素质的人，更要让自己成为有理想、有道德、有文化的全面发展型人才。

中专时的主要学科课程：正常人体解剖学、生理学、病理学、药理学、急救护理、重症监护学、内科护理学、外科护理学、妇科护理学、儿科护理学、基础护理学、老年护理学、营养与膳食、护理伦理学、护理心理学、健康评估、护理心理学、护理礼仪等。

中专时制定的基本要求：要严格要求自己学好各种理论知识和熟练掌握操作技能，做到理论联系实际。

中专时的职业目标：成为优秀的内科护士长。俗话说"不想当护士长的护士不是好护士"！我在上学的时候也非常喜欢内科护理学，认为它很适合我。因此我在临床实习的时候非常喜欢内科，我先后在呼吸内科、神经内科、心血管内科等科室实习过，尤其是在重症加强护理病房（ICU）实习的时候让我受益匪浅！内科的工作是很烦琐的，一不小心就会发生很大的医疗差错。内科的病人病情发展得也很迅速，不及时抢救就会出现生命危险。所以想要做好内科的护理工作最重要的是要有高度的责任心、细心、耐心，最重要的是要保持高度的慎独精神。在内科实习的时间里我总结了很多经验，也从老师那里学到了很多书本里没有的知识，所以为了能更加丰富自己的知识我来到了这所大学，继续学业深造。现在我的目标仍然是成为优秀的内科护士长。

路径设计：专科毕业—自考本科—临床工作—内科护士长。

职业规划与实施计划

首先，我认为"规划"就是有规律、有计划地向自己的目标前进，"时钟老人"每天都在和我们赛跑，所以我要设计一个良好的计划，才能让自己少走弯路顺利地到达属于自己的成功彼岸！

我的目标是成为一名优秀的内科护士长，以下为我的实施计划。

1. 大一期间

（1）努力学习专业知识及操作技能，通过大学英语四级考试。

（2）积极参与校内外各项文体活动，暑期参加社会实践。在学校担任学生会秘书长，提高自己的交际能力。

（3）期末考试平均分要在85分以上，坚持每天抽出一个小时时间背诵英语单词。

（4）获得国家奖学金，利用课余时间看一些自考本科的书籍，在毕业时能拿到"双证"。

2. 大二期间

（1）每周一至周五17:30—20:30去图书馆自习，完成当天的作业和预习工作。自学《内科护理学》。

（2）主修专业和辅修专业成绩保持在80分以上。

（3）每天21:00—22:00学习多方面课外知识，多进行人际沟通方面的知识学习。

3. 大三期间

大学生活即将结束开始到临床实习，因为我曾经实习过，临床工作了一年，获得了护士资格证，所以我可以利用别人实习的时间去工作，虚心向临床老师求教，在医院工作岗位上积极与老师和同事进行学习和沟通交流。

2021—2023年：利用两年的时间到不同的城市、不同的医院去进修学习，不断地提高自己的知识，丰富自己的视野。

2023—2027年：利用四年的时间综合自己在不同城市的所见、所闻、所感来加强自己的动手操作能力和领导能力、管理能力，不仅要不断地巩固以前的知识，还要学习新的临床课程，不断地吸取前辈的精华和汲取临床经验。随着社会不断地发展，到2027年社会对护士的要求会不断更新、更加严格，所以我要学好并加强护理礼仪方面的知识，然后在自己喜欢的内科里发挥自己的特长，一步步向护士长的目标靠近。

护理就业前景及国内现状

护士是一种神圣的职业。护士是指注册合格后取得护士资格证书，依照国家条例从事护理活动，履行保护生命、减轻痛苦、促进健康的有职责的卫生技术人员。所以我们现在要学好理论知识为以后打下坚实的基础。目前我国护理行业中护士数量严重不足已成为很多医院的普遍问题。按照国家卫生健康委员会规定：二级及以上医院全院病区护士与实际开放床位比不低于0.5∶1，重症监护病房护士与实际开放床位比不低于2.5∶3.1。截至2020年，我国护士缺口至少还有250万人。

护理工作的概念及护理职业道德的意义

护理工作是整个医疗卫生工作的重要组成部分，但它有其自身的相对独立性和特殊性，护理人员的道德水平关系到能否协调医生、护士和病人三者之间的关系，也直接影响到医疗质量。因此加强护理职业道德的研究和教育对提高护理工作者的道德修养具有重要意义。

护理道德是以革命的人道主义精神、高度的责任心、高水平的护理技术、优质的服务为病人提供良好的条件，以促进病人早日康复的综合工作表现。护理道德直接反映社会的文明程度，又是衡量护士的人文素质的重要标志。常言说"三分治疗，七分护理"，所以护士是医院技术中重要的力量，护理人员占医院技术人员的比例最大，专业性最强，涉及面广，与病人接触的时间最长，一个病人入院到出院所需的各项处理中有90%是与护士合作而完成的。因此一个医院的护理人员技术水平的高低和职业道德修养的好坏直接反映着医疗水平和医疗作风，更关系到病人的生命安危。作为新时代的护理学习者就要从现在开始抓起，要严格要求自己。既然选择了远方，选择了伟大的护理事业，就不要退缩，要一路前进，登上自己的胜利高峰。

备选方案

俗话说"计划赶不上变化"，可能会出现没有按照原计划完成我的职业生涯规划的现象。我对自己的整个计划做了详细盘点，觉得最有可能的就是专升本没有及时完成。假如专升本没有完成，我将做以下调整：

多花一年时间，一边上班、一边进行专升本，其余的计划不改变。

评估

评估从四个方面入手：

（1）从自身找原因。

（2）在校期间与同学讨论。

（3）向老师请教。

（4）在工作中向同事请教。

有计划前进是一个很好的开端，但是中间肯定会遇到不同的困难、不同的挫折。虽然困难来到了我们的脚下，但是我们不能被打倒，要勇敢地跨过去，我们坚持通过自己的努力达到自己的目标。任何目标如果不坚持都会是一场空，所以面对自己划定的计划必定要有一颗恒定的心。

结束语

以上是我个人的职业规划，我综合考虑了各种因素，我认为它很适合我，我也会按照自己设计的路径去走，努力地奋斗、拼搏！当然这里也有一些不足之处，请各位老师提出宝贵的意见！

拓知广识

四只毛毛虫的故事

毛毛虫都喜欢吃苹果，有四只要好的毛毛虫都长大了，各自去森林里找苹果吃。

第一只毛毛虫跋山涉水，终于来到一棵苹果树下。它根本就不知道这是一棵苹果树，也不知树上长满了红红的可口的苹果。当它看到其他的毛毛虫往上爬时，稀里糊涂地就跟着往上爬。没有目的，不知终点，更不知自己到底想要哪一种苹果，也没想过怎么样去摘取苹果。它的最后结局呢？也许找到了一颗大苹果，幸福地生活着；也可能在树叶中迷了路，过着悲惨的生活。不过可以确定的是，大部分的虫都是这样活着的，没想过什么是生命的意义，为什么而活着。

第二只毛毛虫也爬到了苹果树下。它知道这是一棵苹果树，也确定它的"虫生目标"就是找到一颗大苹果。问题是它并不知道大苹果会长在什么地方，但它猜想：大苹果应该长在大枝叶上吧！于是它就慢慢地往上爬，遇到有分枝的时候，就选择较粗的树枝继续爬。它就按这个标准一直往上爬，最后终于找到了一颗大苹果。这只毛毛虫刚想高兴地扑上去大吃一顿，但是放眼一看，它发现这颗大苹果是全树上最小的一个，上面还有许多更大的苹果。更令它泄气的是，要是它上一次选择另外一个分枝，它就能得到一个大得多的苹果。

第三只毛毛虫也到了一棵苹果树下。这只毛毛虫知道自己想要的就是大苹果，并且研制了一副望远镜。还没有开始爬时就先利用望远镜搜寻了一番，找到了一颗很大的苹果。同时，它发现当从下往上找路时，会遇到很多分枝，有各种不同的爬法；但若从上往下找路时，却只有一种爬法。它很细心地从苹果的位置，由上往下反推至目前所处的位置，记下这条确定的路径。于是，它开始往上爬了，当遇到分枝时，它一点也不慌张，因为它知道该往哪条路走，而不必跟着一大堆虫去挤破头。比如说，如果它的目标是一颗名叫"教授"的苹果，那应该爬"深造"这条路；如果目标是"老板"，那应该爬"创业"这分枝。最后，这只毛毛虫应该会有一个很好的结局，因为它已经有自己的计划。但是真实的情况往往是，因为毛毛虫爬行得相当缓慢，当它抵达时，苹果不是被别的虫捷足先登，就是苹果已熟透而烂掉了。

第四只毛毛虫可不是一只普通的虫，做事有自己的规划。它知道自己要什么苹果，也知道苹果将怎么长大。因此当它带着望远镜观察苹果时，它的目标并不是一颗大苹果，而是一朵含苞待放的苹果花。它计算着自己的行程，估计当它到达的时候，这朵花正好长成一个成熟的大苹果，它就能得到自己满意的苹果。结果它如愿以偿，得到了一个又大又甜的苹果，从此过着幸福快乐的日子。

第一只毛毛虫是一只毫无目标、一生盲目、没有自己"虫生规划"的糊涂虫，不知道自己想要什么。遗憾的是，我们大部分的人都是像第一只毛毛虫那样活着。

第二只毛毛虫虽然知道自己想要什么，但是它不知道该怎么去得到苹果，在习惯中的正确标准的指导下，它做出了一些看似正确却使它渐渐远离苹果的选择。而曾几何时，正确的选择离它又是那么接近。

第三只毛毛虫有非常清晰的人生规划，也总是能做出正确的选择，但是，它的目标过于远大，而自己的行动过于缓慢，成功对它来说，已经是明日黄花。机会、成功不等人。同样，我们的人生也极其有限，我们必须把握。那么单凭我们个人的力量，也许一生勤奋，也未必能找到自己的苹果。如果制订一个适合自己的计划，并且充分借助外界的力量，借助许许多多的望远镜之类的（在我们的现实生活中可以理解为找个贵人帮自己），也许第三只毛毛虫的命运会好很多。

第四只毛毛虫，它不仅知道自己想要什么，也知道如何去得到自己的苹果，以及得到苹果应该需要什么条件，然后制订清晰实际的计划，在望远镜的指引下，它一步步实现自己的理想。

其实我们的人生就像毛毛虫一样，而"苹果"就是我们的人生目标——职业成功。爬树的过程就是我们职业生涯的道路。毕业后，我们都得爬上人生这棵苹果树去寻找未来，完全没有规划的职业生涯注定是要失败的。

现代社会，规划决定命运。有什么样的规划就有什么样的人生。我们的时间非常有限，越早规划你的人生，你就能越早成功。要想得到自己喜欢的苹果，想改变自己的人生，就要先从改变自己开始，做好自己的职业生涯规划，做第四只毛毛虫。

（资料来源：根据搜狐网资料改编。）

深思明悟

（1）制定职业规划的步骤应该有哪些？
（2）制定职业规划应当讲究怎样的原则？
（3）若让你撰写一份职业生涯规划书，你会突出哪些方面？

勤行践学

职 业 访 谈

一、活动要求

职业访谈是帮助大学生在校期间开展职业探索，完成职业生涯规划的重要环节和途径，通过职业访谈使同学们更多地了解和认识职业需求、职业环境。

二、活动内容

1. 访谈对象

（1）访谈单位的人力资源部门负责人或相关工作人员。
（2）访谈单位目前从事该项工作的员工。
（3）访谈单位目前从事该项工作的往届大学毕业生。

2. 访谈问题

（1）你认为从事这项工作需要具备哪些基本的职业素质和职业技能？
（2）对应聘这一岗位的应届大学生有哪些具体的要求？
（3）在从业过程中，可能遇到的问题和困难有哪些？

三、活动总结

撰写"职业访谈报告"并与其他同学交流。

交互式测试

项目三

模块二
择业就业篇

2020年7月23日,习近平总书记在中国一汽集团对青年大学生讲道:"大学生就业,今年面临一些困难,疫情的影响。但是党和政府还是全力以赴,把它作为今年经济工作的重中之重,解决民生问题的重中之重,争取使我们的大学生都能找到工作。我们大学生的择业观也要摆正。找到自己的定位,投入到踏踏实实的工作中,实现自己的人生理想。"

真正有作为的青年大学生,择业不以享乐为标准,要学会适应社会需求,只有奋斗的人生,才会更加幸福。青年大学生也必须要摆正择业观,要到祖国最需要的岗位上去,要善于在各行各业的岗位上为党和人民建功立业,实现人生抱负。

项目四

明确职业选择　做好求职准备

▶ **学习目标**

- 熟悉就业宏观形势和市场需求，认识到职业选择的重要性。
- 学会收集和整理就业信息，能够撰写个人求职材料。
- 树立正确的择业观，认识择业误区，增强择业意识。

▶ **导思启学**

笃 思 明 辨
——适合自己的才是最好的

【主旨例说】

本案例讲述了大学生小杰在临近毕业时，面对严峻的就业形势，因焦急且缺乏职业选择的意识，从事了一份不适合自己的工作。小杰在不适合自己的岗位上不仅无法投入工作热情，也无法实现个人价值并为企业创造更多的价值。由此可见，大学毕业生在就业前审视自己和审视职业的重要性。

【品文哂例】

小杰在毕业前期，一直是以"先择业"为指导方针的，但是因为就业市场供大于求，而他又缺乏择业的判断标准，同窗好友、至爱亲朋们七嘴八舌的"高见"搞得他一头雾水。临近毕业，眼看着同学们陆续找到了"东家"，而自己却高不成低不就，面对父母期盼的眼光，小杰有点急了。这时，恰巧有家国有企业对他颇有意向，抱着"先就业再说"的想法，小杰成了该国企市场开拓部的经理助理。但是在工作了一年以后，小杰仍然觉得不适应，整天面对文件和会议，一点工作的激情都激发不起来，这时的小杰很后悔当初没有"先择业，再就业"。

显而易见的，如小杰般，找到一份不适合自己的工作，就无法激发工作的热情，得不到好的回馈，这更降低他们的工作积极性，很快就会进入一种恶性循环……

如果大学生能对自己的兴趣、性格特长多一些了解，对职业多一些认识，那么就会对求职多一份把握和自信。明确的职业目标、具体的规划和求职准备，会帮助大学生更快地开启属于自己的事业。

（资料来源：根据百度文库资料改编。）

【以析启智】

英国哲学家罗素说过："选择职业就是选择将来的你自己。"大学毕业生从学校步入社会，是人生中一个重要的转折点。在"双向选择"的择业过程中，根据自己的理想、兴趣、能力、特长选择职业，在竞争中取得就业机会，获取理想的就业单位。然而，想要在激烈的竞争中脱颖而出并非易事，知识、能力、体质等综合素质固然重要，择业前的准备也不容忽视。要选择适合于自己的职业，"知己"只是一个方面，另一个重要的方面是"知彼"，即要了解职业信息。毕业生要想取得就业成功，必须在择业之前做好充分的准备工作。

【以思明理】

探究一：大学生要想在毕业后快速找到合适的工作，应该如何认识自己？

探究二：大学毕业生该如何了解职业信息，从而在择业前做好充分的准备工作？

探究三：为了找到心仪的工作，大学毕业生需要准备哪些求职材料？

任务一　把握方向　做好选择

▶ 案例导入

选择比努力更重要

有一个非常勤奋的青年，很想在各个方面都比身边的人强。经过多年的努力，仍然没有长进，他很苦恼，就向智者请教。智者叫来正在砍柴的三个徒弟，嘱咐说："你们带这位施主到五里山，打一些自己认为最满意的柴火。"年轻人和智者的三个徒弟沿着门前湍急的江水，直奔五里山。

等到他们返回时，智者正在原地迎接他们——年轻人满头大汗、气喘吁吁地扛着两捆柴，蹒跚而来；两个徒弟一前一后，大徒弟在扁担左右各担了四捆柴，二徒弟轻松地跟着。正在这时，从江面飞来一个木筏，载着小徒弟和八捆柴禾，停在智者的面前。

年轻人和两个先到的徒弟，你看看我，我看看你，沉默不语；唯独划木筏的小徒弟，与智者坦然相对。智者见状，问："怎么啦，你们对自己的表现不满意？""大师，让我们再砍一次吧。"那个年轻人请求说，"我一开始就砍了六捆，扛到半路，就扛不动了，扔了两捆；又走了一会儿，还是压得喘不过气，又扔掉两捆，最后，我就把这两捆扛回来。可是，大师，我已经很努力了。"

"我和他恰恰相反，"大徒弟说，"刚开始，我俩各砍两捆，将四捆柴一前一后挂在扁担上，跟着这个施主走。我和师弟轮换担柴，不但不觉得累，反倒觉得轻松了很多。最后，又把施主丢弃的柴挑了回来。"用木筏的小徒弟接过话，说："我的个子矮，力气小，别说两捆，就是一捆，这么远的路也挑不回来，所以，我选择走水路……"

智者用赞赏的目光看着徒弟们，微微颔首，然后走到年轻人面前，拍着他的肩膀，语重心长地说："一个人要走自己的路，本身没有错，关键的是怎样走；走自己的路，让别人说，也没有错，关键是走的路是否正确。年轻人，你要永远记住——选择比努力更重要。"

◎案例分析

人生是一个个选择、一个个十字路口，选择忠于内心的道路，能够尽快找到属于自己的生活节奏，实现自己的价值。选择实际上是为自己找一个适合自己的方向，虽然目标选择正确也并不意味着成功，但正确的目标选择加上不懈的努力才能接近和达到目标。21世纪的今天，面临严峻的就业形势和巨大的就业压力，大学毕业生要懂得"选择比努力更重要"，要清楚自己具备哪些资源，喜爱什么，能做什么，适合自己的选择才是最好的选择。

◎案例讨论

话题一：如果你是这位青年，你会怎么做？

话题二：你如何理解努力和选择两者之间的关系？

话题三：为了做好求职准备，大学生应该提前考虑哪些问题？

知识总揽

本次任务的学习，旨在从就业宏观形势、市场需求、就业误区、就业新观念几个方面，引导同学们做出正确的选择，适应社会的发展需要。

一、了解就业宏观形势

2020年7月9日，由麦可思研究院撰写的《2020年中国大学生就业报告》（就业蓝皮书）正式发布。报告的研究对象为毕业半年后（2019 届）、三年后（2016 届）和五年后（2014 届）的普通高校大学毕业生。从城市分级看，本科毕业生选择在"新一线"城市（2020 年《第一财经周刊》评选出 15 座"新一线城市"依次为：成都、重庆、杭州、武汉、西安、天津、苏州、南京、郑州、长沙、东莞、沈阳、青岛、合肥、佛山）就业的比例从 2015 届的 22% 上升到 2019 届的 26%，而在一线城市就业的比例从 2015 届的 26% 下降至 2019 届的 20%；高职毕业生选择在"新一线"城市就业的比例从 2015 届的 17% 上升到 2019 届的 23%，而在一线城市就业的比例从 2015 届的 19% 下降至 2019 届的 15%。随着经济的增长的速度趋于缓和，无论是"新一线"城市，还是一线城市，大学生就业压力依然严峻。

大学生面临的就业问题，按其性质可划分为三种类型，即普遍性就业问题、结构性就业问题和个人选择性就业问题。在我国，普遍性就业问题一直存在，但结构性就业问题和个人选择性就业问题日趋严重。

（一）普遍性就业问题

高校的不断扩招使高等教育由精英化向大众化转变，从而间接导致企业招聘时对毕业生学历要求越来越高。某些领域及职位对于学历的要求其实并没有那么高，但由于毕业生供大于求，实际招聘学历虚高，这在浪费人力资源的同时，造成了毕业生就业难的问题。

（二）结构性就业问题

在新冠肺炎疫情防控常态化的背景下，面对我国经济转型升级、国际战略博弈等多方面影响，国内部分行业用人需求减少，加剧了人才市场供大于求的局面。具体来说，结构性矛盾主要体现为：一是不同学校和专业之间的需求差异明显，全国重点大学的学生颇受青睐；二是部分高校教育针对性不强，专业设置不合理；三是毕业生就业难和用人单位招工难现象并存，一方面大学生就业期望值越来越高，另一方面先进制造业和现代服务业普工难招、技术技能人才短缺。

（三）个人选择性就业问题

个人选择性就业问题表现为宁肯待业也不愿去填补缺额。其实，大学生找工作并不难，难的是找一个称心如意的工作。首先是大学生职业价值取向和就业观念不符合实际而导致失业。据麦可思研究院"就业理想国——2015 届毕业生求职期待分析"：毕业后首要打算是找与专业相关的工作（高职高专 54.7%，本科为 51%，硕士为 66.7%）；"国有企业"是本科生和高职生最理想的雇主（高职高专、本科：37%），硕士则钟情于"政府机构/科研事业单位"（37%）。而作为现实中签约大户的"民营/个体企业"对毕业生的吸引力相对较低（高职高专为 24%，本科为 15%，硕士为 7%）。其次，大学生综合素质不高，与用人单位需求不匹配。如在应聘时紧张、胆怯、表达能力差，从而错过了很多就业机会。个人选择性就业问题成为目前大学生就业问题中最明显也是最突出的一个问题。

二、掌握市场需求

市场需求是毕业生择业的风向标。从某种意义上来说，毕业生能否找到合适的工作，关键在于能否适应和把握市场需求。因此，毕业生在择业时，一定要对症下药，按照市场需求规律办事。

（一）市场分类

根据毕业生特定群体的求职特点，针对高职毕业生，可将就业市场划分为两类：高职毕业生就业市场和毕业生人才市场。

1. 高职毕业生就业市场

高职毕业生就业市场是以国家教育行政主管部门、地方政府教育行政主管部门和各高职学院为体系的人力资源市场。高职毕业生就业市场主要面对的群体是高职毕业生，举办地点大多在学校，举办时间一般为第三学年上半学期至下半学期的5月底左右，目的是为企业和高职毕业生牵线搭桥，推动毕业生顺利就业。

2. 毕业生人才市场

毕业生人才市场主要是以国家人事行政主管部门、地方政府人事行政主管部门为体系的人力资源市场。这类市场面对的群体不仅包括高职毕业生，也包括其他高等院校毕业生，这类人才市场的举办机构还可以为毕业生办理档案保管、人事代理、毕业派遣等手续，如省市大中专就业指导中心。

（二）市场特点

毕业生就业市场和人才市场是毕业生择业、企业招聘的主要场所。毕业生只有更好地了解市场特点，才能更好地把握市场脉搏，调整就业方向，实现个人的梦想。

1. 薪酬逐渐明朗化、合理化

随着国家对就业市场、人才市场管理力度的加大，备受高职学生关注的薪酬越来越明朗化、合理化。从市场上可以看出，现在越来越多的招聘单位对招聘岗位给出了明确的薪酬水平，这在以往的人才招聘会上是不多见的。而且，薪酬水平越来越接近招聘岗位的真实价值，挤去了以往薪酬存在的许多"水分"。

2. 人才派遣越来越受欢迎

随着人事制度改革的不断深入，人才派遣方式越来越受到了企业的欢迎。它有六个优点：一是人事管理简便，提高企业管理效率；二是用人机制灵活，提高了员工管理的效能；三是避免人才流失，提高企业竞争力；四是降低人事管理成本，提高企业经济效益；五是规避人才无序流失，减少劳资纠纷，维护企业信誉；六是分散用人风险，享受高质量专业服务。

3. 非公经济企业人才需求强劲

据南方网统计，三资企业和民营企业的需求量占用人单位需求总量的七成，国家机关和事业社团的需求量仅占用人单位需求量的4%。从男女比例上，招聘需求为男性的占总需求量的57%。

4. 网络招聘盛行

经过几年的发展和完善，网络招聘以其方便快捷、低成本、无区域限制、资源丰富等特点，越来越受到企业和求职者的青睐。对企业来说，支付几千元的费用可以在网上把招聘信息发布一年，而且还不受地域限制；对毕业生来说方便快捷，只要浏览职位网上投递简历就可以了，不用四处奔波去找工作，也不用面对招聘会拥挤不堪的场面。尤其在疫情防控常态化背景下，网络招聘为招聘单位、求职者提供更安全、更便捷的招聘服务。

（三）用人标准

一般来说，用人单位是根据招聘岗位的职责和具体要求来拟定单位的用人标准。因此，对于大学毕业生而言，如果想在激烈的市场竞争中找到合适的岗位，就必须要了解企业的用人标准。概括来说，应掌握几类主要岗位的用人标准。

1. 工程技术类职位

工程技术类职位要求毕业生具备组织实施和解决各种工程技术实际问题的相关专业知识和能力；要求毕业生工作认真、吃苦耐劳、责任心强，能理论联系实际。

2. 管理服务类职位

管理服务类职位要求毕业生具备相关的专业知识，具有相应的组织能力、社交能力、公关能力、表达能力，具有认真负责、坚持原则、勇挑重担的精神。一般而言，在学校有过社会工作经历或参加学校学生会或者社团的学生干部，往往更能得到用人单位的青睐。

3. 新闻媒体类职位

新闻媒体类职位要求毕业生除具备扎实的专业知识和技能之外，还要有很强的政治敏锐性，要有捕捉新闻的能力。同时要有良好的写作能力和口语表达能力，能够承受压力。一般来说，如果毕业生有在报社、杂志社兼职或发表作品的经历，更受企业的青睐。

4. 语言类职位

语言类职位要求毕业生至少精通一门外语，能独立地沟通、交流、书写。同时要求毕业生具有积极热情的工作态度、良好的沟通能力和较强的亲和力；具备较好的压力承受能力，能够适应有一定强度的工作要求。

5. 医疗卫生类职位

医疗卫生类职位不仅要求毕业生掌握广博的医疗知识，具有较强的分析和诊断病情的能力，而且要求毕业生具有良好的心理素质和高尚的品德，"视人的生命高于一切"。

三、识别就业误区

面对复杂的就业形势，大学生由于缺乏必要的社会信息与分辨决策能力，往往在焦灼的心态驱使下，病急乱投医，陷入种种误区中。

（一）误区之"学历越高越好找工作"

"大学生就业难的原因是自己学历太低，学历越高越好找工作。"抱着这样的想法，很多同学都把专升本、考研、读博、出国留学等作为自己的奋斗目标，期待今后能找到更好的工作。这是一种选择，但不是所有人都能实现自己的梦。总有人因考不上还要去重新就业，即使考上了将来还要面临就业的压力和竞争。

原因分析：缺少对学历和学力的正确认识。学历是指在学校结业或毕业之后得到的一纸文凭；而学力指学习能力、动手能力和知识水平，学历和学力的相同点在于都需要学习和努力的过程。学历并不是一纸空文，它可以体现出在一段时间内一个人通过努力所获得的学习经历和能力。但前者是可预见的，而后者是无止境的，在很大程度上后者可以锻造前者，前者不一定能真正拥有后者。可见，仅一字之差，学力与学历的内涵却千差万别。

解决方案：大学生不能简单地认为考进了大学，拿到学历就可以找到一份期望中的工作，从而放松对学问和学力的追求。就业环境是在不断变化的，但不变的是用人单位总希望招聘到具有真才实干的优秀人才。因而大学生要时刻保持努力向上，不断学习和充实自我的精神状态，以免择业时陷入"学到用时方恨少"的窘境。

知识补给：部分名企用人标准

（二）误区之"技能越多、证书越多越好找工作"

许多大学生认为学习的技能越多、证书越多越好找工作，于是盲目地参加各种培训班。某报纸曾报道过大学生求职需花费1 000～8 000元，而大部分费用都是花在参加各种培训班上，如驾驶培训、英语等级培训、计算机技术培训、各种认证培训等。

原因分析：就业目标定位较模糊。"考证"逐渐成为大学校园里的一股热潮，甚至不少大学生为了准备"考证"而置专业学习于不顾。这是因为部分同学认为考证有利于将来就业竞争力的提升，证书是求职必备的"敲门砖"，殊不知，在求职过程中，用人单位更看重求职者的个人知识储备和实际工作能力。与此同时，盲目从众和攀比的心理也在一定程度上推动了"考证热"的盛行。

解决方案：大学生应当科学合理制定生涯规划，明确就业目标，按需选择，不能片面地追求一纸证书，要把自己的认证考试和自己的特长以及未来将要从事的工作结合起来，有选择性地考证，选择时要多结合自己的优势和长处，才能让证书发挥最大

107

的效力。

(三) 误区之"没有工作经验是就业的最大障碍"

许多企业在招聘时都特别强调工作经验,学生被拒之门外。大学生刚毕业哪来工作经验?谁又能为在校学生提供积累工作经验的机会?显然这是一个矛盾。"没有工作经验是就业的最大障碍",在这种思想的指导下,为增加工作经验,学生不惜抛弃在学校的学习时间,来保证校外打工实践。由此,学生一族成了假期的廉价劳动力。

原因分析:缺少明晰的就业自我认识。许多毕业生在择业时不从自身实际和社会需求出发,表现出一定盲目性,一味追求热门的岗位,而热门的工作岗位竞争压力大,要求自然也高。此外,大学生对自身的气质、兴趣、知识、技能、性格和个性特征等缺乏正确的认识,忽视自己与应聘岗位的匹配性。

解决方案:大学生应关注有关就业问题的新闻报道,充分认识就业市场的需求,对自己有一个客观、公正的评价和正确的认识,明确了自己最大优势后,找准自己的位置,确定要找什么样的工作。工作经验不足的大学生可以对于过往的经历(如在校实习、社团活动、校园实践项目等)进行归纳、提炼,表明自己在工作领域有可发挥的潜质。大学生在认清自己的基础上也要有效调整心态,如果经验不足,则不要好高骛远地把大公司、大企业作为目标,应优先选择与自己的知识、能力相匹配的岗位。

四、树立就业新观念

在今天,"创新"被提到了一个前所未有的高度。这个"新"字不仅仅应用于高速发展的科技领域和商务领域。同时,对于这些走出校园的大学生们来说,在日趋激烈的求职市场上,也需要不断转变陈旧思想,顺应社会的发展和国家的需要,并把这些与自身的特点有机结合起来。

(一) 踏上那片你未曾开采的土地

有些大学生为了留在北京、上海、广州、深圳等大城市,为了落户一线城市,有的甚至去做一些无任何技术含量的工作,舍弃原来自己的职业规划,荒废了专业知识。最后才发现,一直在不停追求的东西不仅没有得到手,反而失去了更为珍贵的东西——经验和能力的提高。

很多"好的工作"只是别人眼中的不错,"好的"并不意味着适合自己。中国地大物博,总会有属于你的那片土地,总会有一片令你乐于播撒青春热情的土地。

"是金子到哪里都会发光的",所以,对于刚毕业的大学生来说,不要总守着或执着地追寻着那方寸土。放开视野,为自己去寻找更广阔的发展空间吧!

(二) 在新的领域中发挥自己的潜力

当大学生村干部逐步进入了大学生的脑海中的时候,当越来越多的大学生响应国家"乡村振兴"战略号召而进入这个行业的时候,人们逐步意识到:现在有越来越多新兴职位,已经不再是以前旧观念下的职位概念了。随着职业面的拓展,大学生们获得了更多的求职机会。因此,在选择的时候,不应仅仅停留在原来意义上的职业上,应放宽眼界,转变观念,把握更多展示、学习的机会。

现在,越来越多的学生们正在改变着以往那种要去国家机关、要去国企的观念。那些父辈们曾经指望儿女们挤进的"铁饭碗"行业早已慢慢退出人们的视线。很难再看见"一生坐守一个阵地"的情形了。一方面,"青出于蓝而胜于蓝""长江后浪推前浪"的势头给在职人员很大竞争压力;另一方面,也为职场后生力量——大学生提供了更多的机会。

大学生村干部只是顺应社会和时代需要的新兴职位中的一个,随着经济的发展,必然还会有更多新职位的派生。因此,大学生们应该对这些新职位给予多些关注,来缓解激烈的竞争压力。同时,也不要盲目地追寻,在选择这些职位的时候,应该收集相关职位信息,看和自己的性格、专业是否匹配,在新的领域发挥自己的潜力。

(三) 一步到位只是幻想

职业生涯的发展需要一个漫长的过程,绝非一蹴而就的事。它需要人们付出耐心而持久的努力。在这一过程中,日积月累的行动必不可少,无数琐碎的努力最终会像涓涓细流一样,汇聚成势不可挡的汹涌浪潮。

一个有理想的人只要不辞辛苦,默默地在自己脚下多垫些"砖头",就一定能够看到自己渴望看到的风景,摘到挂在高处的诱人果实。一步到位的思想是有害的,急于求成是永远不会获得想要的结果的,只有脚踏实地,才是获得成功的上策。

案例品读:"先就业后择业"让他快乐前行

(四) 机会就在兢兢业业中

当然,无论最终你选择了哪个企业,都应该脚踏实地,勤学好问。把握身边一切可以学习的机会——这种机会,不仅仅是业务上的逐步熟悉,更重要的是学会如何更快地融入社会,如何接受企业的文化,如何和同事协同并进,如何待人接物。每个人都应该敬业,珍惜自己所从事的工作。在世俗的经济生活中,就需要人们都能抱有这样的人生态度和使命感,把职业当作生命中重要的一部分。你只要用心对待它,它就会给你相应的回报。

自我评测:毕业生典型调查

处于新世纪战略机遇期的大学毕业生,所面临的时代是一个快速变革的时代,只有"变"是不变的。面对不断变化的新形势、新问题,要有新理念、新思路,以创新的观念,突破传统的就业观念的束缚,进一步拓宽就业渠道,自觉树立自主创业的思想观念,主动到基层就业,努力实现多渠道、多形式的科学择业。在很多基层单位,冷门专业的毕业生都会受到热情的欢迎。

任务二　拓展渠道　锁定目标

案例导入

家里有粮心不慌

在某高职毕业生宿舍，小赵在计算机前不停地查找着各种招聘网站的信息，新职业网、智联招聘、前程无忧……他根据自己的专业和兴趣选择着就业岗位。虽然现在是冬末春初，仍有大滴大滴的汗水从他额头滚落。而他邻床的杨阳早已胸有成竹，手中早就握着几个单位的就业意向书，从民企到国企，杨阳有些犹疑不决，但脸上溢满灿烂神情。

是什么让同一个专业、同一个宿舍的他们在就业的重要关头面临不同的境况呢？原因在于他们对于就业信息掌握的情况不同。

小赵只是单一地将搜集就业信息定位在传统的网站搜索，杨阳则有更多的想法，他说："我觉得自己能在就业上脱颖而出，主要是因为手头有很多就业信息可以选择。从综合学校就业指导中心提供的就业信息，到我自己去心仪企业网站链接上搜集招聘资讯，我在尽可能多地搜集和利用就业信息，我是赢在了起跑线上。"

◎案例分析

找工作方向的信息，特别是对一个刚毕业的学生来说是非常重要的，择业决策的过程实质上是一个与择业有关的信息搜集、处理和转换的过程。

◎案例讨论

话题一：你知道哪些就业信息获取渠道？

话题二：请谈谈就业信息获取中存在的问题？

话题三：获取的就业信息需要怎样整理与分析？

知识总揽

本次任务的学习，旨在帮助同学们广泛地、全面地、准确地收集和处理与择业有关的各种信息，为择业做好充分的准备。

择业的成功，不仅取决于整个社会的经济情况和个人自身专业、体力及能力，还取决于个人对机遇的把握。会选择职业的人，首先是会收集就业信息的人。就业竞争在一定程度上就是拥有信息量的竞争，谁掌握的信息越多，谁的就业视野就越开阔，谁就在竞争中争得了主动权。

一、求职的"阶梯"

就业信息对于每一位谋求工作的毕业生来说至关重要。择业决策的过程实质上就是一个与择业有关的信息搜集、处理和转换的过程。在择业过程中，无论是职业目标的确定、求职计划的设计，还是决策方案的选择，就业信息的搜集和处理都是基础。我们需要收集哪些信息呢？

就业信息的内容十分广泛，一般分为宏观信息和微观信息两种。

宏观信息是指国家的政治经济情况，国家或地区社会经济的方针政策规定，国家对毕业生的就业政策与劳动人事制度改革的信息，社会各部门、企业需求情况及未来产业、职业发展趋势所要求的信息。掌握这些信息，就可宏观地把握就业方向。同学们在校期间，要关心国家政策的重大改革，这对确立宏观的择业方向有着重大的意义。

微观信息则是指某些具体的就业信息。如用人单位的需求情况、发展前景、需求专业、条件、工资待遇等。这些信息是在大学即将毕业时所必须搜集的具体材料。

（1）地方的用人政策。如某市各区县招聘的政策、人事代理政策、落户政策等。

（2）用人单位的信息。在选择单位时，往往会出现这样一些错误：对用人单位情况不甚了解，于是在择业时带有随意性和盲目性，如只挑城市而不问用人单位的性质、业务范围；还有的只图单位名称好听就盲目拍板等，这些都是片面的。那么如何避免一些假象，做到对用人单位有比较客观理性的评价，关键在于掌握用人单位的信息。主要包括：

① 用人单位的准确全称，如单位性质，主管部门等。

② 用人单位联系方法，如人事部门联系人、电话、通信地址、邮政编码等。

③ 用人单位需要的专业、使用意图，具体工作岗位。

④ 用人单位对需要的人才的具体要求。

⑤ 用人单位的综合规模、整体规划、发展前景、地理环境、企业文化等。

⑥ 用人单位的福利待遇（包括工资、福利、奖金、住房以及继续教育等）。

需要注意：在与用人单位达成一致性协议之前，应对其做好充分翔实的调查和了解，以免铸成大错；收集信息要注意其时效性，宜早不宜迟；收集信息，在内容上要注意广泛性，在空间上要注意全面性，要广取博收、加以分类。

二、就业信息获取途径

就业信息既包括国家地方的就业政策，也包括用人单位的需求情况。大学生获得就业信息的渠道主要有以下八个方面。

自我评测：
招聘启事
解读

（一）学校的主管部门

各学校的毕业生就业指导机构是学校专门负责毕业生就业工作的常设机构。在长期的工作交往中，他们与上级主管部门、各级就业指导机构以及用人单位有着密切的联系，他们所提供的就业信息，无论是数量还是质量，都有明显的优势，因而是毕业生获得就业信息的主要渠道。学校收集的信息都会及时传至各系（处），或发布在学校网站的就业信息栏中。

（二）各种招聘和双向选择活动

各地方、学校或用人单位举办的规模不等、形式多样的"双选"活动或招聘会，往往具有时间集中、信息量大、针对性强、双方了解直接的特点，是毕业生了解信息、成功择业难得的机会。特别是以学校为主体举办的招聘活动，专业更对口，用人单位更有选人的诚意，应格外重视。

（三）人才交流中心和人才市场

其主要职责是制定所辖区的毕业生就业政策，为毕业生就业提供各种咨询与服务，每所人才市场都积极为毕业生提供大量的真实可靠的就业信息。

（四）新闻媒体

各种传统新闻媒体如报刊、电视、广播等都为毕业生就业政策、就业信息设立专题、专版或专刊，为毕业生提供就业信息与政策开辟了重要的渠道。需要特别注意的是，这种信息传播面广、竞争性强、时效快、成功率较低，而且其内容往往比较笼统，如果选用还应做进一步的了解。一些用人单位常常通过上述大众传媒简要介绍本单位的现状、发展前景和人才需求信息等。

（五）家长、亲友、老师和校友

家长、亲友、老师和校友等与社会诸多方面有着千丝万缕的联系，毕业生可通过他们了解针对性更强的社会需求信息。这种信息针对性更强，通常具有毕业生所希望的行业或地区的定向性，对用人单位可以进行更具体的了解，易于双向沟通。学校老师通过实践性教学工作，与一些专业对口的单位有着密切联系；本校校友大多是在专业对口单位工作，通过他们了解到的就业信息，更具有准确性，他们引荐的就业机会往往可信度更强，成功率更高。

（六）网上求职

网上求职是互联网时代背景下应届毕业生获取招聘信息最多、最便捷的地方。综合招聘平台主要包括各级应届毕业生求职网站，以及智联招聘、前程无忧、BOSS直聘等专业的互联网招聘网站。优势在于信息全面，能够开阔就业思路，并且可以利用招聘网站的筛选功能限定专业、学历、城市、岗位等，提高应聘效率和精准度，也可利用简历模板进行海投，扩大应聘广度。建议关注多个招聘网站，避免信息遗漏，但也需注意分辨信息真伪（如用天眼查等软件核实企业信息等）以及评估岗位

知识补给：
网络求职站

与自身的匹配程度。此外，还应留意行业招聘网站信息，如医疗行业的丁香人才网、科研行业的科学网等，这类网站针对性更强。

（七）社会实践与毕业实习

通过毕业实习及平时的各种课外实践活动，了解用人单位，并让用人单位了解自己，这是毕业生在求职择业过程中，增进彼此了解的最好途径。各地建立的见习机制是大学生社会实践重要、可靠的途径。

（八）直接询问

通过企业官网、114查询等途径掌握各单位地址、电话，通过打电话、写求职信或登门拜访获取用人信息。这种渠道主动性强、盲目性大、准确性低。但是，偶然的机遇，也有成功的可能，在缺乏就业信息的情况下，这也不失为一种获取信息的渠道。

当然，收集信息的途径还很多，关键在于掌握主动权。

三、就业信息收集方法

就业信息收集有多种方法，不同的收集方法具有不同的要求和性质，需要学生在实际就业信息收集过程中加以综合利用。对于学生而言，目前比较有效的就业信息收集方法主要包括以下四种。

（一）目标锁定法

每个学生都有自己的职业理想和就业取向，首先应在坚定自身职业理想、明确自身就业取向的基础上，合理选择那些能够满足和适应自身职业理想和就业取向的单位，并把这些单位作为自己重点关注的对象；其次要采取各种途径全方位、多层面和综合化地收集各种能够反映这些用人单位的信息，包括发展历史、企业文化、产品结构、市场范围、技术水平、竞争优势、用人理念、员工待遇等，特别是人力资源管理制度和水平；再次要从这些单位发布的就业信息中找到适合自己的部门、岗位，并且明确这些部门、岗位的工作职责、工作内容、工作要求、工作特点和工作方法，客观评价自身的素质和能力是否具备相应工作岗位的要求；最后要精心设计一份求职简历，按照用人单位要求合理设计、及时投递。

（二）社会资本法

对于学生而言，社会资本就是学生拥有的各种社会关系。目前，社会资本在学生就业过程中扮演着十分重要的角色。毕业生要充分挖掘、利用自己拥有的社会资本，使自己获得难得的求职机会。

（三）定方向搜集法

根据自己选定的职业方向和求职的行业范围来搜集相关的信息。这种方法以个人的专业方向、能力倾向和兴趣特长为依据，便于找到更适合自己特点、更能发挥作用的职业和单位。需要注意的是，当你选定的职业方向和求职范围过于狭窄时，有可能大大缩小你的选择余地，特别是你所选定的职业范围是竞争激烈的"热门"工作时，很可能给你下一步的择业带来较大困难。

（四）定区域搜集法

根据个人对某个或某几个地区的偏好来搜集信息，而对职业方向和行业范围较少关注和选择，这是一种重地区、轻专业方向的信息收集法。按这种方法收集信息和选择职业，也可能由于所面向地区的狭小或"地区过热"（有较多择业者涌向该地区）而造成择业困难。

求职者应当根据自己的实际情况，综合运用各种方法途径来搜集信息。

四、就业信息的处理与利用

（一）筛选的方法

一般来说，毕业生通过上述渠道所搜集到的原始就业信息都比较杂乱，有相当一部分信息是毫无用处的，毕业生应根据自己的实际情况和需求，对信息进行去粗取精、去伪存真，有目的、有针对性地加以筛选处理，使获得的信息具有准确性、全面性和有效性，更好地为自己的求职服务。

1. 综合整理

要对搜集到的各类就业信息进行分类管理，把那些不适合的信息剔除，然后把剩余的有用信息按一定顺序排列。就业信息不仅仅是用人单位的需求信息，它涉及的范围很广泛，如有的是关于就业方针政策方面的信息，有的是与自己所学专业有关的信息，有的是关于招聘人员的素质要求方面的信息等。对于重要的信息要顺藤摸瓜、寻根究底，务求了解透彻，不能一知半解。要全面掌握情况，全面了解信息的中心内容。

2. 比较

在对信息进行比较的过程中，要根据自己的性格特征、兴趣爱好、专业知识、技术能力、基本素质、职业发展意向、家庭因素等来分析，看看自己与哪些信息更吻合，哪个单位对自己的发展更有利等。之后将重点信息选出、标明并注意留存，一般信息则仅作参考。

3. 分析

分析就业信息有三层含义：

（1）要识别真假，做可信度的分析。一般来说，学校毕业生就业机构提供的信息可信度比较高，其他渠道得到的信息，因为受时间性或广泛性的影响，还需要进一步核实。

（2）要对信息的可用性进行鉴别，要看这条信息能否为我所用，如自己所得到的信息是否是政策允许范围之内的、信息中所反映的对所需生源状况及人员素质要求等。

（3）信息的内涵分析，通过对就业信息的内容进行分析，从中发现用人单位对人才的需求条件。

4. 反馈

当收集到一条或更多的信息后，一定要尽快分析处理并及时向信息发布者反馈信息，保证信息的时效性。一旦获得了有价值的就业信息，就要及早准备、尽快出击，主动与用人单位联系，询问应聘的方式、时间、地点和具体要求，并递送自己的求职材料。

（二）处理就业信息应把握的原则

1. 掌握重点

将收集到的所有就业信息进行比较，初步筛选之后，把重点信息选出，标明并注意留存，一般信息则仅做参考。

2. 适合自己

每个人的情况不一样，毕业生应选择适合自己的信息。

3. 注意信息的时效性

搜集到就业信息后，应适时使用，以免过期。

4. 合理确定信息搜集范围

确定信息搜集范围时，不能局限于"热门"单位和周边较近的地区，这样一来，会大大降低就业的成功率。

5. 信息共享

求职信息的搜索是一件非常耗时耗力的事情，如果能够几个同学一起合作搜索，将要省时省力得多。每个人都有自己的性格特点，所以大家的职业选择方向不尽相同；即使方向相同，适合的公司和职位也不尽相同。因此朋友、同学之间的求职信息通常是可以共享和互换的。在现实生活中，聚集在一起的人多了，人脉也就更广、思路更宽，机会也会更多。

6. 注重人脉积累

人脉广的人一般会拥有各行各业、各个年龄层的朋友，这些朋友都可能在你求职过程中发挥作用。千万不要小看人脉，内部信息十分重要，能够给你带来意想不到的机会。内部推荐就更难得了。人脉不是能够速成的，要靠一点一滴的积累，在与人交往过程中一定要真诚待人，向朋友们展示自己最好的方面，并尽量留下身边的一些人的联系方式。

（三）就业信息真伪的辨别

1. 虚假就业信息的辨别

虚假就业信息基本特征：公交车站、大马路、广场等一些公共场合粘贴的招聘小广告；门槛低、薪酬高、设置责任底薪，必须完成规定业务额；莫名而至的就业机会；要求毕业生交纳数额不菲的工作保证金；不透露公司的具体名字或者名字像化名，公司的基本资料不完整，找不到地址等。

2. 就业"陷阱"的辨别

就业"陷阱"的主要形式：以招聘为名盗取信息，索要身份证号码或复印件，以此骗取求职者信用卡号、银行账号、个人照片等信息进行倒卖；以招聘为名骗取钱财，以招聘方式收取报名费、抵押金、培训费、服装费等，钱骗到手就人去楼空；以招聘为名获得劳动力及成果，通过高职、高薪等条件来诱骗劳动力；利用试用期与签约时间的时间差来榨取劳动力；以"霸王条款"克扣毕业生薪水，用人单位通过苛刻的条件来剥夺毕业生的应得利益；以"培训"为名骗取培训费，以高薪就业、保证就业之类的名义进行岗前培训，但培训结束仍然不能上岗，或者安排的工作根本不适合大学生，逼迫自己违约；等等。

总之，大学毕业生应提高自我保护意识，获取大量的就业信息后首先要判断其真伪，避免走弯路。

任务三　量身定制　完善材料

> **案例导入**

求职"名片"需雕琢

毕业时，小王拿着制作精美的简历，去一家商务公司应聘商务秘书一职。可是，对方连他的简历看都没看，就退了回来，并礼貌地说："对不起，我们不收纸质简历。"而且明确地说，他们公司一贯喜欢录用使用电子邮箱投递简历的求职者，原因之一是通过电子邮箱投递过来的简历，方便管理，并且可以随时删除，免除了处理纸质简历的一些麻烦。言外之意已十分清楚：小王已丧失了先机，无论他多优秀，都不会被录用了。

接下来，小王的目标是一家大型食品公司。这次小王将简历以附件形式通过电子邮箱发送了出去。到了第三天，也就是招聘日期截止日子，他打开了自己的电子邮箱，意外地收到了公司的回信："对不起，我们不接收附件，你的求职简历，已被删除……"原来，他们所接收的附件形式的简历，有很多携带了病毒，导致他们的计算机多次受到攻击。

在经历了这两次失败后，小王决心改进简历投递方式。首先，在专业求职网站上为自己设计了一个独立的求职主页，将毕业证书、获奖作品、个人照片以及简历上传到了主页。同时，对纸质简历重新进行了设计与补充，并将求职主页的网址醒目地标在了上面。

以后再求职的时候，小王既向招聘单位递交纸质简历，又通过电子邮箱向他们发送简历，以确保万无一失。自此，他不仅没在简历上出过问题，而且很快收到了很多用人单位抛来的"橄榄枝"。

◎ 案例分析

用人单位在初步做出对应聘者的取舍时，很大程度上是根据应聘者的求职材料决定的，求职材料可以说是自我推销的重要工具，是求职谋业的"入场券"和"敲门砖"。如果简历不能博得用人单位的认可，求职的成功率将大为降低。因此，大学毕业生在获得就业信息、做好充分的心理准备后，就应当着手准备求职所需的各种材料。

简历是求职者全面素质和能力体现的缩影，也是对求职者能力、精力、技能等问题的简要概括总结。成功的简历就是一件营销利器，好的简历在短短几页纸中能把求职者的形象和其他竞争者区别开来，把求职者的价值令人信服地表现出来，确保能够得到面试机会，所以说，一份好的简历无疑是职场的一张亮丽名片。

◎ 案例讨论

话题一：你认为大学毕业生在求职前需要准备个人求职简历吗？为什么？
话题二：一份完整的求职简历应该包括哪些方面的内容？
话题三：个人求职材料除了求职简历，你还知道哪些？

知识总揽

本次任务的学习，旨在结合大学毕业生推荐表、简历和求职信三种求职材料的撰写，指导同学们联系自身实际情况，准备和完善求职材料。

在求职过程中，求职材料的重要性是不言而喻的。大学毕业生获得用人单位面试机会的最主要渠道就是靠求职材料去"推销"自己。如何从众多的应聘者中脱颖而出，获得用人单位的青睐，求职材料起着关键作用。

一、个人求职材料的内容

个人求职材料由毕业生就业推荐表、个人简历、求职信、证明材料等组成。求职时应该将这些材料分门别类进行整理,最后装订成册,使人一目了然。

(一)毕业生推荐表

毕业生推荐表是学校向用人单位介绍、推荐毕业生的一种书面材料。用人单位基于对学校的信任,认为该表较为真实可靠。

1. 推荐表的内容和作用

大学毕业生推荐表填写项目主要有个人简历、学习成绩、奖惩情况、自我鉴定、辅导员意见、学校意见等,其内容一般分为学生填写和学校填写两大部分。一份推荐表填写完整后,先由毕业生所在院系盖章,再由校毕业生就业部门签署"同意推荐"字样后加盖学校公章。

推荐表原件可以复制,但不能更改其内容。因推荐表加盖了学校公章,具有代表校方的作用,填表时一定要细心认真。一旦有涂改的痕迹,特别是在成绩、院系推荐意见等处涂改,会引起用人单位的误解,影响学校和毕业生的声誉。

2. 推荐表的填写要求

(1)要实事求是地填写自己的基本情况,尤其是学习成绩、奖惩情况等。学习成绩可到学校的教务部门打印,并加盖教务部门公章。奖惩一栏,如果没有获奖经历,可把自己参加的一些有代表性的、能反映个人才华的活动填上(或者填在备注栏),如主持大型文艺晚会、参加社团等。当然,这些活动显示的才华应有利于所求职的岗位,否则会给人画蛇添足之感。

(2)要写好毕业生推荐表中的自我鉴定。该表中的自我鉴定有别于学习总结或学期总结,如果仅是泛泛而谈,就显得针对性不强。用语应该考虑阅读对象及预期目的。自我鉴定的阅读对象是用人单位,自我鉴定要达到的目的是让用人单位认可自己,最终谋得适合自己的工作。所以,毕业生推荐表中的自我鉴定应根据社会对人才的要求来衡量自己,针对自己对工作的意愿来展示自己,有所选择,如实地鉴定自己。自我鉴定的内容,除了工作、学习、生活方面外,还可表现自己的人生价值观、择业观、人际观等。

总之,在书写毕业生推荐表中的自我鉴定时,应始终明确:我们是在向用人单位展示自己适合从事某种职业的各种能力和潜质。要充分发挥备注栏的作用,备注栏是补充推荐表栏目不足的地方。有的毕业生曾有在企业锻炼的经历,或计算机、外语等级考试达到一定的水平,或辅修第二专业、参加自学考试等,这些都可以在备注栏中加以说明,以增强择业竞争力。

（二）简历

简历是一份资料，是个人生活、学习、工作、经历、成绩的概括集锦。简历的格式相对固定，信息量全面而且集中，是用人单位分析、比较、筛选和录用应聘者的主要依据。通过简历，用人单位对毕业生的经历、受教育程度、兴趣、特长和爱好等情况留下一个初步印象。个人简历的真正目的就是让用人单位全面了解自己，从而为自己创造面试的机会。个人简历一般很少单独寄出，它总是和求职信以及其他材料一起呈送给用人单位。

1. 个人简历格式

一般是按年月顺序列出自己的学习、工作经历，充分表达自己的品德。

2. 个人简历主要内容

个人的简历的第一部分应列出自己的姓名、性别、年龄、学校、院系及专业、获得何种学位及概括自己的愿望和工作目的等；第二部分可简述自己学习、工作经历，包括所学主要课程及学习成绩、在学校和班级所担任的职务、在校期间所获得的各种奖励和荣誉、业余爱好和特长、适宜从事的工作、联系方式（地址、邮编、电话等）。

3. 个人简历写作方法

个人简历也就是自己学习生活的简短集锦。它是用来证明你适合担当所申请的那份工作的，因此应尽量用简历来表现自己的长处。个人简历有一两页即可，不要太长。表达应适度，要富有个性。简历的格式应便于阅读、有吸引力，并使人对自己和自己的目标有良好印象。

某高职毕业生的个人简历，如表 4.1 所示。

表 4.1　某高职毕业生个人简历

姓名	××	性别	女	出生年月	1999.10	照片
籍贯	安徽省安庆市	民族	汉族	政治面貌	中共党员	照片
求职意向	人力资源助理	家庭地址	××	联系方式	××	
教育背景						
校内实践						

教育背景：
2018.09—2021.06　××学院　人力资源管理专业（专科）
主修课程：绩效管理、员工招聘与素质测评、薪酬管理、企业战略管理、雇员培训与开发、员工关系管理、财务管理、管理心理学等

校内实践：
2018.09—2019.06　人力资源管理班　班长
2019.09—2021.01　校刊《团训》责任编辑、校学生社团联合会主席

续表

工作经历	2020.09—2021.01　××地产股份公司　人力资源管理助理 主要负责管理员工信息资料以及劳动合同等各类人事资料，办理人事相关手续，协助上级招聘、培训、薪酬福利等各项工作 2020.06—2020.09　××农业农村局　人事部实习生 主要负责办理员工退休以及调离的相关手续。有时还会承担会议组织工作，并参与人员考察和农村调研工作 2020.02—2020.05　××家教培训中心　家教老师 主要负责小学以及初中学生作业辅导工作，同时承担与家长、班主任的沟通工作，记录学生的学习情况并及时反馈
荣誉与证书	2020.10　国家励志奖学金 2020.10　校级二等奖学金 2020.10　校级三好学生 2020.05　全国人力资源管理知识技能竞赛二等奖 2019.10　校级三等奖学金 2019.07　校级优秀社团会员 2019.05　学校党校第38期优秀学员 所获证书：人力资源管理员四级、大学英语六级、计算机二级、普通话二甲

（三）求职信

求职信，也叫自荐信，它实质上是有目标地针对不同的用人单位做自我举荐，表达求职愿望，陈述求职理由，提出求职要求，以吸引招聘者的注意力，取得面试机会的一种信函文本。一般是毕业生在对应聘单位有所了解的前提下，经过深思熟虑后向招聘者"推销"自己。用人单位依据"文如其人"的道理，对求职信也格外重视。一份好的求职信能体现求职者清晰的思路、良好的表达能力和沟通能力，为择业的成功打下良好的基础。招聘单位人事部门的办公桌上或电子邮箱将会有成百上千封求职信，以此，撰写求职信时要力求使之与众不同，引起读信人的注意，并最终将自己的名字列入初选合格者的花名册上。

1. 求职信格式

求职信作为一种信函，具有一般信件的规范格式。它主要由七个部分组成，即称谓、开头、主体、结尾、致敬语、署名、日期。

（1）称谓。即对阅读信件的人的称呼。要特别注意此人的姓名和职务，书写要准确，千万马虎不得。一般的称呼会显得求职者不熟悉应聘的组织，而给阅读者留下一个求职者对这份工作不够热情的印象。假如对有关人员的姓名不熟悉，那么在求职信中可以直接称阅读者的职务头衔，如"××电子科技集团有限公司负责人"。求职信的目的在于求职，因而称谓要求严肃谨慎，要有礼貌，不能随随便便，过分亲昵，以免给人以阿谀、唐突之感。至于"亲爱的先生"或者"亲爱的夫人"等称谓，也是不可取的。称谓后的问候语一般应为"您好"，而非"你好"，更不能用"你们好"。

（2）开头。求职信的开头应开门见山，自报家门，直截了当地说明求职意图，使求职信的主旨明确、醒目，引起对方注意。有一个吸引人的开头至关重要，许多招聘者都很忙，没有太多的时间读求职信，如果一封信不能马上吸引的他的注意力，他可能不会看完它。所以，要精雕细琢，精心设计，写一封内容充实、结构严谨、有创意的求职信来推销自己，使人有耳目一新之感。

（3）主体。这是求职信的核心部分，主要是向对方阐明自己有哪些优势足以胜任该项工作，如适合所求职位的知识、经验、专业技能、特长、性格、兴趣和能力等，受过培训或进修则更显重要。如果能提供客观数据、获奖的证明，则更有说服力。关键是要突出自己与所求职位相关的"名""优""特"。

（1）"名"，即名气。在同学或同行中自己的名气如何，取得了哪些骄人的业绩，包括自己的研究或技术革新成果、发表的理论研究文章、获得的荣誉证书等。

（2）"优"，即优点、长处。别人所没有而招聘单位又需要的本领，技术特长与优势，包括工作技能、生活态度、团队精神、职业道德、工作纪律、钻研精神等方面的优点。

（3）"特"，即特别的技术、特别的本领。解决了别人不能解决的困难，想出了别人想不出的方法、技巧，但自荐信只是个人简历的介绍，要始终记住回答招聘单位这样一个问题：为什么我要聘用这个人？措辞既要合乎规范，又要凸显个性。

如果你的信和其他人一样，你或许很难使自己突出而为对方重视。

2. 求职信范例

某高职毕业生的求职信，如图 4.1 所示。

二、简历制作的技巧和原则

（一）简历制作的六大标准

1. 内容简短精湛

用人单位的人力资源部门每天都会收到大量的投递简历。据统计，招聘人员平均在每份简历上花费的时间为 1.4 分钟，一般只会阅读一页半材料。篇幅过大的简历显然不容易突出重点。在简历后附上一大堆证明材料的做法并不一定会给你增加面试的机会，一般在初试通过后招聘公司才要求提供。

2. 多种投递方式带来双保险

现代互联网技术日益发达，求职者喜欢发送电子邮件，但有的招聘公司还是偏向传统的邮递方式，因此建议通过多种方式投递。

3. 硬性指标要过硬

有一些公司的雇主会通过助理来处理收到的简历，而这些人员会有一些硬性的选

求 职 信

尊敬的领导：

您好！

首先感谢您在百忙之中抽时间来阅读这封个人求职信。

我叫×××，性别女，22岁，中共党员，来自安徽省××市是××大学××学院2021年财务管理专业应届毕业生。贵公司声誉卓绝，蜚果了闻，在此临近毕业之际，我希望能得到贵单位的赏识与栽培。为了发挥自己的才能，特向贵单位自荐。

我以"严"字当头，在学习上勤奋严谨，对课堂知识不懂就问，力求深刻理解。在熟练掌握会计学原理、财务会计、成本会计、管理会计等会计理论知识的同时，通过学校组织的会计模拟实验，利用寒暑假到企事业单位实习，进一步丰富了自己的实践经验。在掌握了本专业知识的同时，我不忘拓展自己的知识面，特别是在计算机应用方面，及时阅读相关书籍，掌握了网站建设技术。

我很重视英语学习，不断努力扩大词汇量，英语交际能力也有了长足的进步。同时，为了全面提高个人素质，我积极参加多种活动，加入了学校射击队，经过长期刻苦地训练，在全国大赛中取得了优异的成绩。这个经历使我认识到团结合作的重要性，也学到了很多社交方面的知识，增加了阅历，相信这对我今后投身社会将起到重要作用。

勤于学习，独立思考，踏实严谨，勇担责任，是大学学习生活带给我的财富。现在，我以满腔的热情，准备投身到现实社会这个大熔炉之中，虽然存在很多困难因素，但我坚信，大学生活给予我的精神财富能够使我战胜它们。

"良禽择木而栖，贤臣择主而事"，尊敬的领导，雄鹰展翅急需一方天空，良马驰骋尚待一方路径。贵单位所开创的业绩和远大的开拓前景令我仰慕已久。深信我会用自己勤劳的汗水与同仁一道为贵公司的锦绣前程奋斗不息，奉献我年轻的热忱和才智！我真诚地希望成为其中一员。

最后，再次感谢您阅读这份自荐材料！祝贵公司事业欣欣向荣，业绩蒸蒸日上，也祝您身体健康，工作顺利！

此致

敬礼！

求职者：×××
2021年4月16日

图 4.1 求职信范例

择标准。还有一些公司在初试时，也基本上看这些硬性指标。如六级英语证书、户口所在地、专业背景、学校声誉、在校成绩等。值得注意的是，这些标准不一定会在招聘要求中注明，但自己心里一定要有数，相关的信息一定要齐全。

4. 中外企业用人关注点有区别

通常来讲，中国企业看重专业和户口所在地，外企则更重视外语水平和学校声誉。越是热门的企业，其往往对在校成绩更关注。建议学生制作不同的简历来突出不同的要点。

5. 总体形象很重要

据统计，只有23%的人能在半小时后大体描述他们所看过的简历上学生的具体活动和职位，他们只有一个对学生性格的总体印象。很多简历上会列出自己的学习课程，只有4%的公司会仔细阅读。专家建议：你可以列出，但必须是重要的，而且尽量不要超过一行。

6. 好简历增加录取机会

同一个人的简历，经过专家修改，可以增加43%的录取机会。简历的常见问题是：表达不简洁，用词夹杂过多的感情色彩，英语表达不规范，篇幅过长无重心，格式不规范等。

（二）简历制作的四个原则

1. 清晰原则

清晰的目的就是要便于阅读。就像是制作一份平面广告作品一样，简历排版时需要综合考虑字体大小、行和段的间距、重点内容的突出等因素。

2. 针对性原则

如果对于不同的行业、不同的公司和不同的职位，你提交的都是同样的简历，那么这样的简历所欠缺的就是针对性。

如果A公司要求你具备相关行业经验和良好的销售业绩，你在简历中清楚地陈述了有关的经历和事实并且把它们放在比较突出的位置，这就是针对性；如果B公司要求你具备良好的英语口语能力，你在简历中描述了自己做过兼职涉外商务翻译的经历，这也是针对性。不仅是简历，在写求职信以及感谢信的时候，针对性都是十分重要的原则。

3. 客观性原则

"我是个工作严谨而且认真负责的人，在过去的工作经历中我有着十分出色的工作表现"，在许多人的简历中常常可以看到类似的句子。或许你说的没错，但理智的人力资源主管们没有理由要相信你的主观表白。

所以，简历上应该提供客观的可以证明或者佐证你的资历、能力的事实、数据。如"2021年上半年度因销售业绩排名第一获得实习单位嘉奖"，或者"因为在××促销活动中表现出良好的协调组织能力而获得主管经理赞扬"等。后一个例子虽然客观性也有欠缺，但毕竟是别人的赞扬。为了尽可能地客观，简历甚至要避免使用第一人称——"我"。

4. 真实性原则

不要试图编造工作经历或者业绩，谎言不会让你走得太远。多数的谎言在面试过程中就会被识破，更何况许多大公司（特别是外企）在发出录用通知前会根据简历和相关资料进行背景调查。但是真实性并非就是要把我们的缺点和不足和盘托出。

（三）简历中如何避免学历上的弱势

现实生活中，有很多人具有丰富的工作经验和超常的实干能力，却没有相应的高等学历和学位，以致在初审时便被淘汰，实在太可惜，也失公平。这就要求有这方面弱势的求职者在求职简历中的教育和经验部分慎重行文，扬长避短。

1. 突出你最过硬的证书

想想雇主为什么要从那么多的申请者中选择你来担任这个职位。你能提供什么别人无法提供的呢？或许你的实际工作经验与技能和这份工作更相关。如果你的经验比教育背景更过硬，在简历中把工作经历放到教育背景的前面，并且写下你的职业成就、工作成绩记录和行业知识。

2. 展示你整个职业生涯的所有成就

证明你有着杰出的工作成绩，将是未来雇主公司的一根"顶梁柱"，在人力资源主管读到教育部分的时候，他们会由于对你的工作成绩有深刻印象而认为你教育背景的缺陷可以被忽略。尽管有可能由于你没有职位所要求的教育背景，一些雇主会对你不感兴趣，但你会发现仍然有一些雇主青睐你的经验、技能和专业知识。

3. 突出其他的教育和培训

可能你缺少一个正式的学位，但一直在职业生涯中坚持接受培训。你可以在简历的教育背景部分描述一下专业发展部分，突出你所接受的继续教育，包括与工作有关的在职培训、会议甚至是自学。对一些专家来说这一部分将是很具吸引力的，展示你最近的培训和自学能力比以前所获得的学位更有价值。

4. 展示正在接受的教育

如果你不断地在求职的路上由于教育背景而碰到绊脚石，那么是你重新捡起书本的时候了。做任何能达到你目标的事：参加夜校，学习线上课程或者开始一个远程学习项目。你正在追求更高一等教育的事实能使你对雇主来说更有"卖点"。

5. 无学位或低于职位要求的应对策略

如果你具备所需工作要求的经历和技术，但有更多的人比你具有更好的教育背景，你必须在准备你的教育经历内容时格外小心。当你有足够丰富的工作经验，很简单的做法——你可以在教育栏目中省略相关内容。这样做的好处是你可以隐去相关受教育的证明，但是一个更好的建议是你可以写出你的受教育和培训内容，但不必表明你是否具备相关的学位。例如，你可以列出你上过"××大学"，参加"××课程"。这样做可以使你不会被过早地排除在视线之外，使你能有获得面试的机会。

因此，只要你全方位地考虑到被雇主挑剔的目光可能抓住的自身弱项，按照以上的提示巧妙地弥补，你就会离成功更近一步。

三、求职信与求职简历的投递诀窍

（一）简历投递时间问题

现在求职市场竞争激烈，每一条实习信息的发布都会马上引发大量简历应聘。曾有一位公司的人力资源部门人员在介绍经验时说，发布一则招聘信息之后，第二天就收到了70多份简历。两天之内该部门收到100多份简历，而实际只招一个人，公司觉得这么多备选的人足够了，就删掉了那个招聘的帖子，而且后来的简历也就不再看了。所以，强烈建议大家在信息发布后的两天之内投递简历，切忌踩着截止时间，以防错失机会。

（二）简历投递渠道问题

投递简历当然可以按照公司招聘广告所留的邮箱寄送，但是要想到每个人的简历都能够从这个渠道进入，大有千军万马过独木桥之势。如果有可能的话，委托在该公司的校友呈递简历不失为一个更好的选择，起码能够保证人力资源部门真正看到你的简历，而不会因为疏忽而将你的简历埋葬在邮件堆中。

（三）邮件投递简历技巧

1. 简历的润色

在制作简历时，求职者还必须对简历进行"客户化"处理，也就是说简历必须有针对性，针对每一个公司和职位制作不同的简历。在简历中重点列举与所申请公司及职位相关的信息，弱化甚至删除对方可能并不重视的内容。尤其是把符合招聘启事中明确列出的职位具体要求的信息点放在一个黄金位置（一般在A4纸的上1/3处）。在编排信息点时，要进行逻辑分类，从而体现出求职者的逻辑思维能力。最后，简历的语言表达必须做到简练，一页为好。在完成简历之后，一定要找至少五个人让他们圈出不明白的信息和感兴趣的信息，对简历再次润色，逐步完善自己的简历。

2. 邮件的形式

简历的投递尽量用自己的信箱将简历以正文的方式粘贴上去，而不是正文一个字没有而把简历放在附件中或是用一些网站转交等功能。这样首先增加了阅读你简历的时间；其次，破坏了你的第一印象。尤其是正文没有字直接在附件中粘了一个简历的做法，会显得你的诚意不足。

在结尾时，可以适当写上"工作愉快""心想事成"等祝福话语。另外，还要注意的是，招聘启事上通常都要求"学历证、学位证、身份证复印件、小一寸相片"，原则上只需发送电子邮件简历和照片即可，并在简历上注明"为防止您下载过慢，本人将在面试时携带'三证'以供查验，谢谢！"人力资源招聘者会更喜欢这种做法。

3. 邮件的标题

关于邮件的标题问题，如果对方在招聘的时候已经声明用哪种格式为主题，尽量照着做，因为这是其初步筛选的标准。通常情况下，一个招聘者一天可能收到几百份甚至几千份应聘不同职位的信件。如果你的标题只写了"应聘""求职"或是"简历"等字样，那么你的简历很可能会被忽略。

一个标准的标题是：你要申请的职位＋你的姓名＋这份职位要求的工作地点。这样至少能保证你的邮件能够被阅读。例如，有的简历题目为："我的简历"请问：谁知道你是谁，你要干什么，你要应聘什么职位呢？很显然，"××的简历"这样的题目都是含糊不清的。此外，如果你非要强调你的学校，可以这样写：应聘职位＋姓名＋来自××大学硕士。

4. 申请的职位

应聘职位的名称按用人公司在招聘启事中给出的名称写，不要自己随意发挥。很多人投了很多根本不相关的职位，如"高级核心软件开发人员""接线员"和"副总裁秘书"，甚至有人一天之内把公司招聘的所有职位都投了一遍。也许你是全才，但是很抱歉，很多这样漫无目的投简历的全才看似增加了自己的机会，其实这样的人通常都不会被考虑，因为自己都不清楚自己要做哪种类型的职位，怎么能由公司帮你决定呢？

拓知广识

以积极务实择业观突围就业难

近年来，严峻复杂的就业形势之下，高校毕业生对就业的认识和态度日趋多元。非好工作不就业，找不到"理想岗位""目标工作"宁愿等一等、缓一缓；一旦受挫就选择"慢就业"，放慢找工作节奏，拉长求职战线；走出校门、进家门，暂且居家"啃老"，延迟直面就业竞争的时间……这些现象已经不是个案，相关话题时常成为社会热点。

对高校毕业生的这些行为，有人主张宽容待之。确实，我们身处价值观多元的时代，多样化观念和个性化选择必然会反映到就业领域。按理说，就业岗位怎么选，求职之路怎么走，是个人的事。但是，如果不成熟、非理性的择业观愈演愈烈，甚至成为一种风气，就不能等闲视之。宽容对待，实际上就是变相鼓励。若这样的择业观大行其道，于个人，会影响职业发展，妨碍自我价值实现；于社会，会影响人才供应，加剧就业难，不利于经济社会健康发展。

就业对高校毕业生而言，是自食其力、安身立命的依托，更是发挥才能、释放潜能、实现价值的途径。对于求职、就业，无论如何都不能消极、懈怠甚至逃避。此外应当认识到，找工作是一阵子的事，职业发展是一辈子的事，应用务实的态度和长远的眼光对待就业，既志存高远又脚踏实地，既认清自己又找对方向，把求职的路、人生的路一步步走稳走实。

树立正确的择业观，还要理性看待就业形势。表面上看，毕业生就业压力来自连年增加的就业人数。需要就业的人群数量始终维持在高位，致使总量压力只增不减。往深里看，压力来源于日渐突出的结构性就业矛盾。很多毕业生的目标定位和岗位供给不匹配，自身能力与岗位要求有偏差，求职需求与市场现状错位、脱节，导致就业难、招工难并存。这是经济发展不平衡不充分的结构性问题在就业领域的集中体现，也是就业难题的深层次症结所在。

党的十九届五中全会提出，"十四五"时期，将更加注重缓解结构性就业矛盾。实现这一目标，从岗位供给侧看，需要加快经济结构调整和产业转型升级，创造更多高质量岗位；从岗位需求侧看，毕业生要提高专业水平和就业能力，也要调整就业观念。我国将进入新发展阶段，贯彻新发展理念、构建新发展格局、推动高质量发展，定会源源不断创造更多适合毕业生的岗位。只要广大毕业生立足实际、调整心态、找准定位，就能找到用武之地，充分发挥所学所长，实现人生价值和职业理想。

观念一变天地宽。一些高校毕业生从"决不妥协"到"放下身段"，把从实际出发的择业观作为求职路上的"核心竞争力"，从而找到适合自己的工作，这值得点赞。更有不少人走出传统观念束缚，走进职业发展新天地。有人扎根城乡基层，在街道社区、田间地头大展身手；有人投身家政等服务业，为千家万户送去高品质服务；有人苦练技术技能，在点滴之处展现工匠精神；有人拥抱新就业形态，成为挥洒青春的"斜杠青年"……类似事例越来越多，既缘于各行业各领域转型发展为高校毕业生提供了施展才华的广阔空间，也是高校毕业生积极转变择业观的结果。这些立足岗位实现人生出彩的故事生动诠释了：只要有志向就会有事业，只要有本事就会有舞台。

（资料来源：杨峰，刘沐禛. 以积极务实择业观突围就业难[EB/OL]．（2020-12-04）[2021-04-23]．https://new.qq.com/rain/a/20201204A0EI2C00．）

深思明悟

（1）当代大学毕业生应树立什么样的就业新观念？

（2）个人求职材料包括哪些？

（3）常见的就业信息获取途径有哪些？

（4）你意向的就业领域或就业岗位是什么？为什么？

（5）面对你意向的职业，你将如何在求职材料中凸显自己的优势和特色？

勤行践学

探索家庭职业树

一、活动要求

（1）了解你身边人的职业，初步了解职业世界。

（2）收集职业信息，探索自己的职业世界。

二、活动内容

1. 填制

根据你的家人从事的职业，将家庭职业树（图4.2）填好。

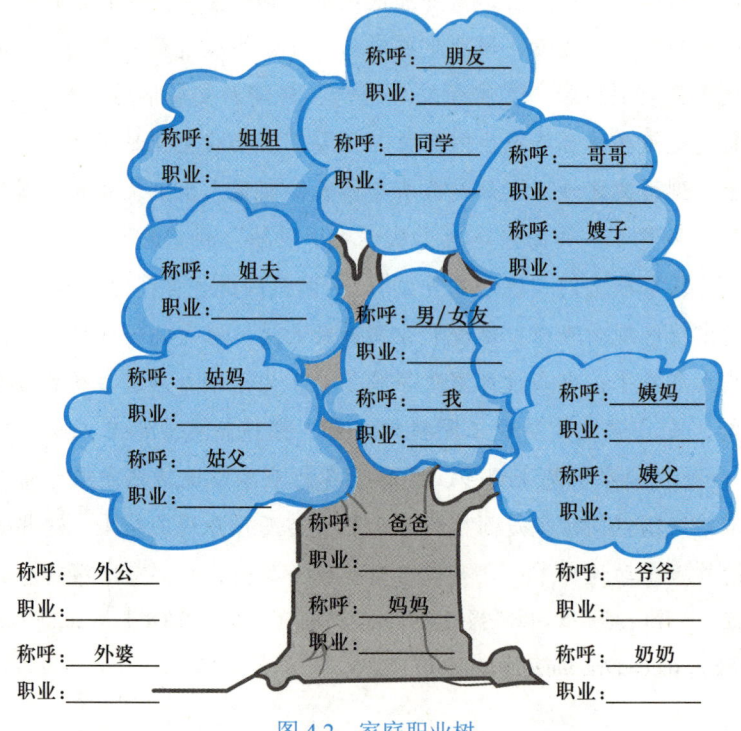

图4.2　家庭职业树

2. 讨论

（1）你的家庭职业树中有相同的职业吗？你家人最多从事的职业是什么？

（2）看看你家人的职业都在哪些领域（技术、管理、操作、服务等），职业所在

的领域是分散还是集中的？_____

（3）通过访谈及自问方式认真回答以下问题。

亲属对自己职业的评价是：_____

亲属希望你从事的职业是：_____

你可以考虑的职业是：_____

你绝不会考虑的职业是：_____

你看重的职业（价值观）是：_____

你感兴趣的职业是：_____

三、活动总结

通过本次活动可以帮助同学们更好地了解自己家庭成员的职业取向，甚至可以预测自己的职业趋向。事实上，有意无意中，家庭成员都会以各种形式对个人职业选择乃至生涯发展产生深远影响。做职业决策时，不妨从自己最熟悉的家人开始，了解他们可能对自己产生的积极影响。

撰写求职信

一、活动要求

为了让同学们能够撰写一份合格的求职信，下面列举两个示例并加以点评。

二、活动内容

1. 求职信示例

尊敬的××公司领导：

您好，首先感谢您能抽出宝贵的时间来看我的自荐信。

我大学毕业后先后在模具及家电、保险行业就职，对保险业、金融业和制造业都有一定的了解。

销售就是为人。社会人，自由、平等、博爱；经济人，生存、发展、互利、共赢。作为销售，就是要理解客户生存的压力，发展的渴望，用互利的方式开展合作，最终达到共赢。

作为销售，首先要了解自己的产品和市场需求，以及两者的契合度。世界上没有卖不了的产品，只要是根据市场驱动生产出来的产品，无论大小总有市场。当然，对于公司的产品、服务，商业模式还是应该有一个评价。

作为销售，你得找到你的客户，我国的经济形势一片大好，市场经济日渐成熟，遍地是客户，扔个硬币出去，就能砸到一大片客户，网上发个帖子，举手的有一大片。

作为销售，你得卖得出东西给你的客户，告诉他你是个值得信赖的人，你的公司是一个值得合作的公司，你的产品对他的生存发展有很多的好处，陈列所有正面的优点,打消他负面的顾虑,给他一个不可拒绝和不可砍杀的价格——没有销售不成功的。作为销售,你得打败你的竞争对手,对他们还有什么好说的,打击他们;作为销售,你得根据市场反馈来采购、研发和生产。大家一条船,上下一条心。

曾几何时,我以为我很喜欢学习,很喜欢体育,很喜欢考试和比赛。如今,我终于理解到,原来我只是喜欢——赢!我相信我可以帮助我和公司一起——赢!

希望通过我的这封自荐信,能使您对我有一个更全面深入的了解,我愿意以极大的热情和责任心投入到贵公司的发展建设中去。期待您的答复。

此致
敬礼!

求职者:××
2021年4月1日

点评:

虽然这种求职信张扬了个性,给招聘者留下了深刻的印象,但这种印象是负面的,谁会用一名玩世不恭的员工呢?

尊敬的××公司人力资源部领导:

您好!首先感谢您在百忙之中审阅我的这份求职材料,诚待您的指导。我叫××,出生于1999年11月,女,壮族,共青团员,广西××县人,2019年7月毕业于××职业技术学院机电技术应用专业。

我生长在一个充满竞争和挑战、机遇和发展并存的年代。对未来,我充满希望。高职三年,我深知竞争的激烈与残酷,因此,我认真学习专业知识,从各门课程的基础知识出发,刻苦钻研,寻求内在规律,掌握基本技能,提高操作能力,并取得了良好的成绩。主修了电工学、工程力学、电子技术、机械拖动基础、机械制图、工厂电气控制设备、电力电子变流技术、机械设备与维修、控制工程基础等专业课程。实习期间,能将所学的理论知识与实践相结合,有较强的实际操作能力,得到同学和实习单位领导的好评。在校期间,还积极参加各种社会活动,注重道德与能力的塑造和培养,担任校团委劳动委员、宣传委员,还担任校广播室的编辑,工作一丝不苟,认真负责,组织领导能力、写作水平在工作中得到不断提高。曾获学校"三好学生""优秀团员""优秀团干""优秀编辑"等荣誉,其中2019年曾荣获区"三好学生"光荣称号。

三年的高职时光,我从一个稚气未脱的学生成长为德智体全面发展的人才,期间凝聚了我奋斗的艰辛和喜悦。但成绩属于过去,未来的成功要靠不断地努力拼搏。毕业一年多来,我从事过两个工种,先在××市当过打字员,现在广州市的一家电子厂工作。这些工作经历增加了我的工作经验和社会阅历，在今后的工作中将给我提供不可多得的借鉴和帮助。

为开发铝矿资源，促进××铝工业的发展，广西××铝业有限公司在××投巨资致力于建设中国乃至亚洲最大的铝工业基地。这是××人民的大喜事，作为××一员，我感到十分自豪和激动。本着发挥自身特长、服务铝业这一目的，我渴望成为广西××铝业有限公司的一员，与同事们携手并进，为中国铝业的发展奉献自己的力量。也许我并非是众多求职者中最优秀的，但我会尽力做得最好。"天道酬勤"是我的信念，"自强不息"是我的追求。期盼您的赐教！最后，恭祝贵公司兴旺发达，蒸蒸日上！

此致
敬礼！

求职者：××
2021年4月1日

点评：

这是一份标准的求职信，态度真诚、有的放矢、用词得当，看得出来求职者花费了不少心思，大家可以参考这份求职信，来撰写自己的求职信。

2. 思考与行动

（1）结合上述示例和点评，谈一谈你对撰写求职信的心得。

（2）请参照书中的模板和优秀范例，撰写一份自己的求职信。

三、活动总结

通过对样例的分析比较，领会撰写求职信的要领。

交互式测试

项目四

项目五

提升就业能力 抢占就业先机

▶ 学习目标

- 掌握笔试技巧、做好笔试前的准备。
- 掌握求职过程中的面试技巧及自我展示的方法。
- 结合求职过程中的要点,掌握自我推荐的方法。

▶ 导思导学

步 步 为 营

——磨刀不误砍柴工

【主旨例说】

本案例介绍了大学毕业生岳洋在求职过程中,非常"轻松"地过关斩将,获得就业先机。这轻松过关的背后是多年默默的付出和提前的就业积累。通过这一故事展示在校学生的就业准备能够为之后的求职之路做好铺垫。

【品文哂例】

相对于其他毕业生,岳洋的求职之路看起来"似乎"很轻松。大学毕业后,他就顺利进入某知名电视台,并担任出镜记者。"我们那一年进入电视台工作的毕业生并不多,所以当时还有点自豪。"岳洋微笑着说。

谈起自己的求职经历,岳洋将其归结为:水滴石穿。"出境记者是一个实践性非常强的专业,你必须要时时刻刻迫使自己强大起来。也就是说,让自己变得老练",他不无感慨地说:"进入大学那会儿,突然发现自己周围优秀的人太多。有那么一段时间,我感到很迷茫,感觉自己'弱爆了'。但随后我开始调整自己,并开始苦练"。

岳洋学习的专业是播音,系里要求每天早起练声。大学期间,有的同学一开始到得很早,但没有做到持之以恒。他强调:"但我几乎没有间断过,无论是'三九'还是'三伏',现在回想起来,这种坚持弥足珍贵。"

为了锻炼自己的实战能力，岳洋开始大量参与实战。岳洋说："一开始我邀同宿舍的同学一起参加配音大赛，然后涉足主持人大赛，从幕后走向台前，不断接受观众和评委的挑剔和批评。其实和运动员一样，我们也是从伤痛中走过来的"。

在参加比赛的同时，岳洋开始进入媒体进行实战。他回忆道："还记得那时，一会儿飞进大山里头做节目、一会儿又去了大漠深处做节目。长期出差确实劳累，但在无形中增加了实践经验，开阔了视野，这是坐在教室里永远无法获得的经历。"

在求职的过程中，岳洋说："那些评委其实都是阅人无数的，你好不好，行不行，有没有经验，他们一看便知。很庆幸的是，我做了充足的准备，尽管会花费大量的时间，但磨刀不误砍柴工，这一切来得值得。"

（资料来源：根据搜狐网资料改编。）

【以析启智】

很多人羡慕岳洋能够轻松地获得好的就业机会。但是，从岳洋的叙述中我们能够看到岳洋的逻辑清晰，言语中处处闪耀着年轻人少有的睿智。他的幸运不是来自偶然，而是得益于提前的规划和历练，相较于到找工作的最后关头才临时抱佛脚，还是一场稳扎稳打的踏实仗打得更痛快。只有提升就业能力，才能成功抢占就业先机。

【以思明理】

探究一：岳洋求职成功的秘诀是什么？
探究二：大学毕业生在求职中要注意哪些事项？
探究三：在求职过程中，应如何利用求职技巧？

任务一　把握机遇　巧绘蓝图

就创导师领航

案例导入

求职经验谈

小朱是北京某大学文科院系2019届毕业生。经过半年的求职，她最终拿到了中建国际、外研社、盛大等多个单位的录用通知。

大三那年的9月初刚开学，其他同学还没开始准备求职，小朱便已开始从网络上下载各种各样的简历模板，开始制作简历。同时，她还专门找上一级的师兄师姐

133

请教笔试、面试经验，并每天坚持到图书馆查阅文献准备毕业论文。

次月，许多知名企业的"招聘校园行"启动，小朱便每天"流窜"到各个高校听宣讲会，回来之后按照各企业的要求，对其进行整理。"各种网申，各种海投。网申最费时间，一遍遍重复同样的工作，许多开放式的问题答来答去，说实话非常烦，但没办法啊！我暑假就做好了心理准备，找工作不是件容易的事。"小朱说。

当进入11月，周围的同学开始为找工作和毕业论文着急时，小朱已经完成了毕业论文的初稿，进入修改阶段。"在心态上，能比周围同学稍微好点儿吧！毕竟毕业是大事儿，论文落定了也可以踏踏实实找工作。"小朱回忆道。

小朱坦言，一开始她就知道不可能一下拿到心仪的offer（录取通知），所以她最先做的一件事就是建立了一个电子表格。每投一份简历，就记录在表格上。现在小朱还保留着这个表格。记者看到，在小朱记录的表格中共有50多家单位，哪个单位直接把她的简历刷掉了；哪个单位通知她笔试了，笔试类型是什么；哪个单位通知她进"一面"，成功还是失败，原因是什么……情况一应俱全。

"毕竟是我们在找工作，企业是主动的，我们是被动的。那么多企业，光靠脑子记十分困难。我有同学就遇到过这样的情况，别人进面试了他没进，郁闷了好久才发现原来自己根本没有投简历，但他以为自己投过了。要想让自己的求职路不那么没底，建立这样一个表格是很有必要的。回头也可以看看自己的求职历程。"小朱称。

对于求职，小朱说自己最大的感受就是"求职无小事"。不管是简历制作、网申问答，还是面试时的着装和仪表，都关乎着求职的成败，她强调，"不要因为一个细节失掉一份工作，一定要认真再认真。"不要拿一份简历投所有的职位，要依据不同的职位要求和企业特色进行修改和调整。要相信"一分耕耘，一分收获"，不要笼统应付。

回忆自己的求职经历，小朱深感不易，却又觉得无比充实。新一年校园招聘已经启动，小朱鼓励师弟师妹，求职前要做好充分的心理准备，被拒绝、被打击都是正常的，要想成功，"在笔试和面试前，一定要仔细了解应聘企业的风格和文化，120%的准备才能避免失败。许多面试官更在乎你独立思考的精神，而不是你的答案是否标准。不要让他们觉得你和别人是一样的，不然的话他们会心安理得地拒绝你。"

◎案例分析

案例中的小朱之所以能够获得众多名企的offer，是因为其在求职过程中，根据自身的兴趣和优势，结合自己求职的实际情况，做好了充分的求职准备，比如认真准备求职简历，多向有经验的师哥师姐请教笔试和面试经验，抓住一切机会，听取许多知名企业在各个高校举办的宣讲会，回来之后按照各企业的要求，对其进行分门别类整理后，不断地修改和总结求职简历，并在网上投递简历。同时，小朱具备了良好的求职心态，面对每一次笔试和面试，从笔试时的文化知识等内容的考核到面试时的着装和礼仪，小朱都以一丝不苟的态度去对待。此外，在对待笔试和面试前，仔细了解应聘企业的风格和文化，更主要的是要具备独立思考的精神，从而在求职中才能脱颖而出。

◎案例讨论

话题一：小朱为什么会收到多家名企的录用通知？

话题二：小朱是如何做好求职前的准备的？

话题三：通过此案例你收获了怎样的求职经验？

知识总揽

本次任务的学习，旨在帮助同学们做好笔试前的全方位准备，掌握笔试的要点和技巧，充分施展自己的素质与才能，进行被用人单位赏识而得到下一步面试的机会。

一、有的放矢备笔试

笔试从某种角度来说，能更深入地检验毕业生的综合素质，大学毕业生平时的知识积累程度，对知识是否真正理解和掌握等方面，通过笔试均能得到较好的体现。用人单位的出题方式远比学校灵活多样，更侧重于能力，而不是单纯的知识比拼。因此，在笔试之前，毕业生应对笔试的方方面面进行深入了解、加以准备，做到知己知彼，不打无准备之仗。

（一）认识笔试

1. 笔试的含义及作用

笔试是一种与面试对应的测试，是用以考核应聘者特定的知识、专业技术水平和文字运用能力的一种书面考试形式。这种方法可以有效地测量应聘人的基本知识、专业知识、管理知识、综合分析能力和文字表达能力等素质及能力。

笔试在员工招聘中起到相当大的作用，尤其是在大规模的员工招聘中，它可以快速将被试者的基本情况了解清楚，然后划出一条基本符合人才需要的界限。此法适用面广、费用较低，可以大规模得到运用。但是其分析结果往往需要较多的人力，并且有时被试者会投其所好，尤其在个性测试中显得更加明显。

知识补给：
笔试试题样例

2. 笔试的种类

用人单位招聘过程中的笔试，主要分为以下几类：

（1）专业考试。这种考试主要是为了检验应试者专业知识水平和相关的实际能力，一般用人单位通过毕业生的成绩单就可以了解其知识水平了，有一些专业性要求比较高的用人单位需要通过笔试的方式对求职毕业生的专业水平进行考核，这种考核方式已经被越来越多的热门用人单位（如国家机关、企事业单位、国企、外资企业、金融单位等）录用。

（2）心理测试。心理测试是用事先编制好的标准化问卷要求被试者完成，根据完成的数量和质量来判定其心理水平或个性差异的方法，一些用人单位常常以此来测试应试者的态度、兴趣、动机、个性等心理素质，有些用人单位还对应试者进行智商测试，目的主要是考核应试者的观察能力、综合分析能力、思维反应能力。

（3）技能测验。技能主要包括毕业生熟练操作和使用计算机、英语会话和阅读能力，以及在财会、法律、驾驶等方面的能力，技能测验的目的是考查应试者的动手能力和实践能力。

（4）命题写作。用人单位通过论文或公文写作的形式考查应试者分析问题的能力、逻辑思维能力和文字表达能力，比如限定时间内写一份会议通知或某项工作总结，也可以提出一个观点，让应试者予以论证或辨析。

（5）综合能力测试。综合能力测试是对应试者的阅读理解能力，发现、分析和解决问题的能力、知识等素质的全方面测试。比如要求应试者在规定时间内对一组数据或资料进行分析，找出合理的地方和存在的问题，并设计出解决问题的方案。

（6）国家公务员考试。公务员录用考试一般分两步进行。第一步是全市或全省统一资格的笔试，笔试的内容综合性较强，包括行政能力倾向和申论测试等，题目量很大，考查大学毕业生的综合知识掌握程度。公务员的统一笔试就如一张入场券，是成为一名公务员的必备资格。第二步是达到录取分数线的毕业生参加用人单位的面试。

（二）调整考前的身心状态

求职过程中的笔试不同于学校平时的考试，临考前要注意身心状态的调整，可以从以下几方面着手：

（1）要适当减轻思想负担，不可给自己施加过大的压力，否则适得其反。

（2）笔试的前一天要注意休息，保证充足的睡眠，避免考试时精神不振，影响正常思维。

（3）要适当参加一些文体活动，从而使高度紧张的大脑得到放松休息，以充沛的精力去参加笔试。

(三）注重笔试的知识准备与策略

1. 学以致用，理论联系实际

现在的求职考试越来越强调用学过的知识来解决实际问题，具有很强的实用性。换句话说，现在的应聘考试主要是考核应聘者对知识的运用能力。因此，在复习过程中必须始终突出一个"用"字，通过各种实践，把学得的知识运用到工作实际中去解决各种具体的问题。

2. 提纲挈领，系统掌握

在知识与能力这两者中，知识无疑是基础，没有扎实的基础知识，也就无从谈什么能力的培养和提高。掌握知识的一个有效方法就是把零散的知识化为系统。但是应聘笔试往往范围大、内容广，存在着一定的随意性和盲目性，因此，凡是与求职有关的一些知识（如文史知识、科技知识、经济知识、法律知识和一般的计算机知识），均要系统地加以复习。

3. 多读多练，提高阅读能力

提高阅读能力，对扩展知识面和回答应聘考试的各类问题很有益处。要提高阅读能力，首先得坚持进行阅读实践。知识的获得，可以依靠传授；但能力的提高，则必须通过实践。复习时经常做些阅读训练，有助于阅读能力的提高。在做阅读训练时，一定要做到"眼到"和"心到"，特别是"心到"，即对每个问题都仔细揣摩，认真思考，分析比较，综合归纳，努力提高自己的阅读能力。

4. 敏锐思考，提高快速答题能力

为了适应招聘考试中的题量，还应该尽快培养自己快速阅读、快速思维和快速答题的能力。因为现代阅读观念不只着眼于信息的获取，而且还特别重视速度。所以在准备笔试的时候一定要提高做题速度。

二、胸有成竹过笔试

笔试主要适用于一些专业技术要求很强、对录用人员素质要求很高或应试人数较多、需要考核的知识面较广以及需要考核文字能力的单位进行人员招聘，因此求职者不可小觑笔试，要认真对待。

（一）笔试过程中的应试技巧

1. 先易后难，先简后繁

笔试题目多，内容多，又要限时答好，必须合理安排好答题时间。拿到考卷，要看注意事项、答题要求，了解题目的类型、分量轻重、难易程度，根据先易后难、先简后繁的原则确定答题步骤。

2. 精心审题，字迹清楚

在具体答题时，必须认真审题，切实弄清题目要求，逐字逐句分析题意，按照要

求进行解答。书写时，做到字迹清楚，卷面整洁，格式、标点正确，不写错别字。

3. 积极思考，回忆联想

有些试题的设计，是从理论和实践两方面检查考生的基础知识和技能，并以综合运用为主，检验考生的实际水平和学习的灵活性。因此考试时要积极思考，努力回忆学过的知识并进行联想，将已学过的内容相互联系起来比较分析，从而找出正确答案。

4. 掌握题型，答题精细

要了解各科考题的特点，熟悉每种题型的答题方法，防止出现不必要的差错。答题必须看清题目要求，先找出关键词，理解题意，再认真地做，确保正确无误。

用人单位对于毕业生进行笔试，不仅仅考查其文化、专业知识，往往还包括对其心理素质、办事效率、工作态度、修辞水平、思维方法等方面的考核。所以，大学毕业生在参加笔试时，要认真审题，将自己的认识水平、知识水平和能力水平通过笔试较好地展示出来。

（二）笔试过程中的注意事项

1. 听从安排

应当在监考人员的安排下就座，而不要自由选择座位，更不要抢座位。如果因特殊情况，座位确实有碍自己考试需要调整时，一定要有礼貌地向监考人员讲清原因并征得同意，若实在不能调换，也应理解其工作上的难处。

2. 遵守规则

大学毕业生参加笔试，一定要注意手机、蓝牙耳机等通信设备的处理，按照监考人员的要求，关掉置于包中或直接交监考人员保管，否则就可能会被视为有作弊的嫌疑或给用人单位留下了一个不严谨的印象，直接影响到笔试的成绩或效果。此外，未经许可，严谨使用电子词典、Pad等查询工具。

在落笔之前，一定要听清楚监考人员对试卷的说明，不要仓促作答，不要跑题、漏题或文不对题；更不能有不顾考场纪律、我行我素的行为。

3. 写好姓名

做题前一定要先将自己的姓名等被要求填写的个人情况写清楚，以免百密一疏，白白地做了一回"无名英雄"。

4. 卷面整洁

答卷时应注意卷面整洁、字迹清晰、行距有序、段落齐整、版面适度（从对方阅卷装订方便出发，试卷上下左右边缘应该留出些空隙而不要"顶天立地"）。因为求职过程中的笔试不同于在校时的考试，"醉翁之意不在酒"，有时用人单位并不特别在意应聘者考分的稍许高低，而是从中观察考生是否具有认真的态度、细致的作风，从而决定录用意向。

5. 光明磊落

杜绝一些可能被视作舞弊的行为或干扰考试的现象出现。如偷瞄他人试卷，藏匿被考试单位禁止的参考材料、与旁人交头接耳等。另外，口中念念有词，把试卷来回翻得哗哗作响，用笔击打桌面，唉声叹气、如坐针毡，经常移动身体或晃动座椅显出烦躁不安等举动都不会给自己带来任何好处。

任务二　关注细节　塑造形象

案例导入

细节决定未来

一所知名大学的22位应届毕业生，在实习时被导师带到某重点实验室参观。学生围坐在会议室等待该实验室负责人——胡主任的到来。

当实验员给大家倒水时，同学们表情木然地看着他一个人忙活，其中一位同学还问了问："有矿泉水吗？天太热了。"实验员回答："抱歉，矿泉水喝完了。"这时，有一位叫王东的学生看着有点别扭，心里嘀咕："人家给你倒水，还挑三拣四的。"轮到他时，他轻声说了句："谢谢，大热天的，辛苦您啦！"实验员抬头看了他一眼，满含着惊奇，虽然这是句很普通的客气话，却是他今天唯一听到的一句。

门开了，胡主任走进来和大家打招呼，不知怎么回事，现场静悄悄的，没有人回应，气氛有些尴尬。王东左右看了看，犹犹豫豫地鼓了几下掌，同学们这才稀稀拉拉地跟着拍手，由于不齐，越发显得凌乱起来。胡主任挥了挥手说："欢迎同学们到我这里来参观。平时这些事一般都由办公室负责接待，因为我和你们导师是老同学，非常要好，所以，这次我亲自来给大家讲一些有关实验室的情况。我看同学们好像没有带笔记本。这样吧，请实验员去拿一些我们实验室印的纪念册，送给同学们作纪念。"

接下来，更尴尬的情形发生了，大家都静坐在那里，很随意地用一只手接过胡主任双手递过来的手册。胡主任的脸色越发难看，走到王东面前时，已经快没有耐心了。就在这个时候，王东礼貌地站起来，双手握住手册毕恭毕敬地说了一句："谢谢您！"

胡主任闻听此言，不觉眼前一亮，伸手拍了拍王东的肩膀问道："你叫什么名字？"王东照实回答，胡主任微笑点头后回到自己的位置。早已汗颜的导师看到此景,方才微微松了口气。

两个月后,毕业去向表上,王东的去向栏里,赫然写着该军事试验室。有几位颇为不满的同学找到导师:"王东的学习成绩最多算是中等,凭什么选他而没选我们?"导师看了看这几张尚显稚嫩的脸,笑道:"是人家点名来要王东的。其实你们的机会是完全一样的,你们的成绩甚至比他还要好,但是除了学习之外,你们需要学的东西还很多,修养是第一课。"

◎案例分析

我们要注意在平时养成良好的习惯,才会在任何场景下有良好的表现。王东正是凭借了这良好的个人修养才赢得了宝贵的工作机会。一个人的修养是通过每一个细节得以体现的,细节展现了素质,细节决定着成败。

◎案例讨论

话题一:为什么王东成绩不是最好的却赢得了这份工作?

话题二:王东在这个参观过程中做了什么?

话题三:这个案例给了你怎样的启示?

🔍 知识总揽

本任务的学习,旨在帮助同学们了解面试的有关知识,掌握面试的种类与技巧,通过剖析面试中常见的问题,使自己在面试中充分展现自我,把握住机会。

一、沉着自如应面试

(一)认识面试

1. 面试的含义及作用

面试是一种经过组织者精心设计,在特定场景下,以考官对应聘者的面对面交谈与观察为主要手段,由表及里测评应聘者的知识、能力、经验等有关素质的一种考试活动。

面试可以反映应聘者的综合素质,因此成为公司挑选员工的一种重要方法。面试给公司和应招者提供了进行双向交流的机会,能使公司和应招者之间相互了解,从而双方都可更准确地做出聘用与否、受聘与否的决定。面试的具体作用包括:

(1)为招聘单位提供多角度观察应聘者的机会,如应聘者的仪表特征,了解其知识、能力、经验,推断其个性特征、动机,预测其未来实际工作的情形等。

(2)给应聘者提供了解工作信息的机会。面试是一个双向交流的过程,通过沟通,应聘者可以了解应聘单位的基本情况,应聘职位的工作信息等。

（3）为招聘单位提供介绍宣传企业及听取应聘者对工作设想、见解的机会。

面试和笔试是互补关系，面试可以考查笔试中难以考查到的内容，可以综合地考查应试者的知识、能力、工作经验及其他素质特征，可以测评应试者的多方面表现等。

2. 面试的种类及应对策略

面试有很多种类，依据面试的内容与要求，大致可分为以下几种：

（1）个人面试。个人面试又称单独面试，指主考官与应聘者单独面谈，是面试中最常见的一种形式。

单独面试又有两种情况：一是只有一个主考官负责整个面试的过程，这种面试大多在较小规模的单位录用较低职位人员时采用；二是由多位主考官参加整个面试过程，但每次均只与一位应试者交谈。

个人面试的优点是能够提供一个面对面的机会，让面试双方较深入地交流。一旦通过，一般可以参加小组面试。经过小组面试和小组讨论，从中即可筛选出参加最终面试的应聘者。最终面试会再次出现个人面试的情况。这时可能会有五六位考官，也许还会有更多的考官坐在你的面前，他们中的任何人都可能向面试者提出各种各样的问题让面试者来回答，有点像在校时的毕业论文答辩，你的处境形同"众矢之的"。但和毕业论文答辩又有所不同，毕业论文答辩的内容是在你准备的范围内略有拓展，而面试时你不知面试官会提出的问题在哪个范围，属于"漫游"型问题；毕业论文答辩时面对的多数是你熟悉的老师，而面试时，全部是你陌生的考官。面临这样的场面和这种气氛，事先必须做好心理准备，到时才能沉着冷静、应答自如。

（2）集体面试。集体面试主要用于考查应试者的人际沟通能力、洞察与把握环境的能力、组织领导能力等。在集体面试中，通常要求应试者做小组讨论，相互协作解决某一问题，或者让应试者轮流担任领导主持会议、发表演说等，从而考查应试者的组织能力和领导能力。

无领导小组讨论是最常见的一种集体面试法。众考官坐在离应试者一定距离的地方，不参加提问或讨论，通过观察、倾听为应试者进行评分，应试者自由讨论主考官给定的讨论题目。题目一般取自于拟任岗位的职务需要，或是现实生活中的热点问题，具有很强的岗位特殊性、情景逼真性和典型性及可操作性。

应试者若想脱颖而出，就需展示出自己的与众不同，若要达到此目的，需要在言谈和行为举止上下功夫，除了表现自我外，对其他面试者也要"以礼始，以礼终"。

（3）一次性面试。一次性面试是指用人单位对应试者的面试集中于一次进行。在一次性面试中，面试考官的阵容一般都比较"强大"，通常由用人单位人力资源部门负责人、业务部门负责人及人事测评专家组成。在一次面试情况下，应聘者是否能面试过关，甚至是否被最终录用，就取决于这一次面试表现。

面对这类面试，应聘者必须集中所长，认真准备，全力以赴。

（4）分阶段面试。分阶段面试又可分为"按序面试"和"分步面试"两种：

① 按序面试一般分为初试、复试与综合评定三步。初试一般由用人单位的人力资源部门主持，将明显不合格者予以淘汰，初试合格者则进入复试。复试一般由用人部门主管主持，以考查应聘者的专业知识和业务技能为主，衡量应聘者对拟任岗位是否合适。复试结束后，再由人力资源部门会同用人部门综合评定每位应聘者的成绩，确定最终合格人选。

② 分步面试一般是由用人单位的主管领导以及一般工作人员组成面试小组，按照小组成员的层次，由低到高的顺序，依次对应试者进行面试。面试的内容依层次各有侧重，低层一般以考查专业及业务知识为主，中层以考查能力为主，高层则实施全面考查与最终把关。实行逐层淘汰筛选，越来越严。

应聘者要对各层面试的要求做到心中有数，力争在每个层次均留下好印象。在低层次面试时，不可轻视、麻痹大意；在面对高层次面试时，也不必过度紧张。

（5）常规面试。常规面试就是我们日常见到的主考官和应聘者面对面，以问答形式为主的面试。主考官提出问题，应聘者根据主考官的提问做出回答，以展示自己的综合素质。

在这种面试条件下，主考官处于主动提问的位置，根据应聘者对问题的回答以及应聘者的仪表仪态、身体语言、在面试过程中的情绪反应等对应聘者的综合素质状况做出评价；应聘者一般是被动应答的姿态，不断地被面试官观察、询问、剖析、评价。

常规面试中，应聘者应注意倾听，快速作答，并始终保持较好的仪表仪态和饱满的情绪。

（6）情景面试。情景面试是面试形式发展的新趋势。在情景面试中，突破了常规面试即主考官和应聘者一问一答的模式，引入了无领导小组讨论、公文处理、角色扮演、演讲、答辩、案例分析等人员甄选中的情景模拟方法。在这种面试形式下，面试的具体方法灵活多样，面试的模拟性、逼真性强，应聘者的才华能得到更充分、更全面的展现，主考官对应聘者的素质也能做出更全面、更深入、更准确的评价。

在情景面试中，应聘者应落落大方，自然和谐地进入情景，去除不安和焦灼心理，只有这样，才能发挥出最佳效果。

（7）其他面试形式。主要包括：

① 餐桌面试。餐桌面试就是应聘者会同该单位各部门的主管一起用餐，席间大家与应聘者边吃边谈。餐桌面试一般用于测评高级或重要职员时使用。这种面试易于创造一种亲和的气氛，让应聘者减轻心理压力，以便能真实地反映应聘者的素质；同时也可以在特定情境中，全面考查应聘者对社会文化、风土人情、餐桌礼仪、公关策略、临场应变能力等的真实情况。需要注意的是：在餐桌面试中点菜时，切勿点最便

案例品读：
一次成功的面试

宜的菜或最昂贵的菜——点最便宜的菜，易于使人低估你的价值；点最贵的菜，也易于使人产生反感，觉得你不为公司精打细算。切不可只认为是在点菜而已——似在点菜，实是考查。

② 会议面试。会议面试就是让应聘者参加会议，就会议的议题展开讨论，确定方案，得出结论。这种面试内容通常就某一具体案例进行分析处理，从中可以比较直观、具体、真实地体现其实际应用知识的水平和能力。会议面试主要考查应聘者分析问题、解决问题的能力，从中可以考查其知识水平、思维视野、分析判断、应用决策等素质。

③ 电话面试。电话交流不像面对面交流，看不到对方的眼神、手势和体态，只能从声音判断对方，因而语言就易给人一种先入为主的印象，甚至这样就确定了初步的取舍，因此要特别注意电话礼仪。具体包括：一是要注意必要的电话礼仪用语，如"您好""对不起，我可以向您咨询一个问题吗""占用您两分钟的时间可以吗""谢谢您的答复"等。二是接听电话时要注意精神饱满，彬彬有礼、态度谦恭，认真倾听对方的电话内容，有礼貌地呼应对方，适度地使用附和语，不时地"嗯""啊"两声或说"是""好"之类的话语。三是电话面试随时都会来自任何一个用人单位，应熟记应聘单位的电话号码，以备用人单位的不期而至。如果电话是在你睡觉或是刚起来时打来的，毫无准备，可以向招聘者说明情况，预约稍后（时间不宜过长）打过去。切忌在无准备的情况下，匆忙回答用人单位的电话面试。四是注意接听电话的环境，不应太嘈杂，以免影响面试交流的效果。

（二）掌握面试的实战技巧

1. 注意举止

一颦一笑，一举手一投足，这就是你的肢体语言。肢体语言有什么妙用？在应聘者留下的印象中，用词占7%，肢体语言占55%，剩下的38%来自语音语调。一般来说，一个人的举止主要包括面部举止和行为举止两方面。人的面部举止主要是靠眼睛、嘴和眉毛来完成。除了面部举止外，还要注意坐姿、站姿、走姿和握手。这在后面的求职礼仪中会详细介绍。

知识补给：求职面试中的常见错误

2. 注意自我介绍技巧

个人自我介绍是面试实战中非常关键的一步，面试中一般都会要求应聘者先做简单的自我介绍，因为众所周知的"首因效应"的影响，你这2~3分钟见面时的自我介绍将在很大程度上决定你在面试官心里的印象。个人单独面试基本上都是从开场问候开始，它可能决定面试的整个基调。开场问候很重要，应面带微笑，声音洪亮、语速自然，彬彬有礼、大方得体，这是应给面试考官的第一印象。

3. 注意交谈技巧

交谈是面试过程中一项重要的内容，要使面试圆满成功，需要做好交谈前的准备工作，不要迟到，最好提前10~15分钟到达面试地点，这样既有礼貌，又可以把面试环节想得周到些。在交谈过程中，要掌握好"听""说""问"三个环节的技巧。

（1）听。要始终聚精会神地倾听对方的谈话，不要干别的事情，既能让对方感受到你的个人修养，又能使自己跟上对方的节拍。听的时候，要把目光放在对方目光的同一水平上，要望着对方的眼睛，但要自然，不要死死地盯着对方。不要打断对方，即使对方说的话并不精彩，或者瞬间引起了你极大的兴趣和共鸣，也要耐心让对方把话说完。突然转移话题或打断别人的话，不仅不礼貌，也会使别人不能一吐为快，十分扫兴。

（2）说。交谈是有来有往的双边或多边对话，不要自己说起来没完。说话要生动、具体，不要含糊不清，耽误别人时间。同时要注意对方的反应，但对方有反感的情绪流露时，应停止讲话或改变话题。如果对方向你提出问题，你没有立即想好答案，可以请求暂停一下，争取时间思考，对实在不好回答的问题可以坦白告知"我还没想好"或"请让我想一想"。

（3）问。当主考官问你是不是有问题要问时，千万不要随随便便地乱问，要问对方可以尽情发挥的问题，否则你的一个小小的问题可能毁掉你前面所有的努力。比方说你去某公司面试，却问"你们公司是做什么的"，这种问题应该避免，如果实在没有问题，可以直截了当地回答"没有问题"，大可不必画蛇添足。

二、有备无患解面试

在面试时，考官常常会问到一些常见的问题，如果能够事先了解这些问题，并且懂得如何回答这些问题，那么就可以使自己及时有效地回答，这是非常有益于面试成功的。虽然不同的主试人所问的问题各不相同，但是，有一些问题是比较常见的。

（一）请简单介绍一下你自己

考官的用意有几个方面：一是让应聘者从最熟悉的自己谈起，可相对放松心态；二是借此全面了解应聘者的情况，尤其是个人素质（如价值观、人生观、特长和爱好等）；三是考查应聘者的语言表达能力和逻辑思维能力，看能否在几分钟内简明扼要地介绍自己的主要情况。许多考官都认为，如果一个大学毕业生连自己的基本状况都无法清晰地表达出来，那么就更难很好地阐明其他问题了。如果东谈一点、西谈一点，对方将难以整理出有意义的答案来。也不要问考官你应该回答什么，如果由对方来告诉你一个话题，你将很被动，就不能充分地展现自己的才华。这是个开放性问题，从哪里谈起都行，但是滔滔不绝地讲上一两个小时可不是考官所希望的。这样的问题是测验你是否能选择重点并且把它清楚、流畅地表达出来。显然，提问者想让你把自己的背景和想要得到的职位联系起来，所以要事先准备两分钟的回答，前一分钟谈有关的事业，后一分钟谈你的哪些能力使你胜任这份工作。特别要注意避免流水账似的谈生平经历，一定要谈对他们有用的东西。

回答参考：

我来自一个农村家庭，有一个弟弟，父母都还在工作。大学我读的是市场营销专业。上学期间我积极利用业余时间在超市、商场担任销售工作，积累了不少营销方面的实践经验。我相信我的经验和学历将让我迎接未来更大的挑战。

（二）你为什么要应聘这份工作？

这是个直接、正面的问题，直接的问题需要直截了当回答，为什么他们要雇用你呢？最巧妙的回答应该对他们而不是对你有利。回答时注意说明你应聘这份工作是因为你具备胜任这份工作的能力。你阐述应聘的理由时必须强调你能贡献什么，而不要强调你能获取什么，应从用人单位的工作性质、工作意义、发展前景和有利于为单位多做贡献，能发挥自己的聪明才智等方面来回答。让考官认为你喜欢这份工作是因为你具有他们所要求的技能，而不是那份工作能给你带来所需要的物质东西。如能达到这种效果，考官自然会另眼相看。还可以谈一些对这份工作的认识。但是，如果不是很了解，还是少说为好，以免出差错，闹笑话。切忌谈因为这个工作的福利好、工资高、奖金多而应聘。总之，一要谈具有胜任这份工作的能力，最好以实例提供有力的证据，直接而自信地推销自己；二要谈自己能对单位的发展有贡献。

回答参考：

因为我对本单位所需人才……（你的职业领域）的知识背景和……（相关专业、技能等）较熟悉，能够顺利有效地接手这份工作，从一开始就为公司做贡献（可以举例说明你所具备的工作技能和素质）。

（三）你有哪些主要的优点？

在面试中，这是一个常常被问及又比较难回答的问题，难就难在一般人都难以对自己有一个客观的评价，何况是自我评价比较高的应届毕业生。而考官常常又以此来考查应聘者是否诚实，或者以此来观察应试者会不会因为这个问题局促不安起来。一般情况下，要如实地讲出自己的优缺点，这并不会减少录用的机会。事实上，回答这个问题时的态度比回答这个问题的内容更加重要。介绍自己的长处时，不要过分谦虚，不应谦卑地说自己还在学习阶段，没什么长处之类。如果你对自己的长处都毫无信心，那么又怎么让别人对你有信心呢？可把优点整理成几条，并加以证明。在阐述你的每一条优点时，都要举一个简短的例子。在回答时应当首先强调你适应的或已具有的与工作相关的技能。聘用你的决定在很大程度上取决于这些技能，注意一定要简单扼要。

回答参考：

我认为我的最大优点是……（列举你认为合适这项工作的几种能力和个人素质）这些优点体现在……（列举几个能够展示你的优点的例子）。虽然现在我还欠缺实际工作经验，但是我具有……（列举你的理论知识和其他方面的经验），此外，我可以为这个工作带来……（列举热情和活力、开放的心态、良好的适应能力、较强的学习能力、人际关系等）

（四）你有哪些缺点？

考官并非真的想了解你有哪些缺点，只是考查你如何应对隐含的批评和你的自我意识程度。这是个棘手的问题，可能会使你陷入两难的境地：一方面不宜说自己没有缺点，也不宜把那些明显的优点说成缺点；另一方面也不宜说出令人不放心、不舒服的缺点，更不宜说出严重影响所应聘工作的缺点。若照实回答，有可能会使你丧失这次求职的机会。考官提问在于观察你在类似的工作困境中将做出什么反应。因此，回答时可以说出一些与应聘工作"无关紧要"的缺点，甚至是一些表面上看似是缺点，但是从工作角度看却是优点的"缺点"。例如，"我有时不注意休息，干活太卖力"或"我有时不太耐心，总是希望在尽可能短的时间内把工作干完"。圆满的回答应该是用简洁正面的介绍抵消反面的问题。

回答参考：

我需要学会更耐心一点。我的性子比较急，我总想要我的工作赶在第一时间完成。我不能容忍工作怠慢。

（五）你想得到的薪水是多少？

如果你对薪酬的要求太低，那显然贬低了自己的能力；如果你对薪酬的要求太高，那又会显得你分量过重，公司受用不起。一些用人单位通常都事先对求聘的职位定下开支预算，因而他们第一次提出的价钱往往是他们所能给予的最高价钱。他们问你只不过想证实一下这笔钱是否足以引起你对该工作的兴趣。

在商谈薪酬之前，你是否已经调查了解了自己所从事工作的合理的市场价值？如果没有，你最好不要谈具体数字，也不要给出工资的范围，因为从这个范围用人单位可以了解到你的心目价位，就有可能给出这个范围的下限，而不是上限了。记住，商谈时降低原来的开价轻而易举，但一旦开出低价后想再提上去就难乎其难。

回答参考：

我对工资没有硬性要求。我相信贵公司在处理我的问题上会友善合理。我注重的是找对工作机会，所以只要条件公平，我则不会计较太多。

（六）你以前的经验和我们现在的工作有哪些联系？

应届毕业生普遍从学校到学校，除了一些简短的社会实践外，还谈不上有什么经验。没有经验的大学生在回答面试问题时注意多强调自己的工作能力和专业知识，强调这些知识和能力能够适应所应聘的工作岗位。不必面面俱到地把每一门课程都罗列出来，可稍微详细介绍一下与应聘岗位有关的科目，但不要强调这些科目会对今后的工作有极大的作用，只着重强调打好了理论和技能基础。

回答参考：

我今年毕业，对这项工作还没有什么经验。但是根据在学校时所学的知识，以及我在假期的社会实践的体验，我自信有能力做好这项工作。

（七）你对以后有什么打算？

这个问题是在考查你的工作动机。它是在探究是否可以信赖你把工作长久地干下去，而且干得努力。因此，你最好的回答对策就是诚实，但并非是要你把负面的信息也摆出来，你应该坦率地、正面地回答用人单位关心的问题，而哪些是用人单位关心的问题取决于你介绍个人背景的具体情况。

（1）你对工作满意？（"话外音"：如果不满意，你会离开公司吗？）

（2）你想成家吗？（"话外音"：如果成家了，你会停职去照料小孩吗？）

（3）你是否有过短期工作后离开的历史？（"话外音"：如果有，你会不会也放弃这份工作呢？）

（4）你是否刚搬到此地，属于暂住人口吗？（"话外音"：如果是，你也不会在此地久居，对吗？）

（5）你有什么优势和承诺在工作中发展吗？（"话外音"：如果没有，谁需要一个没有优势和动力的人呢？）

回答参考：

我想过我要做什么，而且肯定我的技能正是做好这项工作所需的，例如……（列举你某一方面的能力，并举例说明）。我喜欢这份工作，想到我能得到这份工作我就感到非常愉快，我希望能在工作中更好地学习，使自己迅速成长，也希望自己未来有更好的发展空间和平台。

（八）你怎样与他人相处？能否快速融入公司环境？

面试考官考查的是你的交际能力，担心你只能与同龄人密切相处，而缺乏与其他人合作的经验，回答时你需要通过实例说明你能够与不同身份、不同年龄和背景的人相处合作。

回答参考：

我认为我很善于与他人相处，相信那些认识我的人也同意这一点。我曾经和不同背景的人在一起（列举这种情况和环境，如学校、旅游、社会实践等），我感觉自己心态开放，能够适应新环境（列举一个例子，说明你能够在困难和陌生的环境下与人沟通）。

（九）你是否愿意从事基层工作？

这个问题是检查你的现实性，大部分工作都涉及一些日常事务，尤其是初级工作，你的回答应表示愿意从做好基层事务开始。

回答参考：

我知道任何工作都要从基层做起，如果我被聘用，我会很高兴从事基层工作，因为这使我能够了解和适应这个工作。我希望这些基层事务能成为我不断进步和发展的基础，让我为公司做出更大贡献。

（十）你是否在压力下工作过？你怎样应对压力？

你可能会奇怪，考官为什么会问你（一个应届毕业生）这个问题，其实他们是想了解：

（1）你是否有在压力下工作的经验——概述你遇到的压力情况。

（2）你怎样应对它——说明你怎样保持平衡。

（3）从长期角度来看，你应对和摆脱压力的方法。

记住，回答时一定要强调第二部分，你怎样应对压力，而不是你怎样感觉压力的沉重。

回答参考：

我认为我能够应对压力。我有过在压力下工作的经验（例如在高中毕业考试时）。我通过……（合理的计划、组织和安排复习）来控制和缓解压力，我发现……（列举你采取的方法）很有用，而且我觉得压力能够调动人全部潜能，且获得成功时会有更大的满足感……（可列举一个克服困难取得成功的例子）如果我感到压力过重，我会（讲述你采取的迅速、有效的方法）缓解压力。从长期角度来看，我会……（说明你的具体办法，如调节饮食、锻炼身体等）来增强应对压力的信心。

三、自我展示面面观

在应聘的过程中，要想取得成功，除了要掌握必要的面试技巧，还要遵从一定的礼仪规范。求职礼仪就是求职者在求职过程中与招聘单位接待者接触时应具有的礼貌行为和仪表形态规范。它通过求职者的应聘资料、语言、仪态举止、仪表、着装打扮等方面体现其内在素质。它对于能否实现求职者的愿望，能否被理想单位录用起着重要的作用。

求职者在择业的过程中，通常是先和用人单位供需见面，求职者的第一印象非常重要，仪表举止、气质风度都会给用人单位留下深刻的印象。求职礼仪是一个人在面试过程中仪容、表情、举止、服饰、谈吐、修养的综合体现，要想在面试时给人留下良好的第一印象，依靠的绝不仅仅是偶然的缘分，也不仅仅是刻意模仿，更重要的是内外兼修，塑造自身良好形象。因此，求职者要塑造完美形象，就要通过着装、姿态、表情、面试礼仪多方面来完成。

（一）仪表要得体

1. 女生着装

对于女生来说，选择衣服的款式不要太过新颖前卫，宜端庄正统。如果选择的是裙装，就要注意裙子的长度不要在膝盖以上，上衣领口不能太低，切忌穿太紧、太露和太透的衣服。在颜色选择上，注意选择黑色、深蓝、灰色等稳重的颜色，鞋子、丝袜的颜色不能花哨，应与衣服相配。头发是整体仪容中十分重要的组成部分，不要染发，应整洁清爽，如果是长发就把它盘起来或者选择其他看起来专业舒服的发型。

除了穿衣之外，女生在面试前应该稍稍化一下妆，这样会让自己看起来更加精神，但不要化浓妆，要选择自然清淡的颜色，稍作修饰，清新自然，保持妆容干净，配饰要少而精，应以简单为主，不能夸张。

2. 男生着装

男生在面试前应该选择裁剪良好、款式经典的西服套装，忌太过前卫的设计。在颜色的选择上，以黑色、灰色、深蓝为宜，并且最好是纯色，不要有大格子、大条纹什么的，里面的衬衫以白色长袖为上上之选，领带宜选用一些传统的条纹、几何图案，要注意和西装、衬衫颜色搭配的协调性。鞋子要擦干净并上鞋油，并确信鞋子是完好的，光亮的鞋子能够表现出你专业的做事风格以及良好的职业素养，黑色鞋是不错的选择。男生在袜子的选择上也不可掉以轻心，许多求职者往往就是在袜子上功亏一篑。袜子一定要注意颜色，白袜子与黑鞋子搭配是很不专业的，要加以避免，应配以深色袜子。

男生也要注意仔细打理发型，并且不要忘记刮胡子，保持面容整洁，切忌长发飘飘。最好少戴饰品，越简单越好。

（二）仪态要端庄

姿态主要是指人的各种姿势，包括坐、站和走的姿势。这些姿态可以表达人的思想情绪和个人修养、气质。"站有站相，坐有坐相"是对一个人行为举止最基本的要求。

1. 站姿

在面试中，正确的站姿是站得端正、稳重、自然，做到上身正直，目视前方，挺胸抬头，直腰收腹，两臂自然下垂，两腿并拢。切忌站立时东倒西歪或躬腰驼背。

2. 坐姿

优雅的坐姿传递着自信、友好、热情的信息，同时也显示出良好的风范。女生应在站立的姿态上，后腿能碰到椅子，轻轻坐下来，两个膝盖一定要并拢，腿可以放中间或两边。男生坐着的时候膝盖可以分开一点，但不要超过肩宽，也不能两腿叉开，半躺在椅子上。面试时不要紧贴椅背坐，不要坐满，坐下后身体要略向前倾，一般以坐满椅子的2/3为宜。这既可以让你腾出精力轻松应对考官提问，也不至于让你过于放松。应避免在坐着的时候脚在地上抖个不停，而且腿还跷得很高，这都是不雅的坐姿。

3. 走姿

无论在日常生活还是在社交场合，走路最能体现一个人的风度和活力。走路时头要抬起，目光平视前方，双臂自然下垂，手掌心向内，并以身体为中心前后自然摇摆。上身挺拔，腿部伸直，腰部放松，脚步要轻并且富有弹性和节奏感。女性还要步履匀称、轻盈、端庄、文雅，显示温柔之美。

（三）礼仪要恪守

除了着装和姿态外，面试时适当的表情、大方的举止、温和的谈吐，也能让考官对你的形象加分不少，这就是面试礼仪方面的问题了。

1. 守时

守时是职业道德的基本要求，提前 10~15 分钟到达面试地点效果最佳。提前半小时以上到达会被视为没有时间观念，但在面试时迟到或是匆匆忙忙赶到却是致命的。不管你有什么理由，迟到都会被视为缺乏自我管理和约束能力。

如果路程较远，宁可早点出门，但早到后不宜立即进入办公室，可在公司休息等候。

2. 进屋敲门

不敲门进屋是非常不礼貌的。进屋前，敲两声门是较为标准的，力度要适中，当办公室门打开后，要有礼貌地说声"打扰了"，然后转过身将门轻轻合上，再向面试考官打招呼。

3. 表情

人的面部表情最能准确、直接、迅速地表达出内心世界的感受，生活中我们有许多词语（如炯炯有神、神情呆滞、笑颜如花）来形容人的表情，可见表情在生活中的重要。大学生面试时一定要注意自己的表情，尽量保持自然状态，不要过于拘谨。

在眼神上，交流中目光要注视对方，但万不可死死盯着别人看，如果不止一个人在场，要经常用目光扫视一下其他人，以示尊重、平等。

在面部表情上，应保持微笑，微笑是最好的交际方式，它可以缩短人与人之间的心理距离，为深入沟通与交往创造温馨和谐的氛围。在面试中，你要把握每个机会，展露自信而自然的笑容，但是切忌呆笑。

4. 握手

握手是人们相互见面和离别时的礼节。在面试中握手除了是一种礼节之外，它还是面试官考查应聘者是否有好的修养的一个尺度。面试双方见面，通常会互相握手。除非面试官没有意图跟你握手，可是当考官的手朝你伸过来时，应迎上去握住，握手力度要适中，时间为 3~5 秒，不可拖得太久，双眼要直视对方，微笑致意或问好。

应注意：握手不要太用力，不要使劲摇晃，也不要用手指部分漫不经心地接触对方，这都是不礼貌的；不要用两只手，用这种方式握手看起来不专业；手应当是干燥的、温暖的，如果你是刚到面试现场，用凉水冲冲手，使自己保持冷静，如果手心发凉，就用热水焐一下。

5. 谈吐

语言是求职者的第二张名片，它客观地反映了一个人的文化素质和内涵修养。面试时对所提出的问题要对答如流，恰到好处，又不夸夸其谈。谈吐上应注意以下几点：

（1）突出个人的优点和特长，并有相当的可信度，语言要概括、简洁、有力，不要拖泥带水，轻重不分。

（2）展示个性，使个人形象鲜明，可以适当引用别人的言论，如用老师、朋友的评论来支持自己的描述。

（3）坚持以事实说话，少用虚词、感叹词。

（4）注意语言逻辑，介绍时层次分明、重点突出。

（5）尽量不要用简称、方言、土语和口头语，以免对方难以听懂。当不能回答某一问题时，应如实告诉对方，含糊其词或胡吹乱侃会导致失败。

6. 注意聆听

在面试过程中，"聆听"也是一种很重要的礼节。不会听，也就无法回答好主考官的问题。聆听就是要对对方说的话表示出兴趣。在面试过程中，主考官的每一句话都可以说是非常重要的。你要集中精力认真地去听，要记住说话人讲话的内容重点，并了解说话人的希望所在，而不要仅仅注重说话人的长相和语调。即使说话人的谈话确实无聊、乏味，你也要转变自己的想法，认真听对方的谈话，或多或少可以使自己受益。在聆听对方谈话时，要自然流露出敬意，这才是一个有教养、懂礼仪的人的表现。

7. 面试后的礼仪

许多大学生求职过程中会留意面试时的礼仪，而忽略了面试后的善后工作，面试结束时的礼节也是公司考察录用的一个砝码。面试结束后还有一些事情可以去做，这不仅是礼貌，还可以为你的形象加分，提高你的求职成功率。

（1）礼貌再见。首先不要在招聘者结束谈话前表现出浮躁不安、急欲离去的样子。在面试结束后告辞时应礼貌地感谢对方。走时，如果有公司其他人员接待过你，也应向他们致谢告辞。

（2）写封感谢信。为了加深招聘人员的印象，增加求职成功的可能性，面试后两三天内，求职者最好给招聘人员写封信表示感谢。

（3）耐心地等待结果。在一般情况下，每次面试结束后，招聘主管人员都要进行讨论，然后送至人力资源部门汇总，最后确定录用人选，这个阶段可能需要三五天时间，所以在此段时间内要耐心等候消息，不要急躁地频繁打电话到用人单位询

151

问结果。

（4）查询结果。一般来说，在面试两周后，或主考官许诺的时间到来时还没有收到对方答复，就应写信或打电话给招聘单位，礼貌询问面试结果。

任务三　展示优势　抓住先机

▶ 案例导入

网络求职有讲究

伴随着日益严峻的就业形势和信息社会的不断发展，在新冠肺炎疫情常态化防控背景下，求职者的求职方式也在悄然发生着变化。不用查报纸，不用去招聘会，不用求亲告友，避免聚集风险，只需轻轻点一下鼠标，合适的工作就会"找上门"来。这种方便、快捷、花费少的择业新方式，就是网上求职。网上求职看似快捷方便，但是如何利用互联网"取巧"求职，还是需要技巧与经验的。高职毕业生小孙就是通过互联网成功求职的，但是在最初网上求职时，他只要看到跟自己所学专业有点沾边的职位就盲目投简历。渐渐地，小孙发现把简历大量往外"海投"并没有什么效果，接到的面试通知少之又少。那时候，他感觉压力很大。

后来，小孙参加了学校组织的就业指导宣讲会，大受启发。此后，他便把目标锁定在一家知名招聘网站的校园招聘频道，确定了几个自己比较感兴趣并自认可以胜任的职位后，他投递了精心制作的简历，针对不同的职位，相应的能力描述都有所修改，更突出了自己的优势。一段时间下来，小孙接到了七八个面试通知。经过一系列辛苦的面试，他成功进入一家业内口碑不错的公司。

◎案例分析

网络求职方便快捷，但也不是点一下鼠标就可以轻松成功的，也是需要一定的技巧与方法。找对方法、做好充分的准备工作才能收获理想的结果。

◎案例讨论

话题一：小孙是怎样在互联网应聘成功的？

话题二：你会选择这种应聘方式吗？

话题三：说一说网络应聘应如何展现自己的优势？

知识总揽

本任务的学习，旨在帮助同学们掌握自我推荐的方法、技巧，利用网络自荐的方式，降低求职成本。同学们可以自主选择适合自己的求职方式展示优势，增强求职成功的可能性。

无论是职业兴趣、目标，还是求职方式，已经越来越表现出多元化趋势。求职者在选择工作时，"适合自己才是最好的"已经成为大家共同认可的新时代的职业选择标准。

一、自我推荐的常用方法

（一）口头自荐

求职者亲自到用人单位或招聘现场，毛遂自荐，自我展示工作实力。口头自荐的优点是，可直接在招聘者面前展露才华，给人留下深刻印象，甚至现场录取；不足之处是涉及面有限，若不了解用人单位的地址或路途遥远，将很难实现自荐。

（二）书面材料自荐

这是采用书面形式来表现自己的一种方式，大多通过邮寄形式来实现。这种方法的优势是，准备充分，覆盖面广，不受时空的限制，但反馈率低。

（三）电话自荐

这是通过电话这种快捷、方便的通信工具来推荐自己的一种求职方式。一般求职者看了招聘广告之后，根据其刊登的电话号码和联系人姓名，询问有关事宜。求职电话打得好，往往能给招聘单位良好的第一印象，并且可以通过传真发送书面材料。对于谈吐自如、反应敏捷的大学毕业生，此种方式更能发挥自己的优势。

（四）网络自荐

许多学校的就业指导中心和人才中介机构都建立了就业信息网站，邀请用人单位在网址上发布招聘信息，允许学生随意调阅选择。现在毕业生求职自荐越来越多地利用互联网，不但方便快捷，易于抓住先机，也能向用人单位展示自己的计算机水平和信息化素养。

（五）学校推荐

学校推荐实际上是一种间接的自荐方式。学校方面在与用人单位的长期交往中，建立了一种密切的、相互信任的工作关系，有较大可能性和权威性，所以较易得到用人单位的认可。通过老师、校友、亲友推荐也是达到自我推荐目的的一种方法，他们的推荐容易引起用人单位的重视和信任，可帮助毕业生扩大自荐的范围，有助于自荐成功。

二、自我推荐的技巧

（一）准备充足的自荐材料

自荐信、个人简历、证明材料、学校就业推荐表等要齐全、完整，不要有遗漏。这几种材料，虽然单独都能成立，但各自侧重点不同，缺了任何一个方面，自荐材料都不够完整。由于用人单位对求职者要求不尽相同，自荐材料也应根据不同需要而有所变化。例如，前往外事、旅游等部门求职，可另外准备一篇外文自荐信。另外，自荐材料的份数应准备充足。相关内容在项目四已做详细介绍，此处不再赘述。

（二）选择恰当的自荐方式

自荐方式是多种多样的，选择恰当的自荐方式，在求职择业的过程中无疑是十分重要的。就每个求职择业的大学生而言，究竟采用何种自荐方式，首先应当从自己的实际情况出发。例如，善于语言表达且有一口流利标准普通话的求职者，采用口头自荐似乎更能打动人心；倘若能写一手隽秀的汉字和漂亮的文章，则选择书面自荐更能显示出求职者的能力。当然，选用哪种自荐方式主要还要看用人单位的需要，适合的才是最好的。此外，自荐材料的递送方式也应注意。一般来说，求职者亲自到用人单位或招聘现场当面呈递自荐材料，易于加深用人单位对自己的印象，从而增强求职者成功的可能性。

（三）运用技巧，展示优势，求得认同

灵活掌握自荐的一些基本技巧，显然有助于顺利打开求职大门，自我介绍时应注意以下几个方面。

1. 积极主动

自荐是求职者的主动行为，任何消极等待都是不可取的。自荐信、个人简历等自荐材料的呈交、寄送要尽量及时，在了解到需求信息时，事先应做好各种自荐材料的准备，不等对方索要就主动呈交，更不能迟疑，否则就有可能错失良机。呈交、寄送自荐材料后，不要消极等待，而应适时主动询问结果。

2. 重点突出

在介绍自己的时候，应重点突出自己的能力和知识，本人基本情况、家庭情况点到即可。对于自己的专长、经验、能力、兴趣等，可以详细介绍。为了取得对方的信任，有时还要举例说明。比如，大学期间发表过的论文、获得的奖励、承担的社会工作或某些工作经验、社会阅历等。要突出自己的优势和闪光点，因为与众不同的东西，可能就是你的魅力所在。平铺直叙、过分谦虚，有碍用人单位对自己的全面了解和正确评价，容易将自己埋没在求职的大军中。

3. 如实全面

介绍自己各个方面的情况时一定要实事求是，优势不羞谈，缺点不掩饰，客观全面，不能吹嘘或夸大，尤其是在介绍自己以往学习、工作上取得的成果时，一定要恰如其分，否则，将适得其反。同时，自我介绍的材料要全面、完整，自荐信、推荐表、个人简历、证明材料一应俱全，才能给人以系统全面的整体印象。

4. 有的放矢

针对用人单位的具体要求，强调自己的社会经验和专业所长，这样才能让用人单位相信你是最理想的应聘者。比如用人单位招聘文秘人员，你介绍自己如何具有公关能力，就不如介绍自己文史知识及写作才能。用人单位招聘管理人员，你的学生干部经验及组织管理才能可能更受重视。强调针对性的同时，也不能抹杀相关知识、才能的作用。专业特长加上广泛的知识面和兴趣爱好往往会更受用人单位的青睐。

三、降低求职成本

现在很多专业的招聘网站提供大量的招聘信息，利用互联网找工作是现在非常流行且行之有效的求职途径之一，既能使毕业生有机会接受更多的企业挑选，也能降低求职成本。

（一）查找求职网站的技巧

毕业生上网查找招聘网站时，可以在国内比较主流的搜索网站直接查找关键词"招聘""应聘"或"求职"等。如果你知道具体招聘网站的话，可以直接在浏览器的地址栏中输入网址。

（二）用电子邮件发送个人简历的技巧

现在不少公司的人事管理部门每天都能收到大量通过电子邮件（E-mail）发来的个人简历，这其中有相当多的简历不够规范。在通过互联网求职时，为了使你的个人资料得到应有的重视，不至于淹没在海量的电子文件中，应该注意以下几个方面。

1. 利用专业招聘平台的人才数据库功能

网络求职时主要精力应该放在拥有人才数据库的招聘网站上，要把你的简历放到他们的数据库中，因为用人单位会来这些网站浏览或查询。用人单位带着明确的目的来找你，远胜过自己向大量单位无目的地发放个人简历。但是网络求职时，也要对个人信息安全等问题加以关注。

2. 有选择地向用人单位发送简历

大学毕业生在发送简历时，特别要注意：

（1）要有针对性。在发送简历的时候，你应该注明申请的是何职位，并了解你是否胜任这个工作。

知识补给：
部分名企对求职简历的要求

（2）尽量不要将简历用附件的形式发 E-mail 给招聘单位，以防收件人因种种原因无法打开附件。另外还有一个办法，把你制作精美的简历放在网上，将网址告诉给对方。

（3）简历要易读。用 E-mail 发出的简历在格式上应该简洁明了，重点突出，因为公司通常只看他们感兴趣的部分。

（4）准备一封求职信。为了使招聘单位了解你申请的是哪个职位，并对你有更多的印象，发简历的时候，都应该写一封求职信同时发出。发任何简历都应该写求职信，这是被许多求职者忽略的原则。求职信应该有足够的内容推销自己，但要控制长度，不要让别人为了看信和简历把屏幕翻好几遍；注意措辞，信中千万不可有错别字；求职信和简历要一同发送，不要分开。

（5）用准关键词。求职信中的关键词也是很重要的，许多公司会通过关键词的搜索，寻找符合他们条件的人选。

3. 不断更新简历

勤快刷新简历至少有两个好处：一是表明你现在正在求职，而不是让人感觉你找了很长时间工作没找到；二是招聘单位在搜索人才时，符合条件的简历通常是先按刷新时间顺序排列的，而他们一般只会看前一两页。

4. 把握询问的节奏和频次

有些求职者在发送简历给用人单位后总是不断询问结果，其实这是不受欢迎的，因为有些用人单位每天会收到大量的个人简历。一般来说，每隔一到二周询问一次是比较合适的。询问的时候，你应该表示对他们的职位仍然感兴趣，并可以再次简短介绍一下自己的专业特长和社会经验。

（三）网上求职注意事项

1. 不要登录非正规的网站

一般而言，正规网站上的招聘信息来源比较可靠，在校的大学生可以尽量在高校就业网上寻找自己满意的职位，因为学校会对招聘单位的资质与招聘信息的合法性、真实性和有效性进行严格审查。

2. 不要向任何网上"雇主"发送个人重要资料

个人身份证号码、信用卡号及银行账号等个人重要资料不要对外泄露。由于互联网的安全性还无法完全控制，个人或企业在网络上输入的信息有可能被他人窃取、利用，造成名誉和经济上的损失。

3. 不要盲目地发送个人简历

网上的信息量很大，但自己要有准确的定位，根据个人的专业、爱好、特长，有目标、有方向地向招聘单位求职，否则接下来的面试或通知会让你疲于奔命，应接不暇。

4. 不要同时应聘同一单位的数个不同岗位

不少大公司的软件系统会直接删除应聘信息含糊不清的简历。同时这样做，非常容易给招聘单位留下随意、不专业的不良印象，甚至认为你缺乏必要的诚意和诚信。

5. 不要以同一份简历来应聘不同的公司或不同的职位

简历的作用是让招聘单位在最短的时间获得关于你最多的有用信息。针对不同的要求，略微地改动一下，写几句量身定做的求职语句，表现出你对该行业、企业的了解，对该工作的重视。

6. 不要申请不符合自己实力的职位

衡量一下自己所申请的职位要求是否和自己简历中的描述相称，如果学历、工作经验、年龄、职称、认证、性别等条件仅有一两项符合的话，很可能第一轮就被按照条件设置进行检索的人力资源人员刷了下来。

7. 不要忽视已经发送的简历

最好对发出的简历做一份跟踪档案，分类并随时关注它的进展，尤其要记录下应聘公司的信息。如果你在面试通知的时候满头雾水或者张冠李戴，很可能招聘公司会因为你没有用心而就此取消面谈。

8. 不要因为没有回音而过分焦虑

一定要保持平和的心态，小心细致，有耐心、有坚持，这样才能更好地把握机会。

信息化时代带给大学生们的求职方式不是少了，而是更多了，而且方式在不断地更新发展，除了传统意义上学校和社会招聘会外，各种具有时代鲜明特征的创意性求职也纷纷涌现，降临到校园。琳琅满目的求职招聘广告让大学生眼花缭乱，茫然而不知所措，不知如何去选择合适的方式。对于大学生来说，关键是合适自己的才是最好的。

拓知广识

面部"微表情"助求职者面试加分

一部名叫《别对我说谎》(*Lie to me*)的美剧曾一度风靡全球，剧中的主角可以从一个人的面部表情、肢体语言等方面了解这个人是否在撒谎以及焦虑、恐惧等心理状态。随着这部剧的热播，剧中的"微表情"分析引起了越来越多的关注，而"微表情"分析更是被一些用人单位引入到面试环节中。

"我的爱好是运动和散步，弱点是不细心，当学习委员时把人家的资料给填错了。"广东技术师范学院会计学专业的小丽刚介绍完自己，现场的人力资源专家就对她进行了一番点评：自我介绍时不要闭着眼睛说话，手不要扶在椅子上，身体不要晃动。人力资源专家口中的"眼睛、手和身体"就是"微表情"。

这是暨南大学一场专场招聘会上的情景，与以往不同，这次现场招聘会引进了针对改善"面试微表情"的特训服务。学生在正式面试之前，可以先来"微表情特训中心"体验一下，借此帮助学生舒缓紧张情绪，给面试加分。

抹鼻子、表情僵硬出卖了你的紧张

抹鼻子、手足无措、眼神飘忽，这些多是内心紧张的反映，很容易带来考官的负面评价。一份《中国大学生面试压力调查》显示，82%的人在面试时会出现表情僵硬、挠头等压力微表情。但这些"微表情"很难被求职者察觉，却容易被面试官捕捉。

中山大学管理学硕士吴同学，在招聘会现场投完简历后，饶有兴趣地参加了面试"微表情"特训。吴同学本科学的是化学，硕士改学管理，属于复合型人才，他对自己相当自信。特训中，现场的人力资源专家先问了一两个常规问题，然后回马一枪问："你曾是理科生，你能计算出中国人每一天消耗多少口香糖吗？"吴同学面对突发问题有些支吾，人力资源专家点评说，"微表情"往往就在发生突发事情上，此时表情出卖了你自己。

面试前先调适"微表情"

微表情的概念最早是由美国心理学家保罗·埃克曼在1969年提出的，后来随着美剧《别对我说谎》而流行起来。微表情是指下意识的短暂表情，最短只有1/25秒。

"外企在招聘中很注意微表情，这几年国企也开始重视起来。"据了解，95%以上的面试官最看重求职者在回答问题时所表现出来的综合素质、心理素质和抗压能力。大部分考官更看重面试者回答是否自然流利、逻辑严谨，因为这能显示出良好的心理素质。

人力资源专家表示，"微表情"可以训练，如高校的礼仪课。但最重要的是要学会调适，以轻松的心态在考官面前展现过硬的心理素质。求职者可以通过一些简便易行的方式来给自己减压，比如面试前喝水、听轻音乐、深呼吸、片刻冥想、轻按太阳穴位、咀嚼口香糖等。

（资料来源：根据东方网资料改编。）

深思明悟

（1）如何做好笔试的准备并把握笔试的技巧？

（2）面试的种类有哪些？

（3）面试的实战技巧有哪些？

（4）常用的自我推荐方法有哪些？

（5）说一说自我推荐的技巧？

勤行践学

模 拟 面 试

一、活动要求

模拟面试训练是以教室作为模拟面试的场地，训练学生在面试中的个人形象礼仪、语言表达、回答问题表现、时间把握等，要求每位同学在扮演面试者的时候，要掌握并运用面试中的技巧，将自己所具备的能力和素质尽可能以最佳的状态表现出来。

二、活动内容

1. 前期准备

（1）先由老师随机挑选或学生自愿参加，确定五位同学名单，并要求每位同学必须按照正式面试来准备好自己的自荐材料，注意着装和仪态。

（2）根据学生推荐，挑选三位同学与指导老师组成现场招聘方。

（3）根据上一届毕业班级的应聘单位，由参加面试的学生抽签决定应聘的单位，或者自己根据个人实力选择好要应试的单位。

2. 模拟面试环节

（1）学生以正式面试场景进入，当听到老师发出"开始"指令后，步入教室至中间站立，向招聘方问好，并向招聘方递交完备的个人自荐材料。

（2）每位同学依照顺序轮流进行个人面试，进行全面的自我介绍，时间两分钟，还没有面试的同学面向现场同学坐好。

（3）由老师模拟招聘方，对面试学生进行现场提问，或进行问题抽签，学生面试者回答问题。

（4）面试结束后，每位参加面试的学生要起身离开面试教室。

3. 总结及点评

（1）由老师和学生四人组成的招聘方对各位应聘同学按照下面的评分表（表5.1）进行打分。

表5.1 面试评分表

姓名	个人形象礼仪（40分）	语言表达流畅（15分）	内容完整（15分）	提问回答情况（20分）	时间把握（10分）	备注

（2）指导老师点评，针对模拟面试过程中同学的个人形象、礼仪、答题情况进行总结点评。

（3）现场观摩的学生就面试的过程提出自己的意见和建议，并向指导老师进行咨询。

（4）参加面试的学生就面试的过程谈谈自己的应聘感受。

三、活动总结

模拟面试结束后，同学们也可以利用课下时间进行训练，分成两组，一组扮演用人单位面试官，一组扮演应聘者，然后两组交换扮演角色。面试环节同上。

交互式测试

项目五

项目六

调整择业心态　打造职业形象

▶ 学习目标

- 了解大学生择业时常见的心理问题与心理冲突，掌握大学生择业时应具有的择业心态。
- 掌握职业角色转换的方法，克服职业角色转换中的种种不良心理，掌握心理调适的方法，顺利实现角色的转换。
- 了解求职过程中常见陷阱及防范措施，学会如何签订就业协议和劳动合同，在就业过程中学会依法维权。

▶ 导思导学

因 情 施 策

——摆脱十字路口的迷茫

【主旨例说】

本案例描述了一位应届毕业生在求职时遭遇挫折，感到迷茫与无助，后经职业指导师的测评与规划，她及时调整心态，通过先就业再择业，一步步明确自己的方向，最终实现成功就业的真实历程。

【品文咂例】

小蔡出生在一个小山村，考上大学，找个好工作，帮助家里脱贫，是她的一个梦想。2018年，小蔡从某工业职业技术学院毕业，因为家境贫寒，她放弃了专升本的机会，开始步入找工作的大军之中。但是在屡次面试受挫后，她开始迷失了自我，对自己三年来学习所得感到迷茫与无助。带着众多困扰的她来到人力资源市场寻找工作。市场的职业指导工作人员热情地接待了这位女大学生，在与她深入交谈的过程中详细了解各方面的综合情况，针对她的现状确定了指导方案。

坚定信念　重拾信心

指导师通过职业素质测评系统对小蔡进行了测试并给予综合评价：小蔡是个独立、

有主见的人，多年来坚持勤奋学习，取得了优异成绩，使她坚信付出必有回报。以此为切入点，指导师肯定小蔡的能力和专业成绩，也肯定了她三年的学习积累是今后工作的坚实基础，解除了小蔡对大学学习成果的怀疑，坚定了用知识改变命运的信心。

全面剖析　制定规划

帮助小蔡重拾信心后，指导师进一步帮助她进行全面剖析：作为刚毕业的大学生，小蔡没有工作经验，而她所学习的建筑室内设计专业需要经验的积累。同时，一些公司针对这个专业更偏向于男性。小蔡由于家境贫寒，急于赚钱养家，因此，开出的工资条件为4 000元左右，被一些公司拒之门外。针对剖析情况，指导师建议小蔡初次就业可以降低工资需求，也可以采取迂回的方法找到行政岗位工作，同时注重学习及专业资格证书的考取，以提升自己的竞争力。

重新调整　成功就业

考虑到小蔡家里的实际情况，指导师提醒她应该先就业再择业，在工作中发扬自己的坚持精神，不断积累经验，向自己心中的目标不断靠近。市场中的职业介绍人员根据小蔡的要求，为其介绍了与设计行政有关的工作。4个月后，小蔡高兴地来到人力资源市场，又恢复了在学校时的那份自信，她已经在一家家居有限公司工作，刚去的时候在办公室当文秘，后来设计缺人，老板看她干活认真细致、持之以恒，又是学设计的，就让她当上了设计人员，现在月薪已达到4 300元。等以后经验多了会挣得更多，她现在还参加了三个培训班，考取专业资格证书后薪水会涨500元左右，她正用自己的双手一步步改变着自己和家人的命运。

（资料来源：根据百度文库资料改编。）

【以析启智】

应届高校毕业生刚刚步入社会，往往因期望值过高而忽略了自己缺乏工作经验的事实，对于想从事的岗位盲目开出高薪，但又不能准确地进行定位，往往造成高不成低不就的尴尬局面。因此，适时调整择业心态显得尤为重要。这个案例给那些正在迷茫和等待中的大学生一些启示，让更多的大学生能够走出自己的"围城"，实现成功就业。

【以思明理】

探究一：小蔡一开始为什么很迷茫？

探究二：你是否有着与她类似的心理历程？

探究三：小蔡的案例给了你哪些启示？

任务一 摆正心态 走出迷茫

案例导入

眼高手低的后果

小张从某高职院校毕业后，顺利找到一家网络公司的工作，但入职两个月后便辞职在家待业。刚开始在家学习专业知识，之后便在家堕落度日，玩游戏、睡觉，无所事事。家人劝说也无效。毕业两年了他一直不愿意出门找工作。究其原因，该同学一直觉得自己专业知识学得不牢靠，找的工作并不是自己的理想工作，想学得很完美以后再去找一份非常好的工作。目标太高，脱离现实，再加上长时间在家待业，使得他越来越消沉和封闭，只能生活在自己的理想里，而无法走向社会。

◎案例分析

当下就业压力的增加，使大学生心理、生理以及行为能力等各方面都受到不同程度的负面影响。许多大学生面临着"毕业即失业"的尴尬，在就业过程中出现的心理问题，如果不重视、不及时解决的话，时间长了会有患焦虑症、强迫症、抑郁症的可能，会直接影响就业效果及以后的生活。因此，大学毕业生一定要加以重视并积极调节情绪，维护身心健康。

◎案例讨论

话题一：你觉得小张的行为可取吗？为什么？

话题二：在求职就业过程中，我们应如何调整自己的心态？

话题三：小张的案例给了你什么启示？

知识总揽

本次任务的学习，旨在帮助同学们了解求职就业过程中常见的心理冲突与心理问题，明晰求职择业过程中应具备的良好心态。

毕业、就业、择业是大学生人生旅途中的一个重要转折点。在就业过程中，面对诸多的机遇和挑战，大学生的心理是复杂的。在择业时，大学生常常会出现一些不健康的心理。这些问题如不及时解决，就会直接影响择业的过程和结果。

一、择业中常见的心理冲突

（一）有远大的理想，但往往不能正视现实

在象牙塔中生活的大学生们，其人生观和价值观在逐渐趋于完善，生理和心理也逐渐趋于成熟。面对校园外的市场经济大潮，他们豪情满怀，准备搏击一番，创造自己所设想的美好未来。但由于年纪轻、阅历浅，对社会的认识不深，他们还不能深层次地感受社会竞争的残酷性，所以在面临职业选择时，其主观愿望往往脱离客观现实，就业的心理倾向与社会现实差距很大，情绪容易大起大落，从而在择业时形成茫然、困惑、不知所措的心理状态。

（二）想做一番事业，但又不愿从基层干起

在近几年的大学毕业生中，相当数量的毕业生不愿意到急需人才的基层单位或条件相对艰苦、地理位置相对偏远的地区就业，而是留恋大城市、经济发达的地区。毕业生就业中"一江春水向东流""孔雀东南飞"的现象依然存在。在择业中，很多学生都愿意从专业出发选择职业，准备干一番事业，实现自己的人生价值，不愿意庸庸碌碌、无所作为。但同时他们又不愿从基层干起，缺乏艰苦创业的信心和吃苦耐劳的心理准备，想走捷径，想进入待遇高、工作条件好的单位，想一举成名、一蹴而就，不愿到艰苦的地方去，不愿到西部地区、边远地区去，不愿到农村去。其实肯吃苦是生存能力强的体现，到艰苦的地方去、到祖国需要的地方去才容易更好地发挥自己的聪明才智，脱颖而出，尽快成才。

（三）渴望参与竞争，但缺乏竞争勇气

就业制度的深化改革，为大学生择业提供了公平的竞争环境。竞争是大学生渴望已久的，而且他们已经认识到在市场经济大潮的冲击下，市场意识已广泛渗透到社会生活的各个方面，一个人如果没有强烈的竞争意识就不可能成就事业。但是，真正面对社会为其提供的竞争机会时，许多大学生在自我推销的过程中又顾虑重重、举棋不定、缺乏勇气。尤其是遇到困难时，心理上更加自卑，不善于调整目标、调整自己，而是自己给自己打退堂鼓。这种渴望竞争又惧怕竞争的心理，使他们面对竞争的压力时感到困惑。

（四）重视自我价值，但缺乏把握机遇的能力

通过大学阶段的学习，大学生的自我意识日渐形成和完善，对自我存在的意义有了一定的思考，有着较明确的择业意识，希望通过自身的努力得到社会的认可，体现自身的价值。但由于大学生青年期心理发展特点与社会大环境的相互作用，他们往往不能客观地分析和评价自我，表现在择业上容易出现期望值过高，缺少承受挫折的心理准备，这部分人多因自我评价过高，幻想着求职的道路一帆风顺。也有的大学生自我评价偏低，易出现择业时期望值较低，缺乏主动争取和利用机遇、把握机遇的准

备，缺少积极的进取精神。还有的大学生常常处于上述两种情况的波动之中，择业时目标与行为不稳定，缺乏理智、冷静的思考，在实现自我驾驭能力方面显得不足。

二、择业中存在的心理问题

（一）依赖依附心理

大学生崇尚自我价值的实现，可在择业中又缺乏自主性，存在很强的依赖心理，主要表现为对社会、学校和家庭的依赖。部分大学生不能主动适应市场经济的要求，消极地等待单位选择，等待学校安排，等待家长帮助，存在等、靠的依赖思想。当代大学生中，独生子女较多，从小受到"皇子""公主"式的保护，依赖性较强，缺乏自我责任感和独立决策能力，在就业竞争中缺乏进取精神，择业时过多地依赖他人。一些独立能力较弱的女生受传统观念、家庭环境的影响，就业时也存在依赖心理，如果家人不能帮自己谋取一份好工作，便会寄希望于某种社会关系，并努力去寻找这种关系。这种依赖心理继续发展，就会变成依附心理，觉得只要找个条件好的男友甚至嫁个有能力的丈夫，自己有无工作都无所谓。还有个别毕业生缺乏竞争精神，被动就业，静候"理想单位"来相中自己，或完全寄希望于学校、家庭、政府，即依靠父母寻找、依赖学校推荐或等待政府安置。例如，某高校中文系的小吴说："我原来只知道努力读书，别的什么都不想，考试成绩几乎全优，而现在要毕业了，我突然不知道该去哪个单位，似乎什么单位都可以，一点目标都没有！"

（二）自我评估失当

这种自我评估失当一般表现在两个方面：一是对自我就业的条件评价过高，因而对择业较挑剔；二是对自我就业的条件评价不高或过低，因而对择业信心不足。

前一种往往是一些学习成绩比较好、工作能力和社交能力比较强的大学生，他们不太怕找不到工作。因而对就业要求比较高，地区、单位、职业、报酬、工作条件、发展前途等都在考虑之列，这是自大心理。自大心理的主要表现是固执己见和自命清高。表现在择业上就是主观意识非常强，不考虑需要，不考虑自身条件。后一种往往是一些学习成绩平平或较差、缺乏实际工作能力和社会活动能力的大学生，他们对自身的条件缺乏信心，内心十分焦虑。他们不是主动出击，向用人单位推销自己，而是采取被动的态度等用人单位来相中自己。这种自卑畏缩的态度也往往使他们失去很多就业的机会。

案例品读：小李的就业危机

（三）追求完美心理

有的大学生认为自己在择业中具备种种优势，例如，成绩优异、自身条件好、学校牌子亮、专业需求旺、求职门路广等，因而在求职中表现出极强的优越感，追求最优工作，把工作地域、工作环境、工资待遇等作为自己的择业标准，从中满足自我实际的需要。而这种心态恰恰忽视了自己的职业目标、专业方向和兴趣爱好，忽略了自

案例品读：钱多事少离家近的工作不好找

身性格和气质等方面的心理特征及其局限性,也忽视了单位能否接纳自身。到头来往往会由于不能客观地给自己合理定位而盲目追求完美,与适合自己的用人单位失之交臂。

就业形势已经发生了变化,二十多年前大学生可能还供不应求,现在已经是供明显大于求,而且某些专业的竞争压力十分大。大学毕业生有自信、有勇气固然可嘉,但要根据自己的实际情况准确定位,一厢情愿的高标准,不仅盲目性强,而且局限了自己的求职范围,很容易高不成、低不就,也会屡屡碰壁。

(四) 徘徊观望心理

一部分大学生对自己的就业没有目标,缺乏计划性和前瞻性,希望在徘徊观望中寻找"机遇",因而他们在人才市场中总是抱着试一试的心理,无职业准备,无心理准备。有些大学生东奔西跑,联系了不少单位,但犹豫不决,举棋不定,迟迟不与用人单位签约,有的甚至今天签了约明天就违约。机会也在徘徊观望中悄悄溜走了。

(五) 盲目从众心理

从众心理是指个体在群体压力下,在认知、判断、信念与行为等方面与群众多数人保持一致的现象。"知己知彼,百战不殆",可部分大学生在择业时,对自己就业的行业、岗位没有明确的认识,不了解自己的优劣势,缺乏主见,缺乏社会实践锻炼,独立性不强,容易接受暗示。面对来自四面八方的求职信息、人才交流会、招聘会不知所措,不敢果敢地做出选择,因而放弃目标、计划和兴趣爱好,甚至放弃了自己在就业竞争中的优势,盲目地以众人的选择来作为自己的择业标准,而很少从实际出发,认真地分析主客观条件,做出合适的选择。

(六) 自卑失望心理

自卑是一种缺乏自尊心、自信心的表现。过度自卑,会产生精神不振、消极、沮丧、失望、脆弱等心理现象。一些大学生由于主观和客观方面存在一定差距,如所在毕业院校的等级、所学专业的紧缺程度、个人心理或生理上的缺陷、学习的优劣等原因,自我评价过低,总觉得自己不如别人,因而悲观、失望、胆小、畏缩,缺乏进取意识,对所选职业岗位常常拿不定主意,在用人单位面前过分谦虚,从而错失择业良机。

其实,社会上的每一个人都是从"没有工作经验"开始起步的,在人生历程中都要面对诸多的第一次和不如意,也不可能一帆风顺,要想成长必须经过磨炼。其实用人单位招聘员工并不是只招"最优秀的人",而是招聘"最适合单位需要的人"。另外,高职大学毕业生可塑性强、薪酬要求低、谦虚好学、有活力等特点都是自己求职的本钱,只要付出,肯定有回报。

(七) 焦虑恐惧心理

就业对大学生来说既是机遇又是挑战,个别大学生面对就业和步入社会深感焦虑。当前大学生求职呈现出多元化的趋势，职业选择自由度越大，选择行为的责任越重，择业心理压力也就越大。个别大学生把人生的憧憬和前途的希望都放在了就业上，他们既希望能尽快走上社会，谋求到理想职业，又担心被用人单位拒之于门外，怕自己在择业上的失误会造成终身遗憾，有一种就业恐惧感，对走上社会感到心中无底。更有甚者竟然患了"择业焦虑症"，一提择业就心理紧张，怀疑自己的能力，甚至产生绝望的心理，出现极端行为。还有的大学毕业生由于在平时没有认真学习和积累经验，求职的知识、能力、心理准备不充分，在求职屡遭挫折后，也会产生恐惧感。

求职就业毕竟不是一锤子的买卖，不可能一次成功，要树立自信心，绝对不能被暂时的失败所击倒，要总结失利的经验教训，在今后求职过程中克服不足，要坚信自己肯定能行。

（八）超前择业心理

超前择业心理是指大学生因担心就业问题而过早地从事与择业有关的活动的心理状态。许多大学生担心毕业后找不到好单位，因此，大一就开始忙于参加各类资格证书、等级证书补习班和考试，而忽视本专业的学习。我们在校园中经常可以看到每到这类考试前，图书馆内挤满了备考的学生，而与之形成鲜明对比的是教室、实验室里学生稀少。有这种心态的学生没有认识到择业竞争实质上是自己综合素质和能力的竞争，忽视素质和能力的培养，没有扎实的基础，在人才竞争的市场上同样也是没有竞争力的。

三、积极调试择业心态

就业本身就是我们认识和适应社会的一个过程，在求职过程中遇到困难，甚至经过几次挫折才最后成功是正常的；在就业中遇到许多心理冲突、困惑，产生一些不良情绪也是正常的。遇到就业问题时，要学会调节自己的心态，使自己能从容、冷静地面对就业这一人生重大课题，并做出正确、理智的选择。如果遇到了就业心理困扰，可以试着从以下几个方面来调节。

（一）接受客观现实，调整就业期望值

就业市场化、自主择业给大学生带来了机遇与实惠的同时也带来了巨大的竞争压力，但许多大学生对"市场"残酷的一面认识不足，对就业市场的客观实际了解不够。经过对就业市场、就业形势的客观了解与深刻体验后，必须明白与其成天怨天尤人，浪费了时间、影响了自己心情，还不如勇敢地承认和接受当前所面临的现实，彻底打破以往的虚幻，脚踏实地地寻求解决问题的好办法。

在就业市场上"用人单位找不到人、大量的毕业生无处去"的"错位"现象普遍存在，这是因为大学生的就业期望普遍较高的缘故。因此，要顺利就业就必须首先根

案例品读：
高职院校走出的"风云人物"

据自己的实际情况和就业形势,调整自己的就业期望值。调整就业期望值不是对单位没有选择,只要有单位就去,而是要在职业生涯规划和职业发展观念的基础上重新确定自己的人生轨迹。这就是说要树立长远的职业发展观念,放弃过去那种择业就是"一次到位",要求绝对安稳的观念。要知道现在再好的单位,将来也有下岗的可能,因此,在择业时要看得长远一些,学会规划自己的职业生涯。在当前获得一个理想职业的时机还不成熟时,应采取"先就业,后择业"的办法。也就是说,在择业时不要期望太高,可以先选择一个职业,不断提高自己的社会生存能力、增加工作经验,然后再凭借自己的努力,通过正当的职业流动,来逐步实现自我价值。许多大学生不愿意去经济相对落后的地区工作,可是随着国家新西部大开发、乡村振兴战略的推进,西部地区、广大农村地区将成为经济发展的热点,也将给大学生们提供更多的发展机会,因此抢先到这样的地区去、祖国需要的地方去工作可能会更有利于自己的职业发展,取得事业的成功。

(二)认识职业价值,树立合理的择业观

传统认为人们工作就是为了满足生存需要,但是对于现代社会的人来说,职业对个体的意义已经远不是如此简单,职业可以满足人们从低层次到高层次的多方面需要。如最近有人对职业价值结构进行了初步研究,发现了交往、义利、挑战、环境、权力、成就、创造、求新、归属、责任、自认等11个类别的因子。因此,职业的价值是丰富的,我们要充分认识到职业对个体发展、社会进步所起到的重要作用。在择业时不能只考虑工作的经济收入、工作条件、地点等因素,更要考虑职业对自我发展的影响与作用,应看重职业能否帮助实现自我价值。因此,要在考察社会需要的基础上,树立重自我职业发展、才能发挥、事业成功的职业价值观。对于那些虽然现在工作条件不好,但发展空间大,能让自己充分发挥作用的单位要优先考虑;对于那些现在经济发展水平不太高,但发展潜力大,创业机会多的工作地点也要重视。

(三)坦然接受自我,主动捕捉机遇

大学生就业中的许多心理困扰都与大学生不能正确认识和接受自我有关,因此正确地认识自我的职业心理特点并接受自我,是调节就业心理的重要途径,并可以帮助自己找到合适自己的职业方向。要知道自己喜欢什么样的职业、需要什么样的职业、自己的择业标准以及依自己目前的能力能干什么样的工作,这样才能知道什么样的工作更适合自己。许多同学通过亲身的求职活动后就会发现自己的能力与水平并不像自己以前想象得那么高,并容易出现各种失望、悲观、不满情绪。因此在认识自我特点后还要接受自我,对自我当前存在的问题不能一味抱怨,也没有必要自卑,因为自己当前的特点是客观现实,在毕业期间要有大的改变是不可能的,要承认自己的现状,学会扬长避短。另外,要用发展的眼光来看待自己,要知道有些缺点并不可怕,可以先就业然后在工作岗位上不断发展自己。

任务一　摆正心态　走出迷茫

大学生就业中的机遇因素也是非常重要的，因此了解并接受了自我特点以后，还要学会抓住属于自己的机遇，这样才能保证以后的求职顺利。要抓住机遇首先必须要多收集有关的职业信息，多参加一些线上、线下的招聘会，并根据已定的择业标准进行选择。需要注意的是机遇并不是对任何人都适用的。一个工作的好与不好，是相对的，对别人合适的，对自己不一定合适，因此一定不能盲从。要时时记住，只有合适自己的才是最好的。最后要注意机遇的时效性，在发现就业机会时要主动出击，不能犹豫，也不要害怕失败，应有敢试敢闯的精神。

案例品读：成功来自用心

（四）坦然面对挫折，提高心理承受力

面对市场竞争、就业压力，大学生的求职总会遇到许多困难、挫折甚至是委屈。比如一些专业"热门"，有些则"冷门"；又如女大学生找工作容易受到限制等。面对这些问题仅抱怨是没有用的，更重要的是调整自我心态，提高自己对各种突发事件的心理承受能力。其实，就业的过程也是大学生重新认识自我、认识社会，并主动调整自我适应社会的过程。如果能通过求职而增强自我心理调节与承受能力，对大学生今后的职业生活都是非常有用的。

在求职中遇到挫折时，要用冷静和坦然的态度待之，客观地分析自己失败的原因，进行正确的归因。首先，在就业市场化、需求形势不佳、就业竞争激烈的条件下，出现求职失败是在所难免的，不能期望自己每次求职都能成功。要对可能出现的求职挫折有充分的心理准备。同时，应把就业看作一个很好的认识社会、认识职业生活、适应社会的机会，应通过求职活动来发展自己，促进自我成熟，因此"不以成败论英雄"。其次，自己求职失败并不一定就是因为自己的能力不行。出现求职失败有许多原因，可能是因为你选择求职单位的方向不对，也可能是因为你的价值观与单位的企业文化不符合，还有可能是其他一些偶然因素。总之，要正确分析自己失败的原因，调整自己的求职策略，以便在下次的求职中获得成功。

案例品读：执着的结果

（五）调整就业心态，促进人格完善

在求职时，自己或身边的同学出现一些不健康的心态是正常的，没有必要过度担心、害怕自己有心理障碍。当然对于这些不良心态也要学会主动调适，必要时还可以寻求有关心理专家的帮助。进行自我心理调适的方法有很多，首先，可以进行积极的自我心理暗示，鼓励自己、相信自己，帮助自己渡过难关。其次，可以向朋友、老师倾诉，寻求他们的安慰与支持。最后，还可以通过体育锻炼、听音乐、郊游等方式转移自己的注意力，排解心中的烦闷，放松自己的心情。通过对自己在就业时出现的种种不良心态的分析，可以发现自己平时不容易察觉的一些人格缺陷。应该说这些人格缺陷是产生这种就业心理问题的根本原因，如果现在没有很好地完善自己的人格，那么这些问题还会在今后的工作、生活中继续带来困扰。因此，有关问题其实是暴露得越早越好，同时也不必为自己所存在的人格缺陷而懊恼，因为很少有人是绝对的人格

健全的，关键是要在发现自己问题的基础上，积极改变自己、发展自己，使自己的人格更加成熟，使自己将来的人生道路更顺利。

（六）开拓进取，勇于创业

大学生是有理想、有抱负、有创新精神、敢作敢为的青年先锋。因此，大学生要有自主创业的打算，这既可以在毕业后马上尝试也可以通过一定的社会积累后再实行。大学生们一定要有开拓自己事业的信心与勇气。当前的一些大学生创业公司虽然遇到了一些困难，但也有相当多成功的案例。大学生创业肯定是值得鼓励的，关键是要有明确的观念与思路，要对自己有一个合理的规划与定位，要与有市场经验的人合作，要进行科学化、职业化的管理。

任务二　转换角色　明确定位

▶ 案例导入

合理定位角色　避免成为"闪辞族"

入职不到两月就辞职、一年换几份工作、工作不顺说走就走——无论出于何种原因，近年来职场频繁跳槽被网友称作"闪辞族"的群体，越来越突出。据麦可思研究院发布的《就业蓝皮书：2018年中国大学生就业报告》显示：有33%的2017届大学毕业生，在工作半年内离职，一线城市离职现象最普遍，"95后"逐渐成为主力军。"闪辞"排在前三位的原因是"个人发展空间不够"（占48%），"薪资福利偏低"（占42%）和"想改变职业和行业"（占33%）。而高职高专院校毕业生半年内离职率竟高达42%。而领英在2018年发布的《第一份工作趋势洞察》中称，"95后"第一份工作平均在职时间仅为7个月。

◎案例分析

很多大学生就业后"闪辞"，往往与前期没有做好充分的职业前准备、职业心理准备，以及未能够转换好自己的职业角色有关。当然，"95后"的大学毕业生快速离职频繁更换工作，不能单纯归结为物质原因或个人原因。这里面，也包括多方的影响。

首都经济贸易大学冯喜良教授表示，频繁跳槽，不仅不利于个人的长远发展，也不利于企业人员稳定、常态化运转。因此，他建议大学生切记不要盲目跳槽，一份工作至少要干三年，三年之后才能了解这份工作的乐趣和意义，那时再考虑跳槽问题，才是慎重的选择。

◎案例讨论

话题一：你觉得"闪辞"的行为可取吗？为什么？

话题二：对于频繁跳槽现象，你怎么看？

话题三：这个案例给了你哪些启示？

知识总揽

本次任务学习，旨在帮助学生们做好充分的求职准备；在择业过程中，根据就业形势，调整自己的职业心理，主动适应环境；并尽快进入职业角色，通过积极学习，努力适应，做好上岗第一份工作。

一、做好充分的求职准备

由于目前毕业生求职的时间提前，有些高职毕业生可能在大三上学期末就能确定工作单位，也有一部分毕业生确定单位可能要到大三的最后一个学期。但不管是哪种情况，从找到工作单位到真正走向社会仍有一段时间可以加以利用的，在这段时间之内，大学生仍有大量的事情需要做。

（一）善始善终，圆满完成学业

大学生求职择业基于一个最基本的前提是能圆满完成学业，拿到毕业证书。单位之所以录用，也是基于这样一个前提。如果不能顺利毕业拿到毕业证书，那么，原来顶岗实习或已经敲定的单位，很可能因此而与自己无缘。正因为这一原因，有些精明的用人单位会在所签的协议书上加上这样一句话："圆满完成学业，取得毕业证书"等。因此，毕业生在顶岗实习或找到工作单位的情况下，千万不要以为大功告成，而应该认真地学好自己最后的必修课和选修课，将自己的大学生涯认真总结回顾一下，将自己学过的课程重新梳理一遍，看学分是否修够，利用最后的时间和机会完善学业，集中精力完成毕业设计或做好毕业论文，用最好的成绩给自己的大学生活画上一个圆满的句号。

（二）抓住机会，弥补能力缺陷

通过求职期间与社会的广泛接触，大学生一定能感觉到自己在知识和技能上存在的不足与缺陷。既然发现了就要想办法尽快补上，在大学生活的最后阶段里，可以向专业老师请教，查阅学习有关资料等来进行提升。当然面临毕业，有些东西也不是一下子就能补上的，但要知道，"行动是最好的老师"，因为有些知识和技能是同学们走上社会之后必须用到的。如果要是抱着"得过且过"的态度，那走上社会后很有可能

案例品读：
机遇只给有准备的人

会因为某些偶然的"不慎"丢掉某个重要的机遇。反之,如果说个人已经尽了最大的努力,而后来在工作中仍然碰到无法逆转的"挫折",那也不会再为此后悔莫及。

(三)捕捉信息,奠定"顶岗"基础

如果说在做好以上两件事的同时仍然还有时间可以利用,那么,同学们可以在网上查阅自己签约单位的详细资料,也可以积极主动地向将要供职的单位索要有关资料或找有关领导及未来的同事对单位的现状及今后的发展前景做较为系统全面的研究。比如企业的发展历史、发展前景、用人机制、核心价值观、企业文化等,当然还包括与企业的生存有关的大环境、大市场等,使同学们在未来的职业岗位上能尽快以主人翁的面貌出现。

二、以积极的心态去择业

近年来,随着我国市场经济的深入发展,大学生的择业观和就业形势发生了显著的变化。一方面受到社会发展的影响,大学生超前择业的特点越来越明显,往往在进入大学没多久就开始忙于毕业求职的准备,比如校外兼职,忙于外语、计算机考证,选修实用性课程等。但另一方面,由于大学生缺乏必要的社会阅历,对于毕业后面临的个人社会化历程,并没有在心理和思想上做好充分准备。实际上,大学生择业不能仅仅倚重技能、证书,能否理解职业适应并进行相应的自我调整,对未来职业生涯将产生深刻的影响。

(一)正确认识自我,主动适应社会

在社会主义市场经济条件下,"双向选择"作为一种新的就业方式已为用人单位和择业者普遍认同。每个毕业生作为社会的一员,都有其个人的要求,而社会作为无数个人的集合体也有社会的需要。劳动力供给与需求在结构上的不匹配导致就业的结构性失衡,简言之,就是就业难与招工难并存。很多毕业生希望能进入大城市以及自认为有发展前途的大单位、大公司、大企业工作,从而加剧了就业竞争。而广大的中小城市、农村、边远地区、第三产业中的服务业、艰苦行业、基层单位和第一线还急需人才。国家还将通过宏观调控,控制人才流向,鼓励大学生到缺乏人才又急需人才的地方去工作。另外,我国目前毕业生就业市场不完善、就业信息不通畅等问题,还需要进一步解决,并且为满足我国经济社会高质量发展和产业转型升级的需要,用人单位对毕业生的要求也会越来越高。大学生在求职时应面对现实,认真了解国家的就业政策和就业市场的现状,并对自身的求职条件,个人的专长、能力、兴趣、爱好等做出正确的认识与评价,避免因对自身条件做出过高或过低的估计而影响择业成功的机会。

(二)树立竞争意识,主动抓住机会

竞争是现代市场经济的显著特征。在职业生涯中,每个人面临的机会是平等的,

案例品读:
"主动出击"
带来意外收获

但机会又偏爱那些有准备、有竞争心理的人。职业是双向选择，是"我择业，业择我"，对此，每个毕业生都不能消极坐等和依赖，而应大胆参与竞争，努力充实完善自己，提高自身的综合素质，不轻易放弃任何一个可以抓住的机会。

（三）保持良好心态，勇于战胜挫折

尽管社会为大学生择业提供了"双向选择"的机会，但并不是所有的大学生都能一次成功地选择到满意的职业。对此，大学生应有充分的认识和思想准备，要立足现实，放眼未来，保持良好的心态，不要受"一业定终身"的传统观念的束缚，不要因为第一次性择业不够理想就丧失信心，要树立"先就业、再择业、后立业"的职业理想，通过在实践中不断努力和反复比较，寻找适合自己的工作岗位，最终实现自己的职业理想。

毕业生在求职择业的过程中难免会遇到挫折，这是一种正常的现象，毕业生应有充分的心理准备。常言道"失败是成功之母"。困难和挫折是磨炼人的意志的最好机会。面对挫折不要消极退缩，而要保持清醒的头脑，采取积极的态度，认真分析挫折的原因，调节好心理状态，迎接新的挑战。

三、度过角色适应期

大学生经过十几年的寒窗苦读，走出校门踏上全新的工作岗位，呈现在他们面前的是一个几乎完全陌生的新环境，因此，无论是在生理上还是心理上都有一个适应过程。纷繁而复杂的社会与宁静而单纯的校园相比，存在着很大的差别，如何尽快实现从大学生到职业人员的角色转换，顺利地度过这个转换的适应期，对自己的职业生涯的顺利发展具有重要意义。

大多数毕业生走上社会之后，对新的社会环境一般经过兴奋好奇阶段、矛盾冲突阶段、调整平衡阶段、稳定发展阶段，都能较快地度过适应期。但也有一些毕业生对环境迟迟不能适应，不仅影响了工作，而且挫伤了自信心。那么，如何尽快采取措施进行自我调适呢？

应该根据自己的具体情况，冷静地分析一下自己不能适应工作环境的原因。一般情况下，不外乎是生理、心理或是知识技能等方面的原因。

如果你的不适应是由于生理原因造成的，那就应该适当地调整你现在的生活节奏，正确地处理好工作与生活的关系。合理地计划、科学地安排，做到有张有弛、劳逸结合。如果你上班忙忙碌碌，下班又心事重重，弄得整日寝食难安，不仅会感到疲惫不堪，而且也不可能精力充沛地投入工作。

如果你的不适应是来自于复杂的人际关系，那也不必过于烦恼。社会是个大课堂，其中存在各种各样的人、各种各样的事。重要的是要把握住自己，既不要恃才傲物、自视清高，也不必缩手缩脚、羞于见人。要敞开心扉，坦诚交流，虚心学习，多做少说。尤其在处理同事间的关系上，要尽量做到以诚待人、热情得体、不卑不亢。

对每个同事都要同等对待，不要冒失地卷入人事纠纷中去。切忌搞小圈子，与部分人拉帮结派，而应尽力与所有同事发展团结互助的良好关系，同时还要有宽广的胸怀。要有容人的雅量，只要不是原则问题，让他三分又何妨。把自己的主要精力用在工作上，必定会使你的工作更加出色。

如果你是因为一时不能胜任工作而感到不适应，那你就应该正确认识自己，认真分析原因，找出问题的所在，并针对自己的弱点加以克服。刚走上工作岗位的大学生，都面对一个把知识内化成自己能力的过程。这一时期，有的人能尽快地完成这种转换，而有的人则需要一段较长的时间。在校大学生往往还没有形成综合技能，这就与社会所要求的讲竞争、重实效的行为方式产生了矛盾。而社会和单位上的人往往认为：大学生既然是"高级专门人才"，就应该是能文能武的"全才"，因此对大学生的期望值往往过高，求全责备，从而给毕业生带来一定的心理压力。在这些情况下，毕业生首先要对自己充满信心，相信自己具备一定的专业知识和专业技能，做到不急不躁、勤学多练、虚心求教，尽快完成自己的角色和知识技能的转换。

四、做好上岗第一份工作

大学毕业生带着各自的理想和抱负走上工作岗位，走进纷繁的社会，开始建功立业，走向成功之路。但要真正如愿以偿，却有很多需要注意的环节。

（一）树立良好的第一印象

毕业生在新的工作岗位中给人的第一印象十分重要。第一印象好，容易打开工作局面。就刚刚走上工作岗位的大学生而言，应当以自身的道德品质和文化素养作为树立良好的第一印象的基础。同时，还有一些实用性的技巧也是值得借鉴的。

1. 衣着整洁，讲究仪表

初到工作岗位，一定要注意衣着、服饰同自己的身份相符。根据工作性质和环境的不同，衣着的要求也应有所不同。衣服不一定非得时髦高档，但总体应以整洁、大方、顺应潮流为好。男士应定期理发刮须，女士可适当淡妆点缀。不分场合的、过分新奇的时髦或不修边幅都有损自身形象。

2. 举止得体，虚心求教

初到工作岗位，一定要注意举止文明、彬彬有礼。要落落大方地进行简要的自我介绍，态度真诚地请教有关工作中的问题。此外，在待人接物中，一方面要切忌傲气、自以为是、目中无人、夸夸其谈，另一方面要切忌过分谦卑、缺乏自信、唯唯诺诺。还应注意不要过于随便，坐在办公桌上会客，旁若无人地用电话聊天，这些举止都有损于自己的形象。上班第一天，不要因为羞怯而不知所措，应大方地向周围的领导和同事做简单的自我介绍，好让同事们尽快对你有所认识、了解，从而把你当成这个集体中的一员。如若单位领导主动把你介绍给每位同事时，则应含笑点头，注目以示尊重，如再加上"以后工作中请多关照"之类的答词，效果会更好。

3. 守时守信，主动工作

遵守时间，讲求信用，这既是工作关系中的纪律要求，又是人际关系中的一种美德。刚刚上班，早点来、晚点走，严格遵守单位的规章制度，在做好本职工作的同时，主动地多干一些诸如打开水、扫地、整理内务等服务性劳动，这是每个新上岗的人员都应该懂得的事情。与人交往不失约、不失信，这样会有助于树立良好的第一印象。相反，迟到早退、行为懒散，消极被动地等待工作，不守约、不守信，则不可能赢得别人的信赖和尊敬。

工作刚开始，领导可能不会交给你过多的工作，或许就会出现不知如何打发时光的窘状。这时千万不要坐在工位发呆，要尽量使自己忙碌起来。比如翻阅、整理一些与工作有关的文件资料，主动请教一些问题，主动帮助同事干一些力所能及的工作，以展示你的工作热情。至于领导交办的工作，自然应尽心尽力，高效高质地完成。

4. 严守秘密，真诚待人

有些保密性较强的单位，对工作人员的纪律要求较严。到这些单位工作的大学生，应当严守秘密，不要随便向外人透露内部的情况。与同事的相处，也应严守秘密，以诚相见。待人要不卑不亢，既不自惭形秽，自己看不起自己，也不傲慢无礼，自以为是。

5. 文件摆放，井井有条

办公桌要保持光亮整洁，文件、文具的摆放要做到井井有条。因为你的上司和同事对你的认识尚浅，他们大多数从你的行为和细节以及处理事态对你做出评判。如果你把办公桌弄得乱七八糟，自然会给人留下不好的印象。

（二）完成好领导交办的第一项工作

领导交办的第一项工作任务，既是领导观察你的工作态度、工作能力及与他人合作精神的重要窗口，同时也是你展现自身能力的机会。对于刚毕业的大学生来说，要把这一意义重大的第一项任务办得圆圆满满、万无一失，必须要做好一切准备工作，决不可仓促上阵，打无准备之战。一般来说，应该做好以下准备。

1. 明确目标

要仔细聆听领导的指示并领会其意图，没有听懂的要虚心请教，直到弄清楚为止。

2. 明晰条件

了解完成工作任务所需要的条件，并尽可能地创造条件。

3. 有的放矢

尽可能详细地了解工作对象的情况和特点。

4. 做足准备

做好充分的准备工作后要踏踏实实、一步一个脚印地去实施，多设想几种实施方案和对策。

5. 稳扎稳打

要相信"有耕耘才有收获"。

6. 机智灵活

既要实事求是，又要随机应变，以巧取胜。

7. 虚心请教

作为刚参加工作的新员工，遇到困难和难题时求助于人，并不会失你的面子，反而体现出你的谦虚和对别人才智的敬重。

8. 沉着冷静

无论计划多么周密，也是"纸上谈兵"，遇到挫折不能乱了方寸，慌了手脚。要冷静下来，分析原因，再想对策，仍然可以掌握主动权，获得最后成功。

9. 胜不骄，败不馁

成功时切莫得意忘形，被胜利冲昏了头脑；失败时切莫沮丧灰心，一败而不可收拾。

最后，工作完成不要忘了写一份总结报告，做每一项工作都应有始有终。即使领导没有要求，建议你还是花些时间和精力写一份总结报告。如果你圆满地完成了工作任务，此举无疑扩大"战果"，不仅使领导和同事们了解你的工作成绩，也可使你自身得以提高；如果任务完成得不好，总结就更为重要。因为通过总结你可以找出失败的原因，吸取教训，在以后的工作中少走弯路。

（三）建立良好的人际关系

到一个新单位工作，就要与领导、同事同舟共济，自然面临着要处理好人际关系的问题。如果能在一种良好的人际关系环境中工作和生活，将有助于提高工作效率，增添生活情趣，促进事业的成功。那么，如何在新的单位较快、较好地建立良好的人际关系呢？可以从以下几个方面做起。

1. 熟悉环境，尊重他人

尊重他人是建立良好人际关系的前提。尽管人们的工作分工有不同，贡献有大小，但在人格上都是平等的。在相互交往中，用你希望别人对待你的方式来对待别人，对领导和同事表现出足够的尊重。比如你应该知道谁可以直呼其名，谁需要带上"老师""师傅""工程师""主任"等尊称，这样按照单位约定俗成的习惯去做的话，可能会产生一体感而减少局外人的感觉。

2. 平等待人，不卑不亢

同事之间应平等相待，既不要过于谦卑，也不盛气凌人；不要亲近一部分人，疏远另一部分人；不要认为某人对自己有用就打得火热，某人暂时无用就疏远不理；不要卷入是非矛盾、拉帮结派之中，而应该尽力与所有同事发展平等互助的友好关系。与领导相处，不要单为"留好印象""套近乎"而交往，而要以建立正常的工作关系为目的。对领导既要尊重、坦诚、实事求是，又要不卑不亢，交往得当，不能为了一己私利而对领导曲意奉承、讨好献媚，把与领导的关系庸俗化。只要坚持以做好工作为出发点，在工作方面与领导达成共识，也就有了与领导建立良好关系的基本条件。

3. 正直善良，乐于助人

待人处世要做到公平正直，不偏不倚。同事间的相互帮助，有时可以锦上添花，有时是雪中送炭。当同事在工作、生活上遇到困难时，应给予同情，用感情上的安慰和行动上的帮助来促使同事克服困难，消除烦恼，以促进同事间的友好关系。只有热心帮助别人的人才会得到别人的帮助，也只有乐于助人的人才会得到人们的认可与赞扬。

4. 诚实守信，以诚待人

真诚与信任是建立良好人际关系的基础。与人交往中，应表里如一，不掩饰自己，也不无端怀疑对方。在与同事交往中要恪守信用、言行一致，说到做到，不言过其实。对自己的缺点和不足，要坦诚承认，以期得到帮助。在交往中，难免会发生一些纠葛、摩擦甚至冲突，对此要冷静而友善地处理，只要彼此真诚相待，就能互相谅解、互相容忍。

5. 严于律己，宽以待人

对自己要高标准、严要求，要勇于承认错误、承担责任、接受批评。当自己受到误解时，要胸怀大度，克制自己的感情，冷静处理，同时要勇于剖析自己，要有容人之心。对别人要多看长处，少看不足，宽容礼让，讲究方式方法，求同存异。要与人为善，不斤斤计较，切忌尖酸刻薄，背后损人，更不能拉帮结派搞小团体。同事做错了事，要善意地指出或给予一些安慰，要多一些关心，少一些指责。

6. 谦虚随和，平易近人

要善于发现、虚心学习同事们的长处，适时地赞扬同事们的优点并认清自己的不足，这样可以缩短你和同事之间的距离，产生认同。对别人善意的批评和意见，要正确认识、虚心接受，不要以为自己的文凭比别人高就自以为是。与同事相处，切忌孤陋寡闻而又自命不凡。要"学人之长，补己之短"，在竞争中"学先进，帮后进"，领先时不自满，落后时不气馁。一如既往，积极进取，这样才能博得上至领导、下至同事的好评。

项目六 调整择业心态 打造职业形象

任务三 防范陷阱 维护权益

> **案例导入**

求职中介的骗局

张华是某高职院校计算机应用技术专业2019届毕业生，他对找到合适的工作满怀希望。但是求职心切的他却遭遇了一场骗局，他回忆道：

"6月下旬，我从某报看到一家电子有限公司的招聘启事，见他们要招聘文员，决定试一试。6月26日，按照报上的地址，我们到了某人力资源市场。他们要求我先交5元钱的门票才能进场。

"一进门发现五六百平方米的人力资源市场里找工作的只有两三个人，工作人员却有一大堆。一个年轻男子瞟了一下我精心准备的自荐材料，在我没出示任何证件的情况下，开始对我面试。问过我'会不会打字'后，他笑着说'你被录取了'。接下来，经过艰难的讨价还价，收了我180元介绍费和10元资料费，要我拿着用工回执单到用工单位报到。

"7月2日，我委托一位低年级校友带着我的证件前往公司报到。没想到半个小时后，他就打来电话通知我办工作证还得交130元钱。摸摸口袋里仅有200元钱，我很矛盾。想想我已掏出的半个月的生活费，想着公司许诺的试用期800元的工资，咬咬牙，我让校友先垫上。

"7月3日上午，我兴致勃勃地赶到公司，一位姓刘的经理说上班前还得先签一份用工协议。我刚答应，他忽然又说'为保证你第一个月上班不出重大问题，公司要求交400元至600元责任金，考察合格后就退给你。'那一刹那，我很愤怒。但为了我7月份的基本生活，我宁可相信这不是骗局。抱着最后一线希望，我借钱交了400元，并在公司几个人的催促下匆忙签了协议。但后来始终没接到录用通知。"

◎案例分析

由于初出茅庐，社会经验匮乏，很多刚毕业的大学生都可能会遭遇一些求职骗局或者陷阱。如果不及时提高警惕、增强防范意识，很容易落入圈套，使自己的合法权益受损。

◎案例讨论

话题一：你有没有遇到过和张华类似的经历？
话题二：张华为什么会上当受骗？
话题三：这个案例给了你哪些启示？

任务三　防范陷阱　维护权益

> 🔍 知识总揽

本任务学习，旨在帮助学生们掌握识别及防范求职陷阱的本领，并用法律武器维护自身权益。

择业陷阱是指择业者所从事的工作内容，并不是双方在协议或原先口头承诺的内容要件；或以为求职择业者提供就业为诱饵，或骗取择业者的财务，或无偿占有求职者的劳动，使择业者的人身、财产受到损害。

一、求职陷阱的主要类型

（一）非法中介陷阱

目前，一些非法中介机构为了诈骗钱财，把注意力集中在毕业大学生的择业上，他们绞尽脑汁设立圈套，引诱毕业生上钩，一些中介人员穿梭于各招聘会场，向求职的大学毕业生许以美妙前程。当求职者交纳中介费后，中介人员就会开列出一些单位名称，可这些单位要么不需要人，要么根本就不存在。求职者要求退还中介费，中介人员完全不予理睬，甚至玩起了失踪游戏。

所谓"中介"，从词面上来看，就是指"在中间起媒介作用"。而主要履行中介活动的组织就是中介组织。所谓非法中介或黑中介：一是身份非法，即没有履行正常的注册手续，没有合法经营执照，以骗钱为目的的中介；二是行为违法，是指即使履行了正常的注册手续，但从事的是违法经营活动。

近年来，社会上出现的非法中介陷阱较为常见的有以下几种表现形式。

1. 以虚假信息赚取登记费

这是最常见的一种骗术，一些非法中介组织通过在媒体刊登虚假广告，或在街头巷尾张贴条件诱人的用工信息，吸引众多求职者前来，进而"名正言顺"地收取求职登记费。而他们给求职者提供的多是子虚乌有的用工信息。

2. 与空壳公司相勾结诈骗求职者

一些中介机构与空壳公司串通起来，或者同一伙人既办职介机构，又注册空壳公司，对求职者层层盘剥，先骗取求职者的职介费，然后介绍到皮包公司，再收取保证金、服装费等。有的黑中介还采取层层介绍的办法，将求职者介绍到这家单位，再由这家单位介绍到另一家单位，每次都收费，转来转去，最后没了下文。

3. 以"游击战"方式套取中介费

这类职介所往往是"打一枪换一个地方"，即由几个人在当地租间房，挂个牌子，成立一家非法职介所，然后搞一些虚假的用工信息，待收取求职者大把的中介费之后便卷款而逃，再赴他处行骗。

4. 以"试工"为名骗取免费劳动力

这类骗术在服务行业尤其突出,且颇具隐蔽性。具体来讲,即中介机构通过与用工单位联手,由前者不断发布用工信息,并从中赚取登记费、中介费;而后者则借此得到大量劳动力,并通过不停地炒试工者的鱿鱼,达到免费使用劳动力的目的。

5. 与培训学校联手欺骗求职者

中介公司收取中介费后把求职者介绍到用工单位,该单位以需要培训为名让求职者到某指定学校参加培训,交一定数量的培训费。求职者参加培训取得"合格证"后上岗,被要求做的工作往往无法完成被迫"自愿"辞职。黑中介、用工单位和培训学校三家再瓜分收取的费用。这种骗术往往穿着合法的"外衣",具有很强的欺骗性。

(二)网络求职骗局

随着互联网技术的不断发展,网络招聘持续升温,大有取代线下招聘会之势。鉴于其方便快捷、覆盖面广且成本低等特点,求职者也比较倾向于在网络招聘平台找工作、投简历。面对数量庞大的"求职大军",一些别有用心的人也抓住此机会实施网络诈骗。

案例品读:求职连环骗局

在投简历前,可以通过国家企业信用信息公示系统或"天眼查"等商业查询软件核实企业的工商注册信息,查验该公司是否正规,如果无法查到信息或者相关内容与招聘信息不符,这时就应提高警惕了。另外,对于招聘先收费等现象也要提防,不轻易缴纳各种费用,凡是遇到涉及体检费、报名费、服装费等情况一定多加考虑,不轻易向招聘单位的指定账号汇款、转账。

(三)试用期陷阱

试用期是指包括在劳动合同期限内,用人单位对劳动者是否合格进行考核,劳动者对用人单位是否符合自己要求也进行考核的期限,这是一种双方双向选择的表现。

试用期是每个劳动者要经历的过程,而少数公司利用试用期损害劳动者的利益,近年来常见的试用期陷阱主要有以下几种表现形式。

1. 试用合格再签订劳动合同

先试用再签劳动合同在许多企业,尤其是民营企业中表现得非常普遍。通常的情况是,用人单位对劳动者先进行试用,试用考察合格后再与劳动者签订所谓的"正式的劳动合同",将试用期是否合格作为订立劳动合同的前提条件。这种情况在生活中非常普遍,且很多劳动者虽然知道不合法律规定,但为了获得工作岗位,不得不顺从用人单位的非法要求。

其实,试用期是劳动合同期限中的一个特殊条款,是劳动合同期限的一部分,而不是独立于劳动合同期限以外的阶段。试用期是依附于劳动合同,以劳动合同为前提条件的,只有签订了劳动合同,才可以根据劳动合同的情况决定是否约定试用期以及试用期的长短。没有劳动合同便没有试用期条款，不存在单独的、没有劳动合同的"试用合同"。实践中一些企业先试用再上岗，试用阶段不签劳动合同，试用合格后再签劳动合同的做法是违法的。

2. 试用期期限超过法定期限

某些用人单位规定的试用期限过长，如签订一年期劳动合同，试用期却长达六个月之久。《中华人民共和国劳动合同法》规定："劳动合同期限三个月以上不满一年的，试用期不得超过一个月；劳动合同期限一年以上不满三年的，试用期不得超过二个月；三年以上固定期限和无固定期限的劳动合同，试用期不得超过六个月。"有些用人单位经常会以"试用期考核不达标""试用期太短，考察不全面"等为理，擅自在原试用期届满后延长或与劳动者重新约定试用期，甚至使得一些劳动者在劳动关系存续期间永远处于被试用状态，严重侵犯了劳动者的合法权益。

3. 试用期工资低于最低工资标准

很多用人单位都会把试用期职工当作"价廉物美"的劳动力，试用期工资常常低于最低工资标准，甚至出现"零工资"试用。不排除有一些还要交费试用。其实，试用期不是白用期，也不是廉价期，用人单位必须依法给付劳动者相应的劳动报酬。

4. 试用期内不为职工缴纳社会保险费

有些用人单位为降低用工成本，以试用期不包含在劳动合同期限中，或试用期满再说为由，不给劳动者办理社会保险，但是劳动者往往因不懂法，不敢提出异议。其实，社会保险是国家实施的一项强制性的制度，体现国家意志和社会利益，不能因当事人的意思表示而改变。

5. 试用期内随意辞退职工

一些用人单位认为，既然是试用，用人单位在试用期内可以无条件、随心所欲地解除劳动合同，很多职工也认为这是理所当然的事情。其实这种看法是片面的，因为《中华人民共和国劳动法》等法律明确规定，在试用期内辞退职工必须证明其"不符合录用条件"。

案例品读：无中生有的说辞

（四）协议诈骗

从目前用人单位与毕业生签订协议来看，违约金的数额没有明确，完全由单位与学生协商而定，而由于学生维权意识的缺乏以及学生在求职过程中处于相对弱势地位，就使就业协议从某种程度上来说成为"霸王合同"。

不少学生在就业时由于种种顾虑，对可能会使自己权益受损的条款不敢提出异议，对单位在试用期不签订合同的做法也不深究，甚至被迫接受单位提出的一些不平等条款。曾经有一名大学毕业生在签订就业协议的时候，单位要求附加补充协议，上面规定了学生所有的违约责任，而对单位如违约将承担什么责任则几乎一字不提。专家认为，有些单位利用学生求职心切的心理对学生要求过多，造成学生在日后权益受

项目六　调整择业心态　打造职业形象

到损害。

在劳动保障监察部门接到的投诉中，对"口头协议"的投诉占大多数，它让求职者有苦难言。在最初求职时，有些求职者认为，反正试用期不过两三个月，口头协议就行了。但那些存心欺骗求职者的雇主则利用这两三个月的试用期来让求职者"廉价劳动"，随后便以"试用期表现不好"等借口把求职者炒掉。至于这段时间的工资，由于仅仅是口头协议，很容易出现纠纷，给多少工资似乎全靠雇主的"施舍"。为此，劳动部门提醒广大劳动者，只有签订书面劳动合同，才能有法可依。

（五）传销陷阱

传销是指组织者或者经营者通过发展人员，要求被发展人员发展其他人员加入，对发展的人员以其直接或间接滚动发展的人员数量或者销售业绩为依据计算和给付报酬，牟取非法利益；或者要求被发展人员以交纳费用或以认购商品等方式变相交纳费用，取得加入或发展其他人员加入的资格，牟取非法利益；或者要求被发展人员发展其他人员加入，形成上下线关系，并以下线的销售业绩为依据计算和给付上线报酬，牟取非法利益等扰乱经济秩序，影响社会稳定的行为。

知识补给：传销的骗人伎俩与惯用手法

二、求职陷阱的防范对策

（一）提高对择业陷阱的防范意识和能力

缺乏社会经验的大学生，在求职中最容易误入形形色色的招聘陷阱，轻则钱财受损，重则威胁人身安全。毕业生应增强自己对择业陷阱的防范意识和能力。

1. 加强相关法律法规的学习

与毕业生择业密切相关的法律、法规和文件，对毕业生择业时的权利与义务等做了详细的规定。大学毕业生在求职前或求职过程中，应主动学习这些法规和政策，提高自己的求职素质和独立思考、明辨择业陷阱的能力。

2. 树立正确的择业观

不可否认，市场规律给择业观念带来了巨大冲击，但不能以此作为观念的基准。不正确的择业观会使毕业生在择业中迷失自己的方向，不能客观地评价自己，不能准确定位，过高的期望值和功利性的择业观会使毕业生在择业时，把经济收入因素放在首要的位置，对工资待遇、奖金、福利、住房等因素过于关心。这些都会使毕业生在择业时被蒙蔽双眼，落入"高薪诱惑"的陷阱。

3. 保持良好的择业心态

再美丽诱人的陷阱都有它的破绽，甚至有的陷阱本身就漏洞百出，然而不少毕业生在择业时缺少良好的择业心态，在心理认识和感性认识上出现了对客观事物认识的偏差，失去了应有的判断力，结果落入了择业陷阱。因此，毕业生在择业时，保持良好的择业心态，对防范择业陷阱有重要作用。

（二）掌握对择业陷阱的防范对策

毕业生对择业陷阱有了防范意识还是不够的，还要掌握对择业陷阱的防范对策。

1. 对就业信息的防范

不论择业陷阱如何设置与变化，都要提供、发布就业信息。因此，就业信息既蕴藏着机会，也可能潜伏着陷阱。毕业生面对良莠不齐的就业信息，需自己辨别，学会去伪存真。

首先，要对获取就业信息的途径有所了解。一般来说，从学校就业指导部门、高校或当地毕业生就业主管部门组织的毕业生供需见面会和人才招聘会、正规权威的人才招聘类专业网站、值得信赖的报纸杂志等途径获取的就业信息比较真实可信。

其次，对自己重点关注的就业信息，即使来源可靠，毕业生也要对信息的内容做进一步的核实，防止信息中包含夸大、不实的成分。

2. 对中介机构的防范

如果毕业生希望职业介绍所等中介机构推荐就业，那么，对中介机构的防范是必不可少的。

首先，要弄清楚所选的中介机构是否合法。正规的职介机构必须经劳动行政部门批准，必须持有劳动行政部门核发的《人才资源服务许可证》。

其次，还要看其运行、操作过程是否合法。一些中介机构虽然取得了营业执照和许可证，但如果缺少严格有效的管理，它也会做一些损害求职者利益的事情。

最后，仔细了解中介机构的收费情况。劳务诈骗收费项目很多：证件费、试工费、服装费、押金、体检费、培训费等，而且，仅给缴费者出具普通收据，不出具税务机关或财政部门核发的正规发票。

3. 对面试的防范

大多数用人单位都会对毕业生提出面试的要求。如果条件允许，毕业生应避免单独应试，尤其是女大学生更要避免独自到私人场所去面试。正常的面试，用人单位一般会安排在白天，地点也大多在用人单位，如果招聘单位要求求职者夜间面试，或要求求职者前往非上班地点面试，或无故要求更换面试的时间、地点，这就要提防择业陷阱。

4. 对签约的防范

签订就业协议是一种法律行为，协议书一经签订，便视为生效合同，具有法律效力。签订就业协议是确认签约双方权利和义务的必要程序，也是处理就业纠纷的主要依据，毕业生应该正确认识和严肃对待就业协议书，慎重签订就业协议。毕业生在与用人单位签约前，对用人单位的运行情况、拟安排的工作岗位和工作内容、工作条件、用工制度及工资报酬、住房、福利保险等各项待遇都要详细了解，做到心中有数，以免日后产生不愉快或纠纷。

案例品读：谨慎对待"补充协议"

项目六 调整择业心态 打造职业形象

5. 发觉被骗，及时报案

毕业生一旦发觉上当受骗，要及时向招聘单位所在地的人力资源和社会保障部门、劳动监察大队或公安局派出所报案，寻求法律保护。但由于择业陷阱诈骗往往涉及公安、工商、劳动、人事等部门，求职者应根据情况选择最有效的投诉部门。若被投诉对象为合法机构，求职者可以找人力资源和社会保障部门；若被投诉方为无证无照经营的中介机构，求职者可以同时投诉到市场监督管理部门、人力资源和社会保障部门；若求职者受骗情况特别严重、被诈骗金额大，可以到公安部门进行报案。

总之，只要大学生培养防范意识，掌握防范对策，就能够识破择业陷阱。同时，大学生也不能因为择业陷阱的存在就产生消极恐怖心理，在择业时束手束脚，这同样也不利于择业目标的实现。

三、求职要学会维权

目前大学毕业生在择业过程中往往将注意力过多地集中在收集信息、寻找单位、准备面试等方面，而不注意与就业密切相关的法律法规的学习。加之到民营企业、私营企业、个体企业、外资企业等就业的毕业生越来越多，这些企业用人机制灵活，但也最容易产生纠纷。本部分将从就业协议书、劳动合同等与毕业生密切相关的法律知识入手，帮助毕业生了解有关就业方面的法律法规知识，学会运用法律武器来维护自己在择业过程中的合法权益。

（一）就业协议

就业协议是关于毕业生就业的一种意向性约定，也是毕业生由"校园人"转变为"社会人"的第一份"合同"。就业协议是进行毕业生派遣的依据，学校将根据协议书的内容开具毕业生就业报到证和户口迁移证；同时，就业协议也是毕业生与用人单位建立就业关系的正式凭证，是处理就业纠纷的主要依据。毕业生应该正确认识和严肃对待就业协议书，慎重签订就业协议。

1. 就业协议书填写要求和注意事项

就业协议书是《全国普通高等学校毕业生就业协议书》的简称，是明确毕业生、用人单位和学校在毕业生就业工作中权利和义务的书面表现形式，一般由教育部或各省、市、自治区就业主管部门统一制表。作为学校列入派遣计划依据的就业协议书，由学校发放，毕业生签字，用人单位盖章，毕业生本人保存一份作为办理报到接转行政和户口关系的依据。作为三方之间的一份意向性协议，就业协议书不仅能为毕业生解决工作问题，保障毕业生在寻找工作阶段的权利与义务，同时也保障了用人单位能够从不同学校找到合适、优秀的毕业生。

2. 就业协议书的正确签订程序

任何实体权利的实现都有一定的法定程序作保障，违反法定程序必然使实体权利

知识补给：就业协议书样例

受到侵害。毕业生在签订就业协议书的过程中，只有正确遵守法定程序，才能最大限度地保障自己的权益。

（1）由毕业生本人在协议书上以文字的形式，明确表达自己同意到选定单位应聘工作的意愿，同时签署本人姓名。

（2）由用人单位人事部门负责人代表单位签署同意接收该毕业生的文字意见，并签字盖章。如果该单位没有人事决定权，则还需要报送其上级主管部门签字盖章，予以批准认可。

（3）双方协商达成的补充条款填写到备注栏里或者另备一份补充协议，避免将来出现麻烦。

随着毕业生就业制度改革的不断深入，国家和高校的审批权力日益弱化。在签订协议过程中，毕业生和用人单位拥有完全的自主选择权，如安徽省现行的高校毕业生就业协议书一式四份，协议签订后，白联给安徽省大中专毕业生就业指导中心留存；蓝联由培养学校留存；黄联由用人单位留存；红联由学生本人留存。学校和政府主管部门不再需要直接审批就业协议，而只需掌握毕业生就业情况即可。

3. 就业协议的解除

就业协议签订后，若情况有变，使协议不能履行，可以解除，如何承担违约责任可按协议约定或双方协商解决。就业协议解除分为单方解除和双方解除。

（1）单方解除。包括单方擅自解除和单位依法或依照协议约定解除。单方擅自解除协议，属违约行为，解除方应对另一方承担违约责任。

（2）双方解除。这是指毕业生、用人单位，经协商一致，取消原订立的协议，使协议不发生法律效力。此类解除，双方不承担法律责任。

4. 就业协议争议的处理途径

目前，大学毕业生就业协议争议问题时有发生，相关法律体系尚不完善。在实践中通常引起就业协议争议的主体是毕业生和用人单位。解决就业协议争议的主要方法有下面三种。

（1）毕业生与用人单位协商解决。这种方法适用于因毕业生的原因引起的就业协议争议，毕业生出面向用人单位说明情况，赢得用人单位的同情、理解和谅解，经双方协商达成新的意向。

（2）由学校出面与用人单位进行调解。这种方法大多适合于因用人单位引起的就业协议争议，由学校介入，针对纠纷予以调解，使双方基本满意。

（3）对协议调解不成的，毕业生可直接向人民法院起诉，由法院依据民事诉讼程序依法判决。

（二）劳动合同

1. 劳动合同的含义

根据《中华人民共和国劳动法》第十六条第一款规定，劳动合同是劳动者与用人单位确立劳动关系，明确双方权利和义务的协议。根据这个协议，劳动者加入企业、个体经济组织、事业组织、国家机关、社会团体等用人单位，成为该单位的一员，承担一定的工种、岗位或职务工作，并遵守所在单位的内部劳动规则和其他规章制度；用人单位应及时安排被录用的劳动者工作，按照劳动者提供劳动的数量和质量支付劳动报酬，并且根据劳动法律、法规规定和劳动合同的约定提供必要的劳动条件，保证劳动者享有劳动保护及社会保险、福利等权利和待遇。

2020年，劳动合同即将进入"无纸化"时代，延续30多年的纸质劳动合同将逐步进入电子化新时代。电子劳动合同与纸质劳动合同具有同等法律效力。

2. 劳动合同的内容

劳动合同的内容可分为两方面：一方面是必备条款的内容；另一方面是协商约定的内容。其必备条款有以下七项：

（1）劳动合同期限。法律规定合同期限分为三种：有固定期限，如一年期限、三年期限等均属这一种；无固定期限，合同期限没有具体时间约定，只约定终止合同的条件，无特殊情况，这种期限的合同应存续到劳动者到达退休年龄；以完成一定的工作为期限，如劳务公司外派一员工去另外一公司工作，两个公司签订了劳务合同，劳务公司与外派员工签订的劳动合同期限是以劳务合同的解除或终止而终止，这种合同期限就属于以完成一定工作为期限的种类。用人单位与劳动者在协商选择合同期限时，应根据双方的实际情况和需要来约定。

（2）工作内容。在这一必备条款中，双方可以约定工作数量、质量，劳动者的工作岗位等内容。在约定工作岗位时可以约定较宽泛的岗位概念，也可以另外签一个短期的岗位协议作为劳动合同的附件，还可以约定在何种条件下可以变更岗位条款等。掌握这种订立劳动合同的技巧，可以避免工作岗位约定过死，因变更岗位条款协商不一致而发生的争议。

（3）劳动保护和劳动条件。在这方面可以约定工作时间和休息休假的规定，各项劳动安全与卫生的措施，对女工和未成年工的劳动保护措施与制度，以及用人单位为不同岗位劳动者提供的劳动、工作的必要条件等。

（4）劳动报酬。此必备条款可以约定劳动者的标准工资、加班加点工资、奖金、津贴、补贴的数额及支付时间、支付方式等。

（5）劳动纪律。此条款应当将用人单位制定的规章制度约定进来，可采取将内部规章制度印制成册，作为合同附件的形式加以简要约定。

（6）劳动合同终止的条件。这一必备条款一般是在无固定期限的劳动合同中约定，因这类合同没有终止的时限。但其他期限种类的合同也可以约定。须注意的是，双方当事人不得将法律规定的可以解除合同的条件约定为终止合同的条件，以避免出现用人单位在解除合同时将应当支付经济补偿金改为终止合同不予支付的情况。

（7）违反劳动合同的责任。一般约定两种违约责任形式：第一种是一方违约赔偿给对方造成经济损失，即赔偿损失的方式；第二种是约定违约金的计算方法，采用违约金方式应当注意根据职工一方承受能力来约定具体金额，避免出现显失公平的情形。违约，不是指一般性的违约，而是指严重违约，致使劳动合同无法继续履行，如职工违约离职、单位违法解除劳动者合同等。

知识补给：用人单位违反劳动合同该如何赔偿？

按照法律规定，用人单位与劳动者订立的劳动合同除上述七项必须具备的条款内容外，还可以协商约定其他的内容，一般简称为"协商条款"或"约定条款"，其实称为"随机条款"似乎更准确，因为必备条款的内容也是需要双方当事人协商、约定的。

这类约定条款的内容，是当国家法律规定不明确，或者国家尚无法律规定的情况下，用人单位与劳动者根据双方的实际情况协商约定的一些随机性的条款。各级人力资源和社会保障部门印制的劳动合同样本，一般都将必备条款写得很具体，同时留出一定的空白地由双方随机约定一些内容。例如，可以约定试用期、保守用人单位商业秘密的事项、用人单位内部的一些福利待遇、房屋分配或购置等内容。

随着劳动合同制的实施，人们的法律意识，合同观念会越来越强，劳动合同中的约定条款的内容会越来越多。这是改变劳动合同千篇一律状况，提高合同质量的一个重要体现。

3. 签订劳动合同的注意事项

（1）防患于未然。古人云：工欲善其事，必先利其器。我们走上工作岗位，并不一定都会陷入无穷无尽的劳动纠纷和争议中，但我们必须了解劳动保障法律法规知识，重视劳动合同的签订。学会在签订劳动合同中维护自己应有的权利，做到对劳动合同双方的权利和义务心中有数，本着对自己、对单位负责的态度认真履行劳动合同的约定，掌握正确处理劳动关系的方法，才能踏踏实实地工作、安安稳稳地挣钱。

案例品读：用人单位违反劳动合同典型案例三则

（2）勇敢地说出你的想法。初入职场的年轻人，在求职就业的过程中自主择业的意识相对比较强，但在签订劳动合同过程中往往忽视自己的权利。可能出于对用人单位的敬重，珍惜来之不易的工作，怕给用人单位留下不好的印象等，在签订劳动合同时没有把自己的想法告诉单位，为日后的履行合同留下了很多问题。劳动合同签订的过程，实际是当事人双方在法律法规框架范围内充分进行协商、达成一致，明确双方权利和义务的过程，劳动者有知情权，用人单位有说明情况的义务，协商本身就需要彼此阐明各自的意见，这也是法律要求签订合同必须遵循的原则。

一般情况下，在听完单位对劳动合同的说明后，再提出自己的意见和想法，单位不会产生反感。常言道："原则问题不能退让。"对于一些原则问题，即使由于阐明自己的观点，会使单位不高兴，也要讲出来，否则会由于你一时怯懦，为今后的劳动合同履行留下遗憾。

（3）切忌丢了西瓜捡芝麻。年轻人就业心高气盛，希望工作既体面，薪水又高。但现实生活中需要就业的人多、就业岗位少。因此，当你得到一份工作，在签订劳动合同时一定要实事求是，权衡利弊，学会"妥协"。如果你选择的是一个很有发展前景，又是一个用工很规范的单位，个人的发展空间比较大，但薪酬与你的期望有一定差距，此时若劳动合同没有原则性问题，基本权利能够得到保证，可以考虑先订立合同上岗，以获得更大的发展机会。

拓知广识

社会保险知多少

社会保险是指一种为丧失劳动能力、暂时失去劳动岗位或因健康原因造成损失的人口提供收入或补偿的一种社会和经济制度。在我国，社会保险的主要项目包括：养老保险、医疗保险、失业保险、工伤保险、生育保险。

养老保险

养老保险是劳动者在达到法定退休年龄退休后，从政府和社会得到一定的经济补偿物质帮助和服务的一项社会保险制度。国有企业、集体企业、外商投资企业、私营企业和其他城镇企业及其职工，实行企业化管理的事业单位及其职工必须参加基本养老保险。

医疗保险

城镇职工基本医疗保险制度，是根据财政、企业和个人的承受能力所建立的保障职工基本医疗需求的社会保险制度。所有用人单位，包括企业（国有企业、集体企业、外商投资企业和私营企业等）、机关、事业单位、社会团体、民办非企业单位及其职工，都要参加基本医疗保险，城镇职工基本医疗保险基金由基本医疗保险社会统筹基金和个人账户构成。基本医疗保险费由用人单位和职工个人账户构成。

失业保险

失业保险是国家通过立法强制实行的，由社会集中建立基金，对因失业而暂时中断生活来源的劳动者提供物质帮助的制度。各类企业及其职工、事业单位及其职工、社会团体及其职工、民办非企业单位及其职工，国家机关与之建立劳动合同关系的职工都应办理失业保险。

工伤保险

工伤保险也称职业伤害保险。劳动者由于工作原因并在工作过程中受意外伤害，或因接触粉尘、放射线、有毒害物质等职业危害因素引起职业病后，由国家和社会给负伤、致残者以及死亡者生前供养亲属提供必要物质帮助。工伤保险费由用人单位缴纳，对于工伤事故发生率较高的行业工伤保险费的征收费率高于一般标准。

生育保险

生育保险是针对生育行为的生理特点，根据法律规定，在职女性因生育子女而导致劳动者暂时中断工作、失去正常收入来源时，由国家或社会提供的物质帮助。生育保险待遇包括生育津贴和生育医疗服务两项内容。

（资料来源：根据百度文库资料改编。）

深思明悟

（1）大学生求职过程中常见的心理问题有哪些？

（2）在求职就业时，大学生应具备怎样的心态？

（3）怎样做好领导交办的第一项工作任务？

（4）什么是非法中介？常见的非法中介陷阱有哪些？

（5）常见的试用期陷阱有哪些？应如何防范？

（6）传销陷阱有哪些特点？应如何防范？

（7）在求职就业过程中，大学生可以通过哪些途径维护自己的合法权益？

（8）大学毕业生角色转换过程中容易出现哪些问题？结合自身实际，谈谈你该如何主动适应职业和社会？

勤行践学

违约案例分析

一、活动要求

将学生分成若干小组，教师做好组织协调工作。围绕案例材料，引导同学们深入思考并展开讨论。

二、活动内容

1. 案例材料

小王是一名应届大学毕业生，毕业后应聘到一家高科技电子公司，入职后公司支付了培训费15 000元，对小王进行了2个月的专业技术培训。同时，公司与小王签订了一份培训协议，协议中约定小王需要在公司服务3年，如违约，小王应承担违约金60 000元。小王在公司服务2年后，提出辞职，公司要求小王支付违约金60 000元，为此双方产生争议。

2. 分析讨论

小王是否应支付违约金？应支付多少？

三、活动总结

通过案例分析活动，使学生了解相关法律知识，树立正确的法律意识和法制观念，保护自身合法权益。

交互式测试

项目六

参考文献

[1] 刘艳红，郭志敏，罗晓蓉.职业生涯规划［M］.2版.北京：高等教育出版社，2020.

[2] 贵州省教育厅.大学生职业生涯规划与就业创业指导［M］.3版.北京：高等教育出版社，2020.

[3] 何玲霞，袁畅.大学生职业发展与就业指导［M］.北京：高等教育出版社，2020.

[4] 苏文平.职业生涯规划与就业创业指导［M］.2版.北京：中国人民大学出版社，2020.

[5] 邰葆清.大学生就业与创业指导［M］.3版.北京：高等教育出版社，2019.

[6] 张元，孙定义.职业生涯规划［M］.北京：高等教育出版社，2019.

[7] 戴裕崴.高职生职业生涯规划与就业创业指导［M］.4版.北京：高等教育出版社，2018.

[8] 由建勋.大学生职业发展与就业指导［M］.北京：高等教育出版社，2018.

[9] 桂舟，张淑谦，罗元浩，王冰.大学生职业发展与就业指导［M］.北京：清华大学出版社，2018.

[10] 于海波，董振华.职业生涯规划实务［M］.北京：机械工业出版社，2018.

[11] 赵海光，何平，池家飞.大学生职业发展与就业指导［M］.哈尔滨：哈尔滨工业大学出版社，2018.

[12] 施昌海，傅洪涛，高云.大学生职业生涯规划与就业指导［M］.长春：吉林大学出版社，2018.

[13] 李可依，毛可斌.大学生职业生涯规划［M］.上海：上海交通大学出版社，2017.

[14] 章周道.大学生职业生涯规划、就业与创业指导［M］.厦门：厦门大学出版社，2015.

郑重声明

高等教育出版社依法对本书享有专有出版权。任何未经许可的复制、销售行为均违反《中华人民共和国著作权法》,其行为人将承担相应的民事责任和行政责任;构成犯罪的,将被依法追究刑事责任。为了维护市场秩序,保护读者的合法权益,避免读者误用盗版书造成不良后果,我社将配合行政执法部门和司法机关对违法犯罪的单位和个人进行严厉打击。社会各界人士如发现上述侵权行为,希望及时举报,本社将奖励举报有功人员。

反盗版举报电话　　(010)58581999　58582371　58582488
反盗版举报传真　　(010)82086060
反盗版举报邮箱　　dd@hep.com.cn
通信地址　　北京市西城区德外大街4号
　　　　　　高等教育出版社法律事务与版权管理部
邮政编码　　100120

资源服务提示

授课教师如需获得本书配套教学资源,请登录"高等教育出版社产品信息检索系统"(http://xuanshu.hep.com.cn/)搜索本书并下载资源,首次使用本系统的用户,请先注册并进行教师资格认证。也可发送电邮至资源服务支持邮箱:chenlei@hep.com.cn,申请获得相关资源。

联系我们

高教社高职就业创业教育研讨QQ群:1035265438